教育公平研究译丛　丛书主编　袁振国

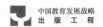

中国教育发展战略
出版工程

教育、平等和社会凝聚力

一种基于比较的分析

[英]Andy Green　[英]John Preston　[英]Jan Germen Janmaat ◎主编

赵刚　庄国欧　姜志芳 ◎译

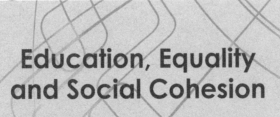

Education, Equality and Social Cohesion

A Comparative Analysis

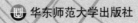

华东师范大学出版社

上海市版权局著作权合同登记　图字：09－2017－466 号

Andy Green　英国伦敦大学教育学院

John Preston　英国伦敦大学

Jan Germen Janmaat　英国伦敦大学

赵　刚　华东师范大学外语学院

庄国欧　美国中阿肯色大学世界语言文学系

姜志芳　河北农业大学外语学院

丛书序言

袁振国

教育公平是人类社会的共同追求,也是衡量一个国家文明水平的重要标志;教育公平涉及千家万户,影响个人的终身发展,是人民群众的重要关切;教育公平既与个人的利益、观念、背景有关,所以众说纷纭、莫衷一是,又取决于历史水平、文明程度,所以不断发展、渐成共识。

教育公平是一个需要不断努力无限接近的目标,在历史的进程中也许可以分为梯度推进的四个阶段:机会公平、条件公平、过程公平和结果公平。机会公平的本质是学校向每个人开门——有教无类;条件公平的本质是办好每一所学校——均衡发展;过程公平的本质是平等地对待每个学生——一视同仁;结果公平的本质是为每个学生提供适合的教育——因材施教。这四个阶段相互关联、相互促进、相辅相成。

机会公平:学校向每个人开门——有教无类

"有教无类"是 2500 年前孔夫子提出来的教育主张:不管什么人都可以受到教育,不因为贫富、贵贱、智愚、善恶等原因把一些人排除在教育对象之外。[①] 体现了深厚的人文情怀,颇有超越历史条件的先知先觉气概。有教无类的思想虽然早在 2500 年前就提出来了,但真正做到人人能上学却不是一件容易的事。30 多年前(1986 年)我国才以法律的形式提出普及 9 年制义务教育,经过不懈努力,到 2008 年才真正实现了全国城乡免费 9 年义务教育。

[①] 也有一种说法,认为有教无类是有教则无类的简化,人原本是"有类"的,比如有的智有的愚,有的孝顺有的不肖,但通过教育可以消除这些差别——即便是按照这种说法,也还是强调教育的公平价值。

作为现代社会的普遍人权，教育公平体现了《世界人权宣言》(1948)的基本精神。《世界人权宣言》第二十六条第一款明确规定："人人都有受教育的权利，教育应当免费，至少在初级和基本阶段应如此。初级教育应属义务性质。技术和职业教育应普遍设立。高等教育应根据成绩而对一切人平等开放。"《中华人民共和国教育法》规定："公民不分民族、种族、性别、职业、财产状况、宗教信仰等，依法享有平等的受教育机会。"但要做到这一点，需要艰苦的努力和斗争。

拦在有教无类征途上的第一道门槛是身份歧视。所谓身份歧视，就是将人分为高低贵贱的不同身份，赋予不同权利，剥夺多数人受教育的基本权利。古代印度有种姓制度，根据某种宗教体系，把人分成婆罗门、刹帝利、吠舍、首陀罗四个等级，权利和自由等级森严，在四个等级之外还有不入等的达利特，又称贱民，不能受教育、不可穿鞋，也几乎没有社会地位，只被允许从事非常卑贱的工作，例如清洁秽物或丧葬。根据人口普查数据，印度目前有 1.67 亿达利特人，其文盲率竟高达 60%。等级制在中国早已被废除，但身份歧视的阴影并没有完全消失。上个世纪的五六十年代，"地富反坏右分子"的子女被排除在大学录取对象之外，可以说是身份歧视在现代社会的反映。

拦在有教无类征途上的第二道门槛是智力歧视。所谓智力歧视，就是主张按"智力"赋予权利和资源，而智力被认为是遗传的结果，能人、名人的大脑里携带着聪明的基因，注定要成为卓越人士。英国遗传决定论者高尔顿认为，伟人或天才出自于名门世家，在有些家庭里出名人的概率是很高的。高尔顿汇集的材料"证明"，在每一个例证中这些人物不仅继承了天才，像他们一些先辈人物所表现的那样，而且他们还继承了先辈才华的特定形态。这种理论迎合了资产阶级的政治需要，成为能人治国、效率分配资源的根据。根据这种理论，有色人种、穷人、底层人士被认为是因为祖先的遗传基因不好，先天愚笨，所以活该不值得受到好的教育。当然这种理论早已被历史唾弃了。

条件公平：办好每一所学校——均衡发展

能不能上学是前提，是教育公平的起点，进不了学校的大门，什么机会、福利都无从谈起。但有学上与上什么学差别很大，同样是 9 年义务教育，在不同地方、不同学校可能有着完全不同的办学水平。为了加快工业化的进程,在很长时间里我们采取的是农业支持工业、农村支持城市的发展战略,实行的是"双轨制",维持的是"剪刀差",城市和农村的教育政策也是双轨的,不同的教育经费标准,不同的教师工资标准,不同的师生比标准,等等;与此同时,为了集中资源培养一批优秀人才,形成了重点学校或重点班制度,在同一座城市,在同一个街区,不同的学校可能有很大差别。

2002 年中国共产党第十六次全国代表大会首次把公平正义作为政治工作的重大主题,把促进公平正义作为政治工作的出发点和归属,教育公平被列为教育最核心的词汇。2004 年十六届四中全会提出了"工业反哺农业、城市支持农村"的时代要求。2007 年,时任中共中央总书记胡锦涛在当年庆祝教师节的讲话中第一次提出了"把促进教育公平作为国家基本教育政策"的要求,2010 年《国家中长期教育改革和发展规划纲要(2010 - 2020 年)》对此做了具体的政策阐释和工作部署,指出:教育公平的基本要求是保障每个公民依法享有公平接受教育的权利;促进教育公平的关键是机会公平,重点是义务教育的均衡发展和帮扶困难人群,主要措施是合理配置公共教育资源(在区域之间向西部倾斜,在城乡之间向农村倾斜,在学校之间向薄弱学校倾斜,在人群之间向困难人群倾斜)。2012 年党的十八大继续把促进教育公平作为教育工作的基本方针。"十二五"期间采取了一揽子的计划和措施,促进中国的教育公平水平迈出了重大步伐。我和很多外国朋友进行过交流,他们都充分认可中国在促进教育公平方面的巨大努力和明显进展。

过程公平:平等地对待每个学生——一视同仁

不同的学校受到的教育不同,在同一校园内甚至坐在同一个教室里也未必能受到同样的教育。这是更深层次的教育公平问题。从政府责任的角度说,促进教育公平的主要措施是合理配置公共教育资源,缩小城乡、区域、学校之间的差距,创造条件公平的环境;但是,对每个具体的学生来说,学校内、班级内的不公平对个体发展的影响更大、更直接,后果更严重。

关注一部分学生,忽视一部分学生,甚至只关注少部分学生,忽视大部分学生的现象并不在少数。只关注一部分学生,只关注成绩优秀的学生,而忽视成绩后进的学生,有人称为"厚待前 10 名现象"。同在一个学校里,同在一个课堂上,不同学生的学习机会和发展机会大相径庭。由于升学竞争的压力,由于人性自身的弱点,聪明伶俐的、长得漂亮的、家庭背景好的学生很容易受到更多关注,被寄予更大期望,相反,那些不那么"讨喜"的学生就经常会受到冷遇甚至嘲讽。早在上世纪 80 年代我就做过关于农村学生辍学的调查,发现辍学的学生 80%以上并不是因为经济原因,而是因为在班上经常受到忽视、批评甚至嘲讽。上学对他们来说没有丝毫的乐趣,而是经受煎熬,因此他们宁可逃离学校。针对期望效应的心理学研究表明,被寄予更高期望的学生会得到更多雨露阳光,性格会更加活泼可爱,学习成绩也会明显比其他同学提高得更快。优秀的学生、讨喜的学生通常会得到更多的教育资源,比如会得到更多的提问,会得到更多的鼓励,作业会得到更认真的批改,做错了事也会得到更多的原谅。有时候,课堂上的不公平可能比硬件设施上的不公平更严重,对学生成长的影响也更大。怎么把保障每个公民平等接受教育的权利这样一个现代教育的基本理念落到实处,怎样确保平等对待每个学生,保障每个学生得到平等的学习机会和发展机会,是过程公平的问题,需要更细心的维护,需要教育观念和教师素质的更大进步。

结果公平: 为每个学生提供适合的教育——因材施教

说到结果公平,首先不得不申明的是,结果公平并不是让所有的人得到同样的成绩,获得同样的结果,这是不可能的,也是不应该的,事实上也从来没有一种公平理论提出过这样的主张,但是这种误解确实有一定的普遍性,所以不得不画蛇添足予以申明。教育公平并不是大家一样,更不是把高水平拉到低水平。所谓教育结果公平是指为每个人提供适合的教育,即因材施教,使每个人尽可能得到最好的发展,使不同家庭背景的学生受到同样的教育,缩小社会差距的影响,阻断贫困的代际传递。正因为如此,教育公平被称为社会公平的平衡器。

"最好"的发展其实也是一个相对的概念,随着社会文明水平和教育能力的提高,"最好"又会变得更好。这里的因材施教也已经不是局限于教育教学层面的概念,而是具有了更为广阔的社会含义。首先,社会发展到较高水平,形成了比较健全的人才观和就业观,形成了只有分工不同、没有贵贱之分的社会文化,人人都能有尊严地生活;其次,心理学的研究对人的身心发展规律有了更深刻的认识,对人的身心特点和个性特征可以有更为深刻和准确的认识,人的个性特点成为人的亮点,能够受到充分的尊重;第三,教育制度、教学制度、课程设计更加人性化,教师的教育教学水平得到很大的提高,信息化为个性化教育提供了极大的便利,社会各界都能自觉地围绕以人为本、以学生的发展为中心,给予更好的配合和支持;第四,教育的评价对促进学生的个性发展起到诊断、激励的作用,每个人的不可替代性能得到充分的展现,单一的评价标准,统一的选拔制度,恶性的竞争态势,僵化的课程和教学制度,自不待说大班额等得到根本性的扭转。

因材施教是为相同的人提供相同的教育,为不同的人提供不同的教育,就是在人人平等享有公共资源的前提下,为个性发展提供更好的条件。但区别对待不是等差对待,现在有些学校也在积极探索课程选修制、弹性教学制,试图增强学生的选择性,促进学生有特色的发展,这当然是值得鼓励的,但是有一种潜在的倾向值得注意,就是在分类、分层教学的时候,要防止和反对将优质资源、优秀教师集中在主课和高程度的教学班级,非主课和低程度的班级则安排相对较差的资源和较弱的师资,把分类、分层教学变成了差别教学。

机会公平、条件公平、过程公平、结果公平并不是简单的高低先后的线性关系,而是相互包含、相互影响、相辅相成的。目前机会公平在我国已经得到了相对充分的保障,也可以说有学上的问题已经基本解决,但部分进城务工人员子女、特殊儿童、家庭经济困难学生,地处边远、自然环境恶劣地区的孩子还未能平等地享有义务教育;随着大规模的学校危房和薄弱学校的改造,办学条件的标准化建设,我国的办学条件得到了大跨度的改善,但师资差距在城乡、区域、学校之间并没有得到有效缩小,在某些方面还有拉大的危险;过程公平正在受到越来越高的关注,但远远没有得到应有的重视;结果公平无疑是教育公平向纵深发展的新指向、价值引导的新路标。

在这个时候我们组织翻译《教育公平研究译丛》,就是为了进一步拓展国际视野,借鉴历史成果,也为更好地总结和提炼我们促进教育公平的理论和实践经验,促进世界不断向更高质量更加公平的教育迈进。译丛一共10册,其中既有专注的理论探讨,也有国际案例的比较研究，既有国家政策的大型调查，也有学校层面的微型访谈，在研究方法上也是多种多样，对我们深化教育公平研究无疑会有多方面的启示。这 10 册译著的内容摘要如下。

《教育公平：范例与经验》：本书探讨几个紧迫的问题：各国内部和国家之间差距有多大？是否有有效和负担得起的方式可以缩小这些差距？本书的作者是世界各地重要的教育创新者，他们报告了一系列独特的全球案例研究，重点了解世界各地哪些教育项目在解决不公平问题和改善教育成果方面特别有效。

《教育公平：基于学生视角的国际比较研究》：本书记录了学生在学校内外的正义经历，并将这些经历与他们个人正义感的发展和对公平的判断标准联系起来。本书特别关注的一点是向读者呈现那些潜在弱势学生群体的看法和经历。这一小学生群体包括有学习困难或行为问题的学生，明显较不适合"学术轨道"的新移民学生，以及母语为非主流语言或是来自社会经济贫困阶层的学生。

《生活的交融：亚洲移民身份认同》：本书阐明了新的理论观点、提供新的实证依据，以了解亚洲一些国家和地区的某些移民群体在生活中如何以及为什么把文化、社会、政治和经济的特征与不同地区和聚居地的根本特点相结合。本书编著者共同推动了交叉性分析新方法的产生。交叉性分析考察大量的因素，如种族、性别、社会阶层、地理位置、技能、文化、网络位置和年龄是如何相互影响，从而进一步危害或改善人们获得所需资源的途径。

《教育、公正与人之善：教育系统中的教育公平与教育平等》：本书把对教育公正的思考与对人之善和教育目的的思考结合起来，揭示出：仅对某些分配模式作出评估还远远不够；还必须澄清分配物的价值。从这种意义上来说，对教育价值的深入思考也是解释教育公正的一部分。

《幻想公平》：本书作者探讨了平等和教育问题，特别是平等和质量之间的冲突，之后他转而探讨了诸如社会阶层之类的社会因素与教育公平之间的关系。同时，他还讨论了知识社会学的新支持者们的观点，这些人声称不平等的原因在于我们组织知识以及将知识合法化的传统方式。最后，他将注意力转向文化问题以及建立一个共同课程的愿望。在书的最后，作者犹犹豫豫地声明自己是个非平等主义者——并非因为他强烈反对平等，而是因为他热烈地相信质量之于教育的重要性。他无法理解在当前对平等主义政策趋之若鹜的情况下，教育的质量如何能够得到保证。这是一本极具争议的书，它既通俗易懂，又别出心裁，同时也不乏严厉的批评。

《科尔曼报告：教育机会公平》：该报告根据美国《1964 年民权法案》的要求，经过广泛调查，以白人多数族群所获得的机会为参照，记录了公立学校向少数族裔的黑人、波多黎各人、墨西哥裔美国人、东亚裔美国人，以及美国印第安人提供公平教育机会的情况。该报告的比较评估建立在区域性及全国性的基础上。具体而言，该报告详细介绍了少数族裔学生和教师在学校里面临的种族隔离程度，以及这和学生成绩之间的关系，衡量因素包括成绩测试，以及他们所在的学校类型。调查结果中值得注意的是，黑人学生和教师在很大程度上被以不公平的方式与白人师生隔离，少数族裔学生的成绩普遍低于白人学生，并且更容易受到所在学校质量的影响。

《日趋加大的差距：世界各地的教育不平等》：经济增长究竟是造就了机会的开放（如社会民主国家），还是导致公众为公立教育机构的少数名额展开激烈竞争（如福利制度较薄弱的发达国家）；民办高等教育的惊人增长，一方面弥补了高等教育机会的缺口，但另一方面也给部分家庭带来了严重的债务问题，因为这些家庭必须独自承担这种人力资本积累。在不平等日益扩大的背景下，世界各国展开了对教育优势的竞争。对于理解这个现象，比较研究是一种至关重要的方法。本书对该问题研究的贡献在于：在对不同教育体系进行描述之外，展开详细的国家案例研究。

《教育的社会公平手册》：作者指出教育的社会公平并不是什么新的理念，也不是又一个对现状修修补补的改革倡议，教育的社会公平是民主社会教育和教学的根基，是民主建设的基石。我们将迎来一个文明先进、充满希望的黄金时代，在这个时代，儿童会成为最受瞩目的社会成员，而教学将回归本真，被视为最重要、最高尚的事业。这一点虽然在政策和实践上会有分歧，但却很少被公开质疑。本书将作为教育改革斗争中的一件利器，提醒我们教育不可改变的核心地位。社会公平教育是建立在以下三大基石或原则之上的：1. 公平，即公平性原则；2. 行动主义,即主动性原则;3. 社会文化程度,即相关性原则。

《教育、平等和社会凝聚力:一种基于比较的分析》:本书采用不同的方法,主要关注两个问题,一是社会层面,而非个体、小群体及社区层面的社会凝聚力;二是教育如何影响以及在什么背景下影响这种社会凝聚力。因此,本书所探讨的是最广义上的社会凝聚力结果,作者们不仅从融入劳动力市场的角度,而且从可能与社会凝聚力相关的更广泛的社会属性角度对这个问题进行了探讨,后者包括收入不平等的结构性、社会性和经济性议题:收入低下,社会冲突,以及基于信任、容忍度、政治投入与公民自由的各种文化表现形式。

《学校与平等机会问题》:本书聚焦大众教育中的"平等—效率"困境。如今的很多教育研究将目光投向教育改革,人们期待那些改革能关注平等机会这个问题。西方国家的学校也探索了许多替代方案,诸如去分层化、更灵活的课程、重视子女的自我观感胜过重视他们的学业成绩、通过测试来确保没有子女掉队,以及为低收入家庭提供选择。本书研究者收集到的证据表明,尽管展现了一些进步的可能通道,他们仍然对于很多学校所采取的激进的改变机会结构的政策的有效性提出了质疑。根据目前所知,人们不宜期望短期能出现奇迹。最好的方法就是通过一个高效的教育体系来挑战每位受教育者,让他们都实现自己的潜力。在那个意义上,一个高效的教育体系也有助于实现平等。

2018 年 5 月

目 录

致　谢

　　本书有两章内容是在作者前期发表作品的基础上延伸而来,另有一章内容源于作者的一篇会议论文。第一章基于 Andy Green 和 John Preston 发表在《皮博迪教育与发展杂志》(*Peabody Journal of Education and Development*)2001 年第 76 卷第 3 期和第 4 期上的一篇文章,题为"教育与社会凝聚力:让争论回归中心"。第三章源于作者在 2004 年美国教育研究协会会议小组发言中的一篇文章,该文受到了同组成员 Judith Torney-Purta 和 Jo-Ann Amadeo 观点的启发。第五章源于 Andy Green 和 Susanne Wiborg 在 2004 年发表的一篇题为"综合学校教育与教育不平等:国际视角"的文章,该文收录于 M. Benn 和 C. Chitty 编著的《向 *Caroline Benn* 致敬:教育与民主》,由位于伦敦的 Continuum 出版社出版发行。在此,我们谨向上述各书的编者及出版机构表示感谢。我们尤其感谢 Susanne Wiborg,她允许我们出版上述论文的修改版。最后,我们也对在资格及课程署工作的 Tom May 表示感谢,他编纂了本书图 6.1 中所使用的数据。

引言：教育与社会凝聚力的再发现

目前，全球化日益增速，在此环境下，如何推动并维持社会凝聚力已经成为了新千年主要的政策挑战之一（EC 2001，OECD 1997，UNESCO 1996）。不出所料，这也是社会学理论中再次浮现出来的一个主题。社会各个部门应如何携手合作？是什么力量将这些部门维系于一体？对这两个问题的重新争论在某种程度上是人们对当前及时下各种问题所作出的一个反应。目前，由于犯罪、国内冲突及恐怖主义日益国际化，为全球带来了威胁，所以，政治家们对如何维持社会秩序、保障社会安全忧心忡忡。他们也对选民常常深感焦虑的一些日常事务作出了应对，如当地犯罪情况、反社会行为、种族偏见、社区断裂等。对很多人而言，9·11事件之后，他们普遍愈来愈感觉到这个世界正在分崩离析，正在逐步塌陷。

然而，还有一个更为根本的问题，即在这个因全球化而改变了的世界中，社会究竟意味着什么？对社会凝聚力的关注也是这个问题的一部分。现在，人们普遍认识到，正如新兴技术使整个世界有可能通过旅行、贸易和交流等形式日益相互关联，同样，全球化也产生了能够打破传统纽带、肢解社会、增加冲突和分歧的离心力。在某种程度上，先进国家的社会日益多元化，人们的生活方式日益多样化，这让人们对以前提升社会凝聚力的因素产生了怀疑，新的身份认同及参与方式应运而生。随着多种多样新兴的身份政治形式以及基于问题的社会运动的兴起，传统上通过政党、工会、全国大选来参与政治的模式现在在很多国家日渐式微（Castells 1997）。在"后国家"时代，同质性国家认同（有时这种同质只是一种表象）受到削弱，原因据说有两个，一是自下而上的团体认同和地区认同迅猛增长；二是自上而下的超国家政治组织和跨国家公民社会蓬勃发展。而曾几何时，同质性国家认同被看作是社会凝聚力的核心所在（Beck 2000，OECD 1997，Touraine 2000）。同时，由于国家内部及国与国之间收入的差距愈来愈大，也引发了全球及国家内部新的紧张局面和冲突（Castells 1997）。

愈来愈多的证据表明，由于欧洲人仇恨外族，加之全球范围内有些人所谓的"文明冲突"（Huntington 1996）的复苏（这种叫法或许并不明智），所以悲观主义者写到了"新部落主义"的崛起（Horsman 和 Marshall 1994），即使是较为乐观者也在问"我们能否共同生存？"（Touraine 2002）可以说，这些趋势既挑战了制度化生活及社会生活的完整性，也挑战了经济增长的可持续性。正如最近一篇经济合作与发展组织（OECD）报告所指出的那样，社会之所以不稳定：

> 部分是因为收入两极化日益加剧所导致的人们对政治愈来愈深的幻灭，失业率持续居高不下，整个北美、欧洲及 OECD 太平洋地区各种社会排斥之风盛行。这种不适之感在全社会扩散，可能会逐渐破坏经济灵活性，削弱鼓励激烈竞争、全球化及技术革新的各项政策。（OECD 1997，第 3 页）

各国政府越来越将教育和培训看作增强社会凝聚力的手段，或如一份报纸的头条新闻所言，看作"胶合社会裂痕的胶水"（Green 和 Preston 2001b）。很多国家（最近如日本、新加坡、荷兰及英国）正在设计各种关于教育及国家价值或公民精神教育的新课程政策，或正致力于通过教育政策的实施来推进邻里复兴、增强就业能力、提高社会融入能力。一些国际机构也力图率先行动，在某些情况下解决更多的问题。

欧洲委员会建立了一个名为欧洲社会凝聚委员会的跨政府机构，该机构致力于推进各项政策的制定，从而确保所有人具有就业机会，确保人民和社会获得各项权利，使更多公民参与社会。欧盟的政策也极为重视增强整个欧洲的社会凝聚力。2000 年 3 月，欧洲理事会在里斯本召开会议，为欧洲制定了一个 10 年目标，即 10 年内成为世界上最具竞争力、最具活力的知识经济体，该经济体有能力实现可持续的经济增长，**创造更多更好的工作机会，更强的社会凝聚力**（里斯本欧洲议会 2000；黑体强调部分为作者自加）。该理事会的《终身学习备忘录》也确认，增强欧盟内部的社会凝聚力是教育和培训的一个重要目标。正如《终身学习备忘录》中所言：今日欧洲人所生活之世界，社会与政治纷繁复杂。教育与培训既应推进积极的公民素养，也应帮助个人"在文化多样性、种族多样性和语言多样性的环境中积极生活"，这一点非常重要（EC 2001）。

然而，迄今为止，该机构所出台的政策却一直不足，而且缺乏协调性和研究证据的有力支撑。一些政府，最著名的如亚洲国家的政府及一些西欧国家的政府（如荷兰），一直致力于在学校中强化国家认同感，希望这样做可以增强社会和谐。但很少有几个政府清楚地了解，在多样化的现代社会中国家认同到底是什么意思，此外，正如本书后面所言，很少有证据表明，爱国主义教育能在现实中增强社会凝聚力，至少在当代西方社会中是不能的。其他一些政府则为流行于北美的社群主义哲学所吸引，致力于通过教育来培养公民技能，希望借此推进社区复兴和邻里复兴。但他们这样做并未解决一些更为广泛的价值与身份问题，而这些问题却是核心问题，将会决定下几代人如何处理跨社区的关系。或许在西欧，最为常见的是强调通过教育和培训增强就业能力，加入工薪一族，进而融入社会。这种方式通过增加就业确实解决了社会排斥的问题，但却未能解决很多影响社会凝聚力的其他社会问题，包括收入低下、不平等和文化冲突等问题。在解决上述每个问题时，教育作用有限且缺乏协调性，无法在教育改革及相关政策领域（如福利、劳动力市场组织及政治制度）的改革之间建立联系。西方（尤其是英国和美国）在政策方面最典型的思路是广泛采用各种新的社会资本理论，这些理论认为，教育是一个关键的孵化器，孵化了个体信任、忍耐力及公民参与的各项特征，而这些特征则被认为强化了运行良好的参与式社区中的互惠关系。在一定程度上，正是基于这些在主流经济学家中极为流行的理论，很多政府通过设置公民教育课程及其他类似课程，大力培养年轻人的公民技能。然而，尽管社会资本理论加深了人们对小群体、当地社区和当地网络的认识，该理论并不能很好地解释整个社会是如何进行运作的，以及改善跨社区间关系的条件是什么，而这二者无疑是任何形式的社会凝聚力都关注的核心问题。本书作者认为，社会资本理论是个人主义理念的基础，与新古典经济学家所关注的话题极为契合。社会资本理论源于个人主义理念，与后者在方法论上具有相通之处，但广义的社会凝聚力极为复杂，无法运用社会资本理论进行充分理解。

本书采用不同的方法，主要关注两个问题，一是社会层面，而非个体、小群体及社区层面的社会凝聚力；二是教育如何能够影响以及在什么背景下能够影响这种社会凝聚力。因此，本书所探讨的是最广义的社会凝聚力结果，我们不仅从融入劳动力市场的角度，而且从可能与社会凝聚力相关的更广泛的社会属性角度对这个问题进行了探讨，后者包括收入不平等的结构性、社会性和经济性议题，收入低下，社会冲突，以及基于信任、容忍度、政治投入与公民自由的各种文化表现形式。本书采用了一种典型的分析模式,该模式建立于整个社会及社会体系与制度之上,不仅包括各种教育体系,而且包括与教育体系产生互动的各种福利、政治及劳动力市场体系。

我们基于跨国统计数据分析所得出的研究结果是显著的,而且构成了本书核心观点之基石。正如本书下列各章所述,教育可能会对社会凝聚力产生重要影响,但这种影响只发生在特定的社会背景之下,而且要与在其他领域内所实行的合理的政策相配合。教育能够提升社会凝聚力,但人口接受教育的多寡并不重要,尽管正如社会资本理论所指出的那样,在一些国家,人口受教育的水平可能会影响到个体的态度及习性。然而,最重要的是,教育与技能如何分布以及孩子和成人在教育中习得了何种价值,这两点也能对为何国与国之间在教育影响社会这一议题上存在差异做出最佳解释。

社会凝聚力的界定

社会凝聚力这个术语使用广泛,但却鲜有界定。对大多数人而言,有凝聚力的社会或许最起码是指一个相对和谐的社会,该社会的特点是犯罪率低、公民合作和信任程度高。有凝聚力的社会是否还应指一个对包括异质文化及宗教在内的他者具有高度容忍的社会,很多人,包括那些认为文化同质性是相互信任和合作前提的人(本书在后面将对这个观点提出挑战)并不清楚。此外,这样一个社会是否需要在收入及机遇方面相对均等也尚有争议。保守的哲学家可能会声称,尽管存在分裂和社会等级,社会可能仍然井然有序,而且他们肯定可以找到历史证据,证明自己的观点正确无误。同样具有争议的是,凝聚力强的社会是否完全没有社会冲突?完全没有社会冲突的社会是否就一定是理想的社会?无疑,对很多人来说,要赢得并维持包括平等和政治权利在内的社会凝聚力的各个前提条件,只能通过冲突和斗争。显然,在现实社会中,对社会凝聚力的意义有很多不同的理解方式,对社会凝聚力是如何产生的也有很多不同的观点。

总体而言,现代政策方面的文献对社会凝聚力的界定也不尽如人意,而且更可能采用对社会凝聚力意义的普遍解释。在不同背景下,社会凝聚力可被用来强调:(1)共同的规范和价值观;(2)共同的身份认同感或生活在同一社区的归属感;(3)持续感和稳定感；(4)一种拥有各种机构的社会，这些机构能够共同承受风险并提供集体福利；(5)权利、机遇、财富及收入的公正分配；(6)强大的公民社会及积极主动的公民素养。最近发表的两篇关于社会凝聚力的政策论文使用了上述所有术语，尽管术语的组合有所不同，甚至有些令人感到困惑。

Jane Jensen(1998，第 1 页)认为：社会凝聚力这个术语用来描述一个过程，而非一个条件或终极状态……它涉及责任感，涉及一种和谐共居的愿望和能力。对 Jensen 而言，社会凝聚力并不必然牵涉普遍共享的价值观，因为如果"束缚"过多、价值观过于一致，便会导致停滞及社会封闭。但社会凝聚力的确有赖于民主制度的合法性、协调冲突的有效制度机制以及积极的公民参与。另一方面，对 Judith Maxwell(1986，第 3 页)而言，"社会凝聚力涉及构建共享的价值观和诠释社群、减少财富及收入的差距，以及总体而言能让人们感觉到自己致力于一项共同的事业、面临共同的挑战、是同一社群的成员"。

Michalski、Miller 及 Stevens(1997)强调了这些共同的差异，为 OECD 勾画出了未来社会凝聚力的两个替代方案。第一个为"个人主义"方案，该方案预测，未来政府功能及规则的弱化会使社会的灵活性不断增加；个人权利和选择会通过市场作用而得到拓展。此时，经济增长，个人机遇不断增加，人们均追求物质财富，社会凝聚力主要因此而生。第二个为"社会连带主义方案"，该方案设想可以以强大的集体及公共机构为基础，构建普遍共享的价值观。

广义而言，在有关当代政策的讨论中，这两种方案的强调点有所不同，重现了社会科学及政治科学中社会秩序的"自由主义"理论和"社会民主"理论之间的经典区别。根据 De Tocqueville 以及其他学者的自由传统观，社会凝聚力主要是通过积极的公民社会来维持的，国家的角色受到限制，其核心功能沦为维持法制、保护公民的财产权和基本的政治自由。另外，社会民主传统观更强调平等，强调国家和公共机构能够为人民提供社会凝聚力的基础。

社会凝聚力这个概念在社会思想领域历史悠久而复杂，可以说经历了各种不同的用进废退循环(Gough 和 Olofsson 1999)。所有社会都关注社会秩序存在的种种问题，哲学家们讨论该问题的著作可谓汗牛充栋，从古代的亚里士多德到 17 世纪的霍布斯莫不如此。然而，19 世纪，一种旨在解决这些问题的完完全全的社会学方法应运而生,该方法对那些将社会维系于一体的(或未能达到这个目的的)社会力量、制度及价值观进行了审视。事实上,可以说社会秩序和社会凝聚力代表了19世纪欧洲学者 Comte、Saint-Simon、Durkheim、Spencer、Weber 及 Tönnies 所提出的社会学新学科的定义性问题。这门"社会的科学"(或被有些人贬称为"世俗的宗教")是一门崭新的学科,其奠基者对社会凝聚力非常关注,因为他们明白,自己生活在一个快速变迁的时代,传统的纽带和关系正在遭到侵蚀,工业化和民主所带来的离心力也可能会撕裂以前所有的社会联系。马克思和恩格斯对资本主义这股旋风进行了思考,写下了如下名言:"一切固定的、快速僵化的关系以及与之相适应的素被尊崇的偏见和见解都被消除了,一切新形成的关系等不到固定下来就陈旧了。一切固定的东西都烟消云散了……"(Marx 和 Engels 1968,第38页)。我们当前也生活在一个类似的变革时代,也会提出类似的问题。

和今天一样,19世纪的社会思想家对社会凝聚力这个问题所提供的答案各不相同。他们都注意到,工业化和劳动分工正在改变社会关系和空间关系。曾经建立在近乎面对面的社区(Durkheim 用"机械连带"这一术语命名此类社区)现在正朝着一种新型秩序演进,该秩序拥有更为多样化、更具分布性的社会联系。对 Durkheim 而言,这意味着"集体意识"的磨蚀,传统社会中紧密联系的价值观念,被"有机连带"形式所取代,而后者是劳动力功能划分下人与人相互依存的产物。对 Tönnies(2001)而言,这意味着从基于社区的社会(礼俗社会)向基于合约的社会(法理社会)的转变。这种转变被认为是不可避免的,但它并不能确保社会凝聚力及秩序会占上风。

对如英国自由主义者及社会达尔文主义者 Herbert Spencer 这些人来说,不受约束的市场足够将社会凝聚于一体。法国自由主义者 Alexis de Tocqueville 在《杰克逊主义美国》(1955)一书中探讨了民主问题,在他看来,民主稳定、社会和谐的关键在于社团生活是否具有活力。然而,对那个时代大多数的欧洲大陆思想家而言,市场上不存在这样一只乐善好施的"看不见的手",单靠公民社团是不够的。Comte 和 Tönnies 认为,从根本上来说,唯有国家能将社会凝聚在一起。Durkheim 对 Comte 坚持道德共识的观点提出了批评,同时还批评了 Comte 和 Tönnies 依赖国家凝聚社会的观点。尽管 Durkheim 认识到国家必须作为一种推进核心价值观和精英治国的"道德力量",但除了市场和国家,一定还有其他力量的存在。在快速转变时期,尤其是当技术变化的速度超过了社会的道德适应能力时，病态或"失范"的社会混乱便会出现，要求新的良方来解决。Durkheim 为此开出了多个良方，其中最主要的一个是一种介于国家和市场之间的公民社会的中介社团——最著名的是职业社团(Lukes 1973)。教育也起到了关键作用，Durkheim 因此也成为了法兰西第三共和国通过学校教育推进社会团结这一具有特色的教育政策的主要倡导者之一。他写道，社会要求一定程度的同质性："教育从小给孩子们灌输了集体生活所要求的最基本的相似性，从而维持并强化这种同质性。"(1998，第 51 页)

在 19 世纪末的法国，作为一名自由派社会主义共和党党员，Durkheim 写下了上述这段话(Lukes 1973)，但他的作品留下了复杂的遗产，让持左派理论和右派理论者均了解了社会秩序及社会凝聚力的概念。在美国自由主义传统中，Durkheim 思想中的一部分被 Parsons 与 Merton 所发展出来的结构功能主义社会学学派所盗用 (Parsons 1991)。这种思想强调在复杂的现代社会中劳动分工和职能相互依存所扮演的角色，即这两者是秩序自我复制的源泉所在。然而，这种思想并未恰当解决变化过程的问题。Durkheim 非常清楚，社会矛盾是历史变革的根源，而不平等是社会分裂的根源，但 Parsons 的理论却假定存在价值共识，而且认为社会关系的再生没有问题 (Holton 和 Turner 1986，第 205 页)。

另一方面，其他对 Durkheim 思想的盗用大多发生在欧洲大陆，这些理论的强调点和结构功能主义社会学学派是不同的。法国的年鉴史学学派最初受到 Durkheim 和人类学家 Marcel Mauss 的启发，认为矛盾和冲突是社会变革的核心。欧洲社会民主主义也受到了 Durkheim 的巨大影响，它走了一条截然不同的路径，更为强调国家和有组织的中介公民社团的作用，认为它们是现代社会中凝聚力的基础所在。的确，要将现代福利国家的概念以及"社会合作伙伴关系"与这些欧洲大陆对社会凝聚力的概念区分开来，并非易事。

这两种传统均以不同的方式强调教育对于社会凝聚力的重要性。在 Parsons 的理论中，学校作用重大，能确保劳动力市场上技能的有效分配，确保孩子适应社会、接受社会关键的规范性价值理念，尤其是通过教育使孩子忠诚于被认为是社会主流意识形态胶合剂的精英主义信仰体制。另一方面，社会民主，尤其是北欧的社会民主，则更为强调教育通过共同经历和学习在促进平等和社会团结方面所起的作用(Boucher

1982)。

Gough 和 Olofsson(1999)认为,社会科学领域中的各种社会凝聚力理论遵循的是正统观念的一种常见模式,而后则是对这种模式的细化研究和再发掘。1968 年的政治动乱提供了新的挑战,结束了社会科学领域的功能主义正统时期,致使社会理论再次分裂为多种思潮,这些思潮的基础是关注身份和主体性的后现代主义及福柯主义。这种"微观社会学理论"在 20 世纪 90 年代继续统治着社会理论领域,福柯式的观点出现在关于"治理术"的文献中以及关于个人的论述与实践中,分别强调权力的微观政治学和政府及治理的内化。总体而言,后现代主义者反对社会思想中的元叙述,福柯主义者强调微观政治学,这两种理论并不适合各种宏观社会调查,而社会凝聚力分析的典型特征恰恰是这些宏观社会调查。

然而,社会凝聚力领域仍有关于宏观问题的重要著作,尤其是 David Lockwood(1992)的著作。David Lockwood 既批评了社会凝聚力的功能主义理论和价值共识理论,认为这两种理论未将权力考虑在内,又批评了冲突理论,认为该理论低估了机构在接受和调节社会冲突中的作用。Lockwood 继续分析了社会凝聚力的宏观社会层面,区分了两个维度,他把这两个维度分别命名为"社会融合"和"系统融合"。前者关注的是"行动者之间的有序或冲突的关系",而后者关注的是"社会系统各个部分之间的有序或冲突的关系"(Lockwood 1992,第 400 页,转引自 Mortensen 1999)。

可以说,近年来,尤其是在以市场为主导的全球化的社会功能失调之后果愈来愈显现出来的时候,学者们对与全球化、市场、不平等及社会凝聚力相关的宏观问题的理论和政策又重新产生了兴趣。Gough 和 Olofsson(1999,第 3 页)认为,社会凝聚力因此不仅作为一个概念重新出现,而且变成了一个"更为多样化、更为复杂的问题"。如果他们的判断正确的话——这也是本书希望看到的——这无疑是值得欢迎的,因为在接下来的几十年中,大部分人都会相信,社会凝聚力问题是社会面临的最重要的问题之一。

本书力图分析教育在增强社会凝聚力方面所扮演的角色,因此正属于上文所简要论及的比较宏观的社会分析传统的研究范畴。本书主要关注的是:教育体系与其他福利体系以及劳动力市场制度如何携手对整个社会的凝聚力从各个方面产生影响。此外,本书还重点关注教育分布问题以及不平等如何影响社会凝聚力的问题。由于采用了这个方法，我们在对待社会凝聚力理论的不同传统时，难免会存在倾向性。

我们关注平等，关注国家和公共机构在巩固社会凝聚力方面的作用，这清楚表明，我们在本书中所做的分析属于对教育和社会凝聚力的社会—民主理论阐述。同时，尽管我们希望不要掉入带有倾向性的价值共识理论的陷阱，我们仍然关注价值的形成以及集体身份对增强社会凝聚力的重要作用，这是我们从关注社会连带关系之道德基础的涂尔干传统及社会民主传统中所汲取的养分。当然，同时关注这两者有时会产生矛盾。关注社会不平等难免会引起对通常存在冲突的社会进程和社会运动的考虑，而这可能会改变权力的参数，进而增加社会平等。关注社会凝聚力往往意味着寻求社会共识，但在权力不平等的条件下，这种社会共识可能难以找到。在很多情况下，这会导致一种非历史功能主义，非历史功能主义不关心必要的斗争，这些斗争在历史上曾缓解了阶级、种族及其他形式的不平等状态；非历史功能主义先于社会机制及福利机制的发展，而后者使社会凝聚力的增强成为可能。

本书主要着眼于那些似乎将教育、平等及社会凝聚力联系于一体的各种当代关系，但并不试图说明这些关系形成的各个历史进程。如此一来，本书只讲述了整体中的一个部分，也正因如此，对一些读者而言，本书可能会有过度功能主义的倾向。关于这个问题，我们只能说本书的目标并非是对那些导致社会凝聚力增强的社会运动（纵使这些社会运动确实存在）进行历史分析，但这并不意味着我们认为社会凝聚力是现成的馅饼，能从天而降。对大多数社会中的大多数人而言，只要社会凝聚力是建立在平等，或相对平等地获得商品、机遇和权力的基础上，那么这种社会凝聚力可能就是他们心目中所期望的状态。然而，在历史上，如果没有社会冲突或社会斗争，这种状态很少实现。这也正是社会凝聚力的悖论。

关于研究方法的解释

目前，很多经济学家、政治科学家及社会心理学家所撰写的关于教育和社会态度的作品着眼于特定国家的特定个人，使用的是个人层面的数据。本书所采用的研究方法在很大程度上与之不同，这是因为本书的着眼点在于社会关系及制度层面的效果，我们认为,要理解这些关系,不同的国家背景极为重要。因此,本研究主要基于跨国家的比较分析,凡有可能,均采用跨国数据进行分析;如无跨国数据可用(如在第五章和第六章),则采用基于对定性数据的分析以及对定量数据描述性而非分析性运用的逻辑比较法(Ragin 1981)。在我们看来,定量和逻辑/定性研究的跨国比较法似乎是调查本书所关注的各种社会关系的最佳方法,的确也通常是唯一的方法。在一个国家内部,如果制度(如福利制度或教育制度)的变化过小,很多情况下不可能进行比较分析。此外,我们所采用的很多变量(如技能分布、收入分布、罢工率等)都是集体的整体特征,它们在个人层面上毫无意义,只能以统计常数的方式出现(Wilkinson 1996)。

当然,也许会有人反对这种跨国分析的方法,尤其是从个人主义视角出发在方法论上提出反对意见。这些反对意见可能与所谓的"生态学谬误"(Pearce 2000)尤其相关,意即通过运用所观察到的国家数据或综合数据来分析国家层面的关系,进而推断出个人层面上各种变量之间的关系。总体而言,为了避免这个问题,我们把分析主要限制在社会层面上的各种关系。

当通过跨国数据所观察到的各种关系似乎与其他人在个人层面上所观察到的关系确实发生冲突时(例如,"信任"与"结社"之间就产生了冲突),我们通常会对跨社会分析时起作用的额外背景因素进行分析,然后借此来探索两者间的冲突之处。本书第四章综合运用个人层面和国家层面的分析,专门探讨了通过对个人层面的分析而观察到的关系和通过对国家层面的分析而观察到的关系之间的区别,因此也强调了国家背景和区域背景在解释关系类型方面的重要性。在大多数情况下,我们发现,尽管个人特质之间存在相关性,但这些特质在不同国家个人群体中的变化并不明显,这是因为其他国家因素在后期的介入,这些因素掩盖了或阻碍了个人层面的关系。

我们认为,本书所采用的研究方法不仅避免了方法论的个人主义者所描述的种种"谬误",而且超越了这些人所采用的研究方法的一些局限性。毕竟,生态学谬误常被误解为仅从国家层面数据的相关性而推断出来的错误的个人层面的结论。事实上,生态学谬误可能在不同方面均有体现,所以,总体而言,最好将问题描述为"跨层面谬误"(Smelser 1976)。在"跨层面谬误"中,进行分析性推理的层面不同于进行数据观测的层面。诸如心理学这样的学科通常容易倾向于"个人主义谬误"(Pearce 2000),"个人主义谬误"与传统上所讲的谬误相反,它将抽样出来的个体在特定时间和特定地点的各种关系普遍化了，并认为这些关系在多变的不同社会中是显而易见的。例如，有一种普遍的观点（我们将在第三章中对此观点进行探讨）认为，在一些发达的现代社会中，个人受教育程度越高，容忍度就越高，因此可以得出这样的结论，即受教育程度越高的社会，通常容忍度就越高。然而，从历史上来看，这种观点显然是错误的。

由于兴趣的各种变量在分析的不同阶段有所不同，所以我们所采用的比较方法不可避免也会根据所获得数据的不同而有所变化。只要有足够多的国家的定量数据，我们便会对国家层面的数据进行统计分析，以验证假设。大部分情况下，这些分析均完全采用横截面数据，因为我们通常无法获得关键变量的时间序列数据。当然，这限制了我们将因果关系归因于所观察到的各种关系的能力。然而，在第二章，我们对可适用于不同时间点的数据进行了时间序列分析，这为我们所发现的各种关系的归因提供了更为有力的证据。

在这些国家层面的分析中，只要能获得国家数据（譬如罢工率、国家收入及公共支出水平、技能及收入分布等），我们均使用了真实的国家数据。凡有必要，我们也采用了全国个人层面的综合数据（譬如信任、容忍度及测试成绩），但在本书中，如有可能，我们均谨慎地对其他国家层面的数据进行三角测量，以验证代表集体特征的综合数据的合理性。大多数情况下，这个方法都极为有效。

譬如，信任这个属性一般均是在个人层面进行度量，方法是询问作答者对其他人的信任程度。然而，信任显然是一个"关系现象"，因为人们只信任他们认为可信的人。关于信任的个人数据事实上反映了这种"关系综合征"，这个观点得到了一个相当显著的事实的支撑，即基于这些个人数据的各国综合数据通常与其他"国家可信度"的量度发生共变。这些量度包括《读者文摘》所做的赫赫有名的"掉钱包"测试（测试有多少人归还了钱包）以及其他一些调查，这些调查对个人进行咨询，询问他们对其他国家人的信任度（Inglehart 1990；Knack 和 Keefer 1997）。当然，诸如此类的复杂现象，没有一个完全合理的定量指标，这也是为何本研究严重依赖逻辑比较分析的原因所在，这种分析更多采用关于制度特征的定性数据。

在第四章，我们使用了多层面的数据，在国家层面和个人层面上进行了比较分析，在个人层面上比较了不同国家中个人层面上各种变量之间关系的强度。在最后一章，我们试图确认终身学习及社会凝聚力的区域模式，但完全以集合的方式进行，这样，国家层面仍然是分析的主体。在本书中,我们不对作为真正集体单位的超国家区域进行分析,尽管这项工作毫无疑问可以通过分析一些诸如欧盟这样的区域单位的地缘政治而完成。我们在本书中预设的前提是,在某些区域,文化和历史渊源造就了不同国家在教育和社会体制之间的各项共性。

本书的框架结构

本书共由六章组成,其中三章早期已经发表,但收入本书时做了大幅修订。全书旨在提供所研究话题不同方面的逻辑进程,作者在论证过程中时刻牢记最初的假说,即教育既通过社会化又通过技能分布对社会凝聚力产生影响。本书前四章审视了教育结果与社会凝聚力不同方面之间的关系。前两章主要关注教育如何通过教育成就的分布对社会成果产生影响,后两章则关注教育如何通过社会化、价值理念及身份建构来发挥影响。第五章再次回到教育不平等问题,审视了能够大致催生教育平等的各种教育体系之特征。第六章将前两部分的调查归结为一体,分析了不同国家和区域的终身学习模式以及与此相关的各种社会凝聚力和经济竞争力体制之间的关系。

本书的第一章为全书的理论基础,揭示了从个人层面对教育和社会成果进行分析的局限性,提出了另一种教育影响社会凝聚力的社会模式。本章的第一部分审视了Putnam 及其他人的一些观点,这些观点认为,个人受教育程度越高,就越信任他人及机构,就可能加入更多的社团,就可能更愿参与政治,容忍度也可能更高。一方面,我们承认这些观点获得了多国证据的支持;另一方面,我们认为,这种基于个人层面上的统计数据的关联性不能很好地解释社会层面上教育和社会凝聚力之间的关系,也无法解释特定背景下可能产生这种关系的各种教育机制。诸如 Putnam 这样的社会资本理论家认为,个人对信任、结社、容忍度以及政治参与的倾向性形成了一套连贯的特征,这些特征受到了教育的激励,强化了当地的社会资本。然而,社区层面的社会资本并不一定能转化为社会层面的凝聚力,因为社区内的联系并不一定导致社区间的和谐。很多在当地社区中拥有丰富社会资本的社会,譬如北爱尔兰及美国社会,其社会的凝聚力并不强大。社会资本与社会凝聚力并非一回事,教育如何对这两者产生影响亦可能不同。本章认为，教育与社会凝聚力之间的关系在个人层面无法得到合理分析，因为这样的分析忽视了强大背景影响的效果，譬如国家的性质、国家重新分配制度及福利体系等，所有这些在个人层面是无法看到的。

本章第二部分运用比较社会方法来开发一种教育对社会凝聚力产生影响的"分布"模式。我们假定教育以两种方式对社会凝聚力产生影响。第一，正如传统上所认为的那样，教育通过社会化让年轻人接受某种对合作性社会生活有益的价值理念来影响社会凝聚力。第二，也更具争议性的是，教育通过在整个成年人人口中分配知识和技能来影响社会凝聚力。运用综合横截面数据和跨国数据，我们对上述第二个假定进行了临时验证，这些数据来源于关于技能分布的《国际成人读写能力调查》（IALS）以及关于社会凝聚力不同指标的《世界价值观调查》（WVS）和国际刑警组织的相关材料。对15个国家的统计分析显示，结社、容忍度和信任这三者组成的综合量度并不随国家的不同而产生共变，这就让人对社会资本在国家层面上观点的有效性产生了怀疑，该观点认为，社团身份会增加信任度和容忍度。然而，有很多量度的确会产生共变，包括对人的信任、对机构的信任、公民合作及暴力犯罪（暴力犯罪为反面情况）。这些量度相互结合，作为代表社会凝聚力的一个单一因素，它们也与基于技能数据的不平等量度以及运用基尼系数来衡量的收入不平等量度呈现相关性。

研究结果极为显著。正如其他研究所显示，从跨国层面来看，教育不平等与收入不平等之间具有很强的相关性。同时，正如可能期待的那样，收入不平等和社会凝聚力之间亦存在很强的相关性。然而，最具启发意义的是教育与社会凝聚力之间的种种关联。普通技能水平与社会凝聚力各个量度无关，但教育平等与社会凝聚力的综合量度关联紧密。总体而言，教育更为平等的一些国家，例如研究样本中的北欧诸国，所检测出来的社会凝聚力水平最高。教育较为不平等的一些国家，例如很多讲英语的国家，社会凝聚力水平排名较低。

在本书第二章中，我们通过使用时间序列数据强化了最初的横截面分析。我们采用更为复杂的统计建模技术来审视教育不平等与很多社会凝聚力量度（包括民权、政治权利、社会动荡与人身侵犯罪）之间的关系。教育不平等与上述社会凝聚力的每个量度均息息相关，即使是控制收入不平等和人均实际收入也是如此。以民权、政治权利及社会动荡为例，教育不平等与这些量度之间存在一种非线性关系，教育不平等具

15

有一个"临界"水平,一旦超过这个水平,这些社会凝聚力的特征便会大大恶化。此外,教育不平等和人身侵犯罪(谋杀、杀人及强奸)之间存在积极关联。当我们审视现存各教育体系中的教育不平等水平时,我们发现,综合教育(译者注:指为才能不同的各类学生开设同一课程的学校教育综合化)弱、市场化强的教育体制与教育选拔性之间存在一种强对应关系,而教育选拔性则与教育不平等程度高及社会凝聚力水平低息息相关。

在第三章和第四章,我们不再关注成人技能及不平等,转而关注学校以及价值观和认同感的形成。在第三章中,我们对研究容忍度与社会凝聚力之间的关系以及教育与容忍度之间的关系的相关文献进行了综述。容忍度是一个复杂的、多层面的概念,在理论上与社会凝聚力的其他方面没有清晰或固定的关系。国家层面上容忍度的各个量度与社会凝聚力的其他量度之间没有共变关系,这样,一些在其他社会凝聚力量度上得分较高的国家,如北欧诸国,在各类容忍度上的得分相对较低。教育对容忍度产生影响的各种机制也非常复杂且受到环境的高度制约。尽管各种理论模型提出了一些貌似合理的方法,通过这些方法,教育不平等可以对社会容忍度产生影响,但几乎没有统计证据显示可以找到这些方法。有证据显示,对不同国家而言,教育程度或通过认知技能的发展,或通过价值形成,影响个人对容忍或不容忍态度的看法。然而,这种关系再次由于国家的不同及社会群体的不同而差异巨大。

在第四章中,我们将继续探讨关于学校价值观和社会凝聚力的争论。我们首先审视了民族语言分化(一种关于民族和语言多样化的量度)和社会凝聚力之间的关系。我们发现,自由国家主义者关于民族同质性和社会凝聚力的观点经不住我们实证调查的检验。我们的数据中没有证据显示民族同质性强的国家可信度更高。这就让人对一个广为接受的观点产生了疑问,即社会同质性是导致像日本和北欧诸国这些国家社会凝聚力显然很强的主要原因。关于学校的爱国主义课程和社会结果之间的相关性,我们的研究结果可谓好坏参半。虽然在开设爱国主义课程的国家中,制度信任更高,但没有证据显示制度信任会提高政治参与,而且在一些地区,制度信任对容忍度产生了负面影响。教育和社会态度之间的关系再次表现出对环境的高度依赖性。

本书的第五章和第六章关注教育制度及其对教育不平等和社会凝聚力所产生的影响。在第五章中,我们审视了在教育不平等产生的过程中,学校教育所扮演的角色。

学校综合教育被认为在降低教育不平等中扮演着核心作用，这个观点得到了最近由《国际成人读写能力调查》(IALS)和《国际学生能力评估计划》(PISA)所发布数据的支持。采用这些数据以及其他背景数据，我们发现，在学校教育与不平等方面存在清晰的区域/文化分组。譬如，(主要)说英语的国家(不包括爱尔兰和加拿大)展现出了高度的教育不平等，其相对市场化的教育制度愈来愈使教育具有选拔性。另一方面，东亚及北欧诸国采用更为综合性的教育制度以及混合能力班级制度，总体而言取得了更为平等的教育结果。

本书最后一章讨论发达国家不同区域中的不同经济竞争力"体制"和社会凝聚力"体制"，区分"体制"的构成成分，审视形成这些体制的不同背景之间的种种互动，这些背景包括劳动市场体制、福利制度、国家的概念以及终身学习的制度。大致而言，在西方世界，可以观察到由不同的终身学习体系所支撑的三种高技能"知识经济"。

第一种为自由主义的"盎格鲁-撒克逊人"模式，该模式的经济竞争力建立于灵活的劳动市场、高就业率、长时间的工作以及高技能的精英之上，它通过经济参与来推动"社会融合"，但也限制了福利支出，产生了不平等，从而逐渐削弱了社会凝聚力。第二种为"社会市场"模式，该模式主要为德国和法国等一些欧洲核心国家所采用，它通过高技术投资及广泛分散的劳动力技能提高了劳动生产率，但同时由于工作时间短、就业率低，从而也降低了竞争力。劳动市场规则增多，工资愈来愈平等，这使工人们能够团结一体，但同时为低技能人员的就业设置了障碍，逐渐削弱了总体社会凝聚力。第三种为北欧诸国所实行的社会民主模式，该模式把同样基于广泛分散技能的高劳动生产力和通过广泛的成人学习而获得的高就业率结合于一体，从而提高了经济竞争力。特定形式的劳动力市场规则(包括集权式工会谈判及积极劳动力市场政策)成功地推动了收入平等，提高了就业率，这些与普遍主义的福利政策一起均对社会凝聚力大有裨益。在这个意义上，这种模式最接近"欧洲里斯本目标"，即建立一个社会凝聚力强的知识社会。然而，不同寻常的是，此处的社会民主福利主义看上去有赖于团结性国家认同，而这种国家认同相对而言无法容忍民族多样性和文化多样性，而且限制了欧洲凝聚力最强的一些国家的社会凝聚力。

本章认为，各种终身学习制度均以不同的方式支持着上述知识经济类型，它们对社会凝聚力贡献的大小均由占据主导地位的社会背景所决定。在自由主义模式中，教育通过提高就业能力增强了社会凝聚力，但由于高度的不平等，而且个人也抵制将孩子社会化，让其接受能够增加合作行为的团结性价值观体系，所以教育的功能也受到了限制，不能发挥更大的作用。相比之下，在社会民主模式中，教育既通过提高就业能力和平等，还通过认同形成，积极提升了社会凝聚力，但通过后者，教育强化了文化多元化和种族容忍现有的范围。

最后，本书又回到了第一章所设定的一些政策问题上，特别讨论了目前通过教育来增强社会凝聚力的各种策略的效力问题。在英国，强调提高就业能力的技能被看作是通过就业来推动某种"社会融合"的形式，这个观点是积极的，但却不完整，因为它未能解决随着在职人员收入愈来愈不平等而产生的各种尖锐的分歧。

"公民教育"的引入强调了对可能增加社会资本、改善社区民主参与技能的获取，但却无法解决核心价值观形成问题以及教育平等问题，而根据本书的分析，这两者是在社会层面增强凝聚力的关键所在。北欧诸国的社会民主政策强调平等、在校的合作行为以及发展团结性的国家价值观，这些政策被认为是催生社会凝聚力的强大介质。然而，这些介质也是脆弱有限的，主要是因为所推进的国家认同形式不能很好地适应文化上越来越多元化的群体。

综上所述，本书呼吁能够出台一些教育政策，以增加平等，鼓励合作的价值观，推进各种既具有团结性又具有文化包容性的社会认同形式。这不只是口头说说而已。接下来我们将从理论和实证两个方面进行论证，证明综合教育体系对社会凝聚力而言不仅可取，而且必要。

第一章
教育与社会凝聚力：让争论回归中心

教育是社会资本强大的生产者。根据最近对美国、意大利和英国的研究（如Emler 和 Frazer 1999；Hall 1999；Nie 等 1996；Putman 1995b，2000），受教育程度较高的人倾向于加入更多的志愿社团，对政治更感兴趣，参与更多的政治活动。此外，他们还更可能表达对别人的信任（社会信任）和对制度的信任（制度信任），更倾向于"公民合作"——或至少更可能声称他们不能容忍"不文明"的行为。很显然，教育并非唯一一个影响人们加入协会、致力于政治和产生信任的因素，但它是个人层面上一个强大的预测器，即使是对其他诸如财务、收入、年龄和性别等变量进行控制亦是如此。对目前社会资本理论家中的翘楚 Robert Putnam 而言（1995a，第 667 页），"人力资本和社会资本显然是相互联系的，因为教育对信任和社团身份，以及很多其他形式的社会参与和政治参与均有非常强大的影响"。

教育如何促进公民参与和社会资本，以及在什么条件下才有促进作用，目前还不确知。相比而言，我们对学习影响不同种类的个人社会行为机制、这些影响产生的背景，以及它们在不同国家中随时间变化的方式和原因所知甚少。那些专门致力于解决学习问题的社会资本理论家，尤其是 James Coleman（1988），在大多数情况下将教育看作社会资本的结果而非原因。而那些的确将教育看作独立变量的理论家，如 Putnam，总体而言仍然停留在对教育程度与社会资本结果之间统计学联系的描述阶段。在社会资本的争论之外，还有一些社会心理学家和政治科学家（例如，Emler 和 Frazer 1999；Nie 等 1996），他们致力于为这些影响产生的方式提供因果性解释，但其所做的分析仍然主要是个人层面上的分析。

上述各项研究尚未开始在宏观社会层面上提供教育和社会凝聚力之间的理论和实证联系。事实上，可以说上述传统中没有一个拥有旨在解决这个问题的概念工具。关于教育和公民参与的文献将教育看作提供能够促进某种个人社会行为的个人技能和知识资源，但它们倾向于通过个人集聚而非对社会机构和文化的分析来处理教育对社会的影响问题。从对个人的影响来推断对社会的影响，要求的可能不仅仅是汇总各项个人成果，因为对个人的影响可能是相对的或"职位上的"。Nie 运用教育影响政治参与这个理论说明了这一点，所用的例子是，在社会上，由于网络中央职位这个岗位数量有限,所以竞争激烈(Nie 等 1996)。尽管社会资本理论采用了个人资源的语言,并刻意与人力资本进行类比,它也声称将构成其核心关切的"准则、网络和信任"看作社会关系的特性及个人属性(Coleman 1988)。但 Coleman 最初对该理论进行详细阐述时,旨在将其应用于当地社区之中,而且后来无疑也在这个层面上,而非在整个社会层面上取得了最大的成功(Woolcock 2000)。

社会资本理论家中常见的假设是,拥有丰富社会资本社区的国家通常也是社会凝聚力更强的社会,这个假设在以前的研究中基本上没有涉及,而且非常具有争议,因为在现实中这样的假设有赖于组成社区的特定准则和价值观,也有赖于不同的社区之间是否能够和平相处。本研究中所引用的一些拥有丰富社会资本社区积淀的国家,譬如当代北爱尔兰(Schuller,Baron 和 Field 2000)和 20 世纪 50 年代的美国(Putnam 2000),无论在哪个社会凝聚力的传统量度上均很难被看作社会凝聚力的典范。

显然,这并不自动意味着由于教育提升了个人的社区参与度,那它也就会提升社会凝聚力。这也不意味着学习产生社区参与和社会资本的各种机制就和学习可能会有助于提升社会凝聚力的各种机制是完全相同的。然而,上述这些观点正迅速成为美国和英国政策制定者的主要假设,他们认为,个人资源的增加和个人能力的提升会推进社区复兴和社会融入,从而使社会凝聚力增加。

20 世纪 90 年代,社会资本理论迅速"侵入"盎格鲁-美国的社会科学及政策的制定,在很大程度上替代了早期更为"欧洲式"的社会凝聚力和社会连带关系话语,或与后者交织在了一体。然而,尽管社会资本理论对社区网络的理解有了不少进展,尽管该理论成功地将"社会"成分引入占据统治地位的政治学和经济学的新自由主义话语(Schuller,Baron 和 Field 2000),但忘记一些早期传统理论中所表现出来的远见卓识可能也是危险的,这些传统理论将凝聚力看作一种明确的社会现象。社会资本和社会凝聚力并不一定是一回事。

在本章中,我们致力于把对教育和社会凝聚力的分析重新置于研究的中心。以此为目的,首先,我们对现存的一些关于教育和社会资本的文献进行了批判性回顾,这些文献表明,对基本的社会问题进行个人层面的分析是有局限性的。其次,在对一些有关技能、收入分布和社会凝聚力的综合数据进行分析的基础上,我们勾勒出了其他一些模式,用以理解在不同社会中教育如何对社会凝聚力产生影响。我们的观点表明了教育的社会影响具有一些因果机制，这些机制与那些通常支持人力资本和社会资本观点的机制大相径庭。

关于教育和社会凝聚力争论的历史根源

教育如何在社会层面影响社会凝聚力和社会连带关系很难算是一个新问题。历史上，这个问题不仅是各种左派和右派的社会运动和国家政策所主要关注的内容，也是从 Emile Durkheim 到 Robert Merton 和 Talcott Oarsons 等主流的社会理论家们所关注的主要内容。在本书的引言中，我们简要介绍了社会凝聚力这个概念的历史。在本章中，我们将讨论这个概念如何与教育产生了密切联系。

作为一个理论概念和政治概念，社会凝聚力显然有多种版本，包括专制主义版本和民族主义版本，以及上半个世纪在欧洲国家流行的自由主义版本、社群主义版本及社会民主版本。此外，不同历史群体、政治意识形态以及国家政权也对教育在提升社会凝聚力方面的作用进行了各式各样的诠释。大致而言，在 19 世纪的西欧，占主导地位的社会/政治群体，不管是自由主义群体还是保守主义群体，都倾向于将教育看作一种社会秩序的力量，而次属阶级，尤其是更多的激进的劳动运动和革命群体，则倾向于认为教育能够锻造阶级意识和政治团结，因而具有实现集体进步的潜力（Simon 1981）。在 20 世纪，教育通过多种方式同样被调动了起来，支持阶级或种族团结、民族主义，以及各种形式的民主公民权。

18 世纪末 19 世纪初，正值国家建构的时代，大众公共教育首次在北欧和美国出现，那时，至少在主流社会群体眼中，大众公共教育是构建完整国家政体的一种主要方式，这个政体凝聚力强，具有民族认同感。国家教育制度恰恰是首次作为一种国家形成的工具出现，为国家工作人员的培训提供了有效的方式，提升了人民大众的忠诚度，传播了主流国家意识形态和语言，让人民习惯于新生现代国家所制定的调节新机制（Boli 1989；Green 1990，1997；Kaestle 1983；Weber 1979）。后来，譬如说从 19 世纪中叶起，教育变得日益重要，因为它提供了"第二次"基于科学的工业革命所需的技能和知识（Hobsbawm 1969），而且，随着选举权和各项民主权利的进一步拓展，教育提供了对维持稳定至关重要的公民态度。正如社会历史学家 Ramirez 和 Boli(1987)所写的那样,"欧洲国家致力于批准、资助和管理大众学校教育,将其作为构建统一的国家政体的一种尝试"。

当代提倡大众教育者,从欧洲贵族的"旧世界"到美国的"新世界",几乎无一例外地认为大规模、史无前例的国家干预是国家建构过程中必要和关键的一部分。Noah Webster 是早期美国共和国时期的联邦党教育活动家,也是无数广受欢迎的辞书及拼写书的作者,他认为,在美国这个充满移民和新的制度的国家,国家性格"尚未形成",教育是培养美国"国家性格"的必需品。Andrew Lunt 支持民主党后杰克逊时代的公立教育,声称教育是"共和国实实在在的堡垒",是美国民主的"支柱"(引自 Kaestle 1983)。尽管欧洲大陆北部在初期民主程度往往不高,但它同样关注教育在国家建构中的作用。Baron Dubin 1826 年在普鲁士写作时就声称:"事实上,所有现代国家均认识到这个事实,即教育是发展国家最基本要素之最有力的方式。"(引自 Fuller 和 Robinson 1992,第 52 页)

后来,从更为民主的视角出发,Emile Durkheim 在没有过多考虑国家认同问题的情况下,首次从社会融合的角度对大众教育的历史作用和社会功能进行了系统的理论化。他写道:"只有当社会成员之间具有足够的同质性时,社会才能存在。通过从最初就在孩子们身上灌输这种集体生活所要求的最基本的相似性,教育强化了这种同质性,并使其长存不衰。"(Durkheim 1992,第 51 页)

Durkheim 进行创作时还是 19 世纪末法国的一位自由社会主义共和党人(Lukes 1973),但其理论却留下了一笔复杂的遗产,既让左派人士也让右派人士了解了教育和社会秩序的理念。欧洲大陆的社会民主传统持续到了下个世纪,强调学校教育对社会连带关系和民主公民权的重要性,在北欧诸国尤为如此(Boucher 1982)。20 世纪保守思想的各种观点,尤其是"浪漫"保守主义的传统(Williams 1958),从 Burke 和 Coleridge 到 Ruskin, T. H. Green 和 Michael Oakeshott 都对其进行了追踪,也强调教育对社会凝聚力的重要性,强调维系具有稳定社会分层和更为狭隘的国家价值观观念的"有机社区"。关于教育活动家及美学哲学家 Roger Scruton 最为著名的一件事是,他在 1988 年英国《教育改革法》出台之际,以此作为观点,对多文化教育进行了攻击(Hillgate Group 1987)。20 世纪西方社会学中至少有一种主要思想,即帕森斯功能主义传统，持续关注教育与规范性价值的传播。

二战后新独立的国家，尤其是东亚诸国，继续将教育看作国家建构的重要工具（Inkeles 和 Sirowy 1983；Green 1999；Gopinathan 1994；Hill 和 Fee 1995）。然而，总体而言，先进的西方国家已经逐渐不再强调学校教育的这个功能。起初，这部分是因为人们在二战后敏锐地意识到了国家对教育进行拨款的危险性，后来则是因为全球化时代，社会文化更为多元化，因此很难找到一些对国家认同进行概念化的合理方式（Castells 1997；Hildebr 和 Sting 1995）。同时，教育和经济发展目标的联系愈来愈紧密。技能形成迅速超越公民形成，成为大多数发达国家中公共教育的主要目标（Green 1997）。20 世纪 60 年代人力资本理论兴起，从学术角度为教育的经济工具主义观点进行了正名，而该观点此前已经被西方政策制定者，尤其是被说英语国家的政策制定者广为接受了。即使 20 世纪 90 年代终身学习的观点已经无处不在，其主要原理依然是以实现经济竞争力为目标，至少在新自由主义的国家中依然如此（Coffield 2000）。

目前这一趋势似乎正在逆转，至少在一定程度上如此。欧委会实行"社会欧洲"的模式，而且有融合的理由，它一直关注社会连带关系以及教育促进社会连带关系的方式。最近发布的《终身学习备忘录》（EC 2000）可以说进一步将这一模式推到了舞台的中心。各国家均已在审视自己的公民教育政策（澳大利亚、法国、英国，以及几乎一直在审视自己公民教育政策的东亚诸国）（Osier 和 Starkey 2001）。英国的新工党政府也在日益关注社会排斥中存在的问题，并同时在关注学习的社会利益，或更宽泛一点，学习的非经济利益（Green 和 Preston 2001a）。这些政策上的转换无疑可以追溯到整个发达经济体对全球化所引起的社会碎片化效果、对社区崩溃以及社会失序日益增长的焦虑，而社区崩溃及社会失序所伴随的似乎就是日益高涨的消费主义、个体化，以及对抗全球化的文化和宗教冲突（Beck 2000；Green 1997；Touraine 2000）。

因此，教育和社会融合又重新出现在了政策议程之上，但这次却换了一副新的面孔。至少在盎格鲁-撒克逊国家中，占主导地位的对政策问题的讨论不再是社会凝聚力和社会连带关系，也不再是教育对这两者所产生的影响，而是社区重建以及教育通过劳动力市场对"社会包容"所产生的影响。占主导地位的理论探讨也已发生了变化。在目前的理论探讨中，各种社会融合理论已经为正在迅速成长的社会资本理论所取代。不管是政策还是理论，都发生了显著的转换，从社会凝聚力的宏观社会视角（无论是左派视角还是右派视角）转换到了更为微观的分析，即个人和社区层面的分析。教育在塑造"社会"结果方面的作用重新树立了起来，但现在对"社会"的思考却采用了一种不同的方式，即更为个人化的方式。

25　社会资本理论的崛起

　　社会资本理论继承了悠久的美国自由主义、民主地方主义思想的传统，该传统至少可以上溯到 De Tocqueville 在 1836 年所发表的《论美国的民主》一文（De Tocqueville 1966；Foley 和 Edwards 1998；Showronek 1982；Skocpol 1996）。尽管这篇杰出的文章对阶级和种族分裂只字未提，但它对"新世界"中的社会风俗和公民社会进行了精彩的、具有先见之明的评论，歌颂了杰克逊北部充满活力的结社生活，认为这是当代欧洲大陆国家社会主义的一种民主选择。该文在美国政治文化中留下了反国家公民意识形态的强大遗产。目前，具有讽刺意味且意味深长的是，该意识形态正在被重新盗用，而被盗用的时间恰恰是在很多人担心结社生活正在严重衰退之时。该意识形态的回归之路迂回崎岖。

　　社会资本的概念首次在 Pierre Bourdieu 的理论著作中得到了详细阐述（Bourdieu 和 Passeron 1979；Bourdieu 1980，1986），他认为社会资本是包括人力资本和文化资本在内的一组概念之一，他致力于理顺现代资本主义社会中强化权力和地位获取及传播的各种资源和过程。Bourdieu 的表述非常巧妙，他小心谨慎地将这个概念置于社会和历史的语境下进行考察，尽管在概念上尚有些模糊不清。然而，在盎格鲁-撒克逊经济和社会思想领域的最新发展中，他的这些观点已然被忘却。在这个领域中，占据统治地位的研究方法一直是更为去语境化的方法论个人主义的普遍主义。在社会资本研究崛起过程中，有两种观点最为流行。

　　第一种观点是 James Coleman 所开创的。1988 年，Coleman 发表了一篇极具影响力的论文，题为《人力资本创造中的社会资本》，旨在说明如何将惯常的社会行为以及显然非理性的社会行为理解为为了克服经济外部性和市场失灵而进行的尝试。基于自己前期在社会交换理论上的研究，Coleman 与芝加哥大学的 Gary Becker 一起（Gary Becker 同时将人力资本逻辑应用于非市场行为的各个新领域），致力于将理性选择理论拓展到社会领域，所采用的方法是分析信任与社会交互在解决集体行为中出现的问题时的作用。Coleman 非常谨慎，将自己的分析局限在特定、有限的地方社区，而非整个社会。他认为社会资本主要是一种"社会公益"，一种在特定社区中人的关系属性，而非一种便携式或"可替代"的个人资产（Brown 和 Lauder 2000）。

26

　　Coleman 之后，经济学家们采用了这个观点，并将其应用到了越来越多的社会语境和社会问题之中，其中包括社会道德（Kennedy 等 1998）、政治参与（DiPasquale 和 Gleaser 1999）、经济增长（Knack 和 Keefer 1997），以及司法效率（LaPorta 等 1997）等。至少依此来看（Fine 2001；Fine 和 Green 2000），这个过程可看作经济学行业发展的一部分，因为它以理性主体、效用最大化以及平衡市场为基础，正致力于克服该行业的传统范式所公认的局限性，而传统范式之所以有局限性，主要是因为该行业脱离了历史、文化和制度语境。新古典经济学的最新思潮，尤其是与 Joseph Stiglitz 在世界银行的前期工作相关的"信息理论"方法，试图以对信息不平衡和信息赤字所做出的理性反应来理解不服从市场的行为，从而克服上述局限性。此后，世界银行的很多经济学家和社会学家开始使用社会资本这个概念对所有状况进行分析，从住房市场到犯罪、卫生以及增长率。他们的工作通过一个专门讨论社会资本的流行网站（http://worldbank.org/poverty/scapital）在外部学术圈中也得到了传播。

　　因此，这些经济学家（以及与他们一起工作的社会学家）开始将社会资本看作一种极为灵活的概念工具，该工具可以通过一种与市场经济逻辑一致的方式来解释多种社会现象，而在以前，这些社会现象或为经济学家们所忽略，或得不到他们的重视。在这个过程中，由于一个单一的概念，整个社会地理学的领域均被重新盗用到了经济学，置几代社会学家所开发而出的理论地图于不顾。Michael Woolcock 是世界银行社会资本网站的参数动画师，他谈到了这一现象的正面和负面作用。他写道："几个批评人士不无理由地表达了他们对此事的关注，认为将一个完整的学科（社会学）压缩为一个单一的变量（社会资本）……是一种嘲弄，但另外一些人则感到高兴，因为主流的社会学观点终于在最高层面上获得了应有的关注。"（引自 Fine 2001，第 167 页）

　　社会资本理论的第二种观点主要与政治科学家 Robert Putnam 的作品相关。

Robert Putnam 早期作品研究的是意大利的公民结社及地方政府(Putnam 1993),在其作品中,社会资本基本上作为一种放置在书尾的事后理论,后来他的研究方向转到了对美国社会资本趋势的全面研究(Putnam 2000)。Putnam 的作品影响力极为巨大,部分是因为他整理出了社会资本各项量度的全面数据,部分是因为他提出的关于公民结社权利的自由社群主义观点非常合乎那些以市场为导向的政府及评论人员的口味,后者当时正在为社会碎片化这一全球性的问题寻求政治上可以接受的解决方案。然而,Putnam 的分析与政策信息均基于一种悖论。

在《让民主运转起来》(1993)一书中,Putnam 认为,意大利北部地区当地政府表现优异,原因是当地数千年来所积累的社会资本较高。按照 Coleman 的观点,这些社会资本基本上被看作是其他历史发展和文化运动的副产品。Putnam 对美国社会资本较新的研究体现在其《独打保龄球:美国社区的崩溃与复兴》(2000)一书中,在该书中,他致力于说明,社会资本在 20 世纪 60 年代后期的 30 年中已急剧减少,但社会资本复兴的条件现在已经成熟。

从历史视角来看,历史上社会资本曾以蜗牛爬行般的速度进行积累但却能够迅速耗尽这个观点有点不同寻常,而且肯定会让 Putnam 的学术前辈 de Tocqueville 感到惊讶。de Tocqueville 最伟大的作品为《旧制度与大革命》(1955),该书事实上基于中央集权的国家主义之上,而中央集权的国家主义也是其特征之所在。该书致力于展示,即使是法国大革命也难以消除 1789 年之前社会及政治制度所留下来的各种残留物。正如历史学家经常提醒我们的那样,尽管制度可以发生突然的、急剧的改变,至少在表面上可以,但文化的改变却非常缓慢。同样,考虑到 Putnam 早期赞同 Coleman 的观点,即社会资本作为其他过程的一个副产品几乎是在不自觉地日积月累,他对美国社会资本有可能以社会意愿的方式重现持乐观态度就显得自相矛盾了。在 Putnam 最后一篇关于社群主义复兴的文章中,论文的标题和想要表达的崩溃和复兴的主题之间自相矛盾,既显得幼稚,又表现出在政治上是权宜之计。Putnam 既是一位预言家,又是一位盲目乐观者,他显然能够吸引大量的政策制定者,但同时也在学术圈受到了更多批评。

Putnam 的各种悖论

Putnam 将社会资本定义为"社会生活的特征，如网络、规范及信任，这些特征能使参与者共同协作，更有效地追求共同目标"(Putnam 1995a)。这些目标并非常常令人称道，Putnam 本人也越来越承认"社会资本黑暗的一面"(Schuller, Baron 和 Field 2000)，但在大部分情况下，他很规范地看待这个概念，认为社会资本是正面的，是启迪社区、活跃民主的基础。在积极公民社会的背景下，人们认为，不少特色鲜明的态度和行为，包括结社、志愿活动、捐赠、政治参与、信任及容忍度，共同协作，形成良性循环，最终产生了各项令人满意的集体成果。Putnam(2000，第 137 页)写道："如果其他条件都一样的话，那么那些信任其他公民的人从事志愿者工作更多，更愿意做慈善工作，更多地参与政治、参加社区组织，更愿意加入陪审团，献血的次数更多，更愿意全额完成自己的交税义务，对少数人的意见更能容忍，此外，他们还展现了很多其他形式的公民美德。"这些行为之间是如何相互关联的，这一点通常并不清晰。Putnam 承认，因果关系可能因人而异，但他认为证据（他并未提供证据）显示，加入社团组织形成了信任的基础，反之则不然。对 Putnam(2000) 及 de Tocqueville 而言，最重要的是充满生机和活力的结社生活——"社会网络"，而"互惠及诚信的规范"就源于这种社会网络。

教育对社会资本影响巨大，可以对个人结社身份、信任及政治参与做出最为强大的预测(Putnam 2000，第 667 页)。Putnam 认为，美国的数据显示，无论性别、种族和代际，大学最后两年所受的教育对信任和群体身份的影响力是高中前两年所受教育的两倍。Putnam 说，受教育程度高的人"更可能会加入社团，信任他人，这部分是因为他们的经济状况更好，但最重要的原因还是他们的技能、资源，以及他们在家庭和学校中所学到的那种意愿"(Putnam 2000，第 667 页)。

根据 Putnam 在《独打保龄球：美国社区的崩溃与复兴》一书中的分析，尽管教育水平日益提高，但美国的社会资本却在缩减。在 Putnam 所提出的所有量度上，包括社团身份/信任、政治参与和投票，自 20 世纪 60 年代后期以来，无论性别、种族、社会群体和教育水平的差异，社会资本均遭到稳定的磨蚀。Putnam 认为，这种缩减用城市化、流动性、时间压力或女性角色的变化无法进行解释。它们主要是代际影响,反映了这样一个现实:注重社会参与的"罗斯福新政一代"逐渐退出历史舞台,代之而来的是所谓的"婴儿潮一代"和"X 一代"(指西方国家在婴儿潮一代结束后出生的一代人),这两代人的生活方式更为个性化,每天花更多时间观看电视。美国作为一个典型的结社乐土,经过两代人的变迁,结社生活已经在分崩离析了。

在个人层面上,Putnam 对社会资本的分析可圈可点。他基于各式各样的指标整理出了巨量数据,相当令人信服地展示出,至少在当代美国,个人信任、社团参与和政治参与之间存在某种关联,而且,教育与所有这些因素均有直接或间接的联系。此外,他还勾勒出了一长段时间内的趋势图,图中显示美国大众的行为的确正在发生显著变化。尽管有几位批评家就他对结社水平正在下降的分析提出了异议,但如果你接受他(大致固定)的指标选择,那么他所展示的证据既清晰明了,又综合全面。然而,尽管Putnam 声称提供了关于美国社会变化的描述,他对美国社会何以至此却语焉不详,即美国社会如何凝聚一体或未能凝聚一体,以及教育在这一社会层面上如何对社会凝聚力产生影响等。如果使用一些更为恰当的工具对个人及社区行为进行分析,那么不少很明显的问题就会凸显出来,这表明 Putnam 在社会层面上提供的解释在方法上存在不足。

首先,如果如 Putnam 所言,结社是社会资本,乃至于是社会凝聚力的关键所在,那么在多次世界价值观调查(Inglehart 1990)中结社水平在各国中均排名最高的美国为何在任何一个更为传统的量度上,如犯罪和种族间冲突,均明显地缺乏社会凝聚力呢? 其次,如果教育对个人参与和信任的影响如此巨大,那么为什么美国的教育水平仍旧持续上升,而社会资本却在迅速下降? 而且为什么这种情况在受教育程度最高的年轻一代身上最为明显? 第三,如果这种社会资本的下降是因为其他因素,而非教育(根据 Putnam 的描述,很可能就是这种情况),那么这些因素是如何在社会和个人层面上产生影响的? Putnam 发现自己很难自信地回答上述问题,因为他的观点基于个人行为,缺乏文化、制度和政治层面的研究,而这些层面对理解社会变化至关重要。

Putnam 认为,结社身份是社会资本和社会凝聚力的关键所在,但我们有什么证据可以证明这一点呢? 我们知道,在当代美国,与那些不加入任何社团的人相比,一个人加入的社团越多，则更倾向于信任他人，政治参与度也越高。我们也知道，在各种其他不同的当代社会中，这种相关性存在于个人层面（Brehm 和 Rahn 1997；Hall 1999；Stolle 和 Rochen 1998）。然而，如果像 Newton 和 Norris（2000）那样，将这一分析拓展到更多国家（他们采用了《世界价值观调查》中 17 个国家的数据），那么个人层面的结社就变得微不足道，而且在社会层面上也未发现存在任何相关性（还可参见 Knack 和 Keefer 1997；Norris 2001）。与其他国家相比，美国的结社程度极高，但其投票水平却极低，信任度也仅为中度（Inglehart 1990）。

　　Putnam 的观点是社会资本理论的核心所在，他认为这些不同的特点"形成一个连贯的综合征"（2000，第 137 页）。这个观点在一些国家中适用于个人层面，但却并不适用于所有国家。正如 Stolle 和 Rochen（1998）对瑞典、德国和美国所做的研究所展示的那样，包括国家角色在内的背景因素可能会对这些特点之间如何产生互动发挥重要影响。结果，在社会层面，参加社团与信任之间可能也没有任何关系。也可能是这种情况，即在某些情况下，个人参与的社团越多，对别人的信任以及政治参与度也越高，但可能也存在一些独立的因素，在社会层面上单独对所有上述情况起决定作用，这些因素要远比个人层面上的结社更为强大。这可能意味着，与其他一些国家相比，一些国家既拥有高度的信任水平，也拥有中度的结社水平，北欧诸国似乎就是这种情况；而像美国这样的国家则结社水平相对较高，信任水平相对较低（Inglehart 1990）。如果这些核心的社会资本特征并不随国家的不同而产生共变，那么，它们作为单个因素在社会层面上就没有什么意义。

　　Putnam 在描述社会资本时将结社放在首要位置，这也存在其他争议。Putnam 主要关注人们如何结社和参加社团，他对此的分析则主要是定量分析。然而，定量法会错过社会凝聚力的关键问题。人们加入社团的目的何在？加入社团如何增进社会融合？Putnam 承认，结社有多种形式，对社会资本而言，那些鼓励群体和社团与外界个人进行"沟通"的社团比那些只鼓励群体内部联系的社团更为重要。这一点非常重要。正如 Mark Granovetter（1978）所展示的那样，联系松弛但广泛可能比联系紧密但相对封闭产生的社会效果更好。那些家庭联系极为亲近但封闭的社会可能会沦为 Banfiled（1958）所描述的"无道德家庭主义"，用社会术语来说，"无道德家庭主义"既缺乏信任，也缺乏创新。同样，Mancur Olson（1971）为二战中盟国的一些战胜国

31　进行辩护时提出了他的著名论断：与战败但却重建起来的国家相比，拥有根深蒂固且强大利益集团的国家——这些国家也因此具有较高的结社水平——可能易于患硬化症且增长缓慢。

对结社形式进行定性区分，在其重要性原则上得到了 Putman 的认可。然而，在他自己的分析中，Putman 却未能有效区分涉及沟通的组织和涉及建立关系的组织，导致他所得出的关于结社总体趋势的各个结论是建立在累积总额之上，而非建立在对结社的任何定性分析之上。这是他描述中的一个致命不足，导致他对社会凝聚力的评论和分析流于表面。

就制度行为和社会行为而言，结社身份和社会信任之间并无必然联系。这完全依赖于所涉及的是何种组织以及这些组织的目标是什么。正如博弈论所预测的那样，长期加入某类组织，并积极参与该组织的活动，可能会因对社会交往的强调而培育出信任（Fukuyama 1999；Granovetter 1978；Axelrod 1986），如果这类组织相对而言"具有包容性"且类型多样，如果它们追求的是超越狭隘的小团体利益的集体共同目标，那么这种信任可能是一种普遍信任。在某些历史环境下，一些主要政党或政党联盟可能与上述描述相吻合，它们旨在构建某种传统所描述的流行国家意识形态或霸权主义社会关系（Gramsci 2001）。有时工会也会扮演这种角色，尤其是当这些工会是代表不同层次不同职业的大型总工会或产业工会时更是如此，而代表较窄利益的同业工会和专业协会则并非如此。同样，主要的教会和宗教（大体上均为大公宗教）也会扮演这种角色。美国的福音教会信众对别人的信任度小于平均数，而主流的教会信众则信任度更高（参见 Putnam 2000）。

另一方面，加入排外的、以自我为中心的组织可能会鼓励组织成员内部的信任，但却肯定会腐蚀社会的普遍信任（Newton 1999）。譬如，极端主义或种族主义组织可能会产生高度的内部黏合，但同时肯定会使组织成员对非组织成员产生不信任感，也会让非组织成员对组织成员产生不信任感。制造 1995 年俄克拉荷马城大爆炸案的 Timothy McVeigh 及其同谋均为保龄球俱乐部的会员这个事实，是对 Putnam 的观点所做的一个有益的，并且从某种程度上而言具有讽刺性的注解。（Fine 2001）

32　就社会凝聚力而言，问题的关键在于社团是培养其成员对一般人的信任，还是只培养对组织内其他成员的信任，是否这种对公众信任的增量并未因非社团成员信任的减少而被抵消。Putnam 的分析实在无法对这一点做出评估，这也削弱了他关于美国社会总体趋势的论点。Putnam 的观点是美国整体的结社水平正在下降，而这对信任乃至民主而言可能不是好事。其他人的观点也貌似有理，他们认为美国的结社水平事实上是稳定的，只是美国人加入了各种不同的社团，而 Putnam 对这种结社水平并未进行测量，但这些结社水平可能对社会凝聚力的益处较少（Fukuyama 1999）。根据 Putnam 自己所提供的证据（以及 Warde 等人针对英国所提供的证据：2001），结社水平下降最快的正是那些大型、包容性的多元利益协会组织，例如政党和工会。结社水平增加的往往是一些单一功能或单一议题的组织（譬如运动俱乐部、自助组织以及环保组织）或游说类型的组织，后者从定义上来看便是服务于小部分利益的组织。对社会凝聚力而言，重要的是结社的类型和目标，而非社团的数量。

在最近一项对现代社会中社会凝聚力和社会分化的研究中（Fukuyama 1999），Francis Fukuyama 探讨了结社生活善变的本性与存在于美国的一个悖论，即结社水平相对较高与不信任程度和社会分化的日益增长并存。他认为，这个问题的答案"与道德小型化相关：当人们继续加入群体生活时，那么这些群体本身的权威性减少，信任半径缩小。结果是，社会共享的共同价值观数量减少，群体间的竞争增大"（第 49 页）。不管你是否同意 Fukuyama 对社会分化原因的保守的社会分析，但他无疑已经指向了存在于社会资本理论核心的一个两难问题，而这个问题强调对社会凝聚力进行社会解释的重要性。

基本而言，Putnam 的分析依然停留在对个人行为的量化层面。从他的视角来看，他无法提供对整个社会凝聚力的有意义量度，更不用说对社会凝聚力的历时变化提供有意义的解释了。只要对文化转向和意识形态转向进行分析、对经济变化和社会结构变化进行分析、对新的制度性安排进行分析，那就会有基于个体结社的推断。由于 Putnam 忠于自己自由主义、个人主义的传统，所以他忽略了国家和制度在提供社会凝聚力的结构基础方面的重要性（Skocpol 1996）。随着消费主义和个人主义的崛起以及福利制度的逐渐解体，他对 20 年来新自由主义政府的社会关系所产生的影响基本保持沉默。尽管 Putnam 本人对社会资本和收入平等之间清晰的跨区域相关性进行了实证分析，但他未能探讨美国社会资本下降和不平等与社会冲突上升之间的关联性。

在 Putnam 的笔下,社会资本提供了一个非常浪漫的社会,这个社会没有权力,没有政治,也没有冲突(Edwards 和 Foley 1998;Skocpol 1996)。

这两种关于社会资本的观点存在共性,以及它们能够与新古典经济学中的主流范式产生联系的原因是:尽管这两个观点表面上应对的是集体行为和社区的事情,但它们同样与关于社会的自由主义和个人主义观点相关联。从根本上而言,社会资本经济学家仍然坚持方法论上的个人主义,这种个人主义致力于用个人的偏好、理性的计算和效用函数来解释所有的社会现象,认为功利主义的人的行为具有普遍性——因此也是以自我为中心的、与历史无关的。正如 Fine 和 Green(2000)所指出的那样,历史只是作为"路径依赖"、"随机波动"和"无法解释的最初条件"进入主流经济学,而社会则是作为外生既定被吸收的,外生既定限制选定的个人偏好,但并不构成选定的个人偏好。Putnam 及其追随者一方面简短提及了文化和制度,另一方面也基本上在个人行为层面上定位和实施自己的分析,尽管他们承认社会资本的关系性本质。他们无法解决更宽泛的社会凝聚力问题以及教育对社会凝聚力的影响问题。

社会凝聚力的社会视角

研究社会凝聚力的另一个方法是从社会视角进行研究。该视角认为,社会凝聚力总体而言不仅与特定群体或社区内部的黏合力和信任有关,而且与这些群体和社区间的黏合力和信任有关,而这需要一些共同的公民意识和价值观。因此,这不可避免地与一系列问题相关,包括权力及资源分配问题、冲突与冲突解决问题,以及在任何国家中影响上述问题的国家形式、制度、意识形态以及文化问题。尽管国家间的宗教差异十分重要,但上述决定社会凝聚力的因素中有很多在本质上是结构性的和民族性的,需要在社会层面上进行分析。通常,对这些因素的最佳分析法是定性比较法(Ragin 1981),该方法与国家层面上不同因素的影响紧密相关。凡是用到定量法的地方,通常会涉及跨国比较,将国家视为分析单位,这是因为很多国家背景因素或"生态"因素在个人层面是看不到的。

　　计量经济学家通常对跨国统计分析持怀疑态度。数据集的各种局限性常常意味着分析单位(国家)数量太少，无法进行可靠的统计回归分析(Ragin 1981)。此外，跨国的相关性有时会产生与个人层面上的统计分析结果相冲突的结果，这些结果将会被看做"生态学谬误"而弃之不用(Wilkinson 1996)。就方法论的个人主义而言，由于个人行动的累积而在统计学上无法解释的现象是不存在的。然而，这恰恰忽视了这样一个事实，即很多社会现象是无法界定的，因此在个人层面上也是无法度量的，收入不平等就是一个显著的例子。另一方面，这些社会现象也无法观测，因为它们是以常量的方式存在的。本质上，这意味着不能在统计学上使用这些背景因素去解释个体间的变化，并且这些因素也因此而不能进入统计模式。然而，这并不一定表明这些因素不是个人行为的主要决定因素，也不表明它们在为其他可观测变量提供背景时扮演的角色不重要。在某个特定的国家人口中，如果统计分析可以采用个人层面的各种变量来理解个人行为变化的百分之十，那么这种统计分析才可能得到满足。然而，不同国家人口中个人行为更大程度上的变化可能仍然是无法解释的。

　　对社会凝聚力的跨国社会分析视角有可能与个人层面上的人力资本视角或理性选择视角有其他重要区别。该视角的出发点是所有关系具有场合约定性，换言之，所有关系都具有特定的历史时段和地点，具有与该关系相关的结构和环境(Foley 和Edwards 1998)。就教育的社会效果而言，这表明了对任何基于特定时间和地点的数据的普遍关系观点的先验怀疑，譬如常常提到的教育和容忍度之间的关系。从历史和比较的角度来看，这些观点很易驳斥。这也表明要严肃对待制度因素和文化因素。现代经济学，至少是新制度经济学形式的现代经济学，已经像古典政治经济学那样开始将制度结构考虑在内了。当然，古典政治经济学在边际主义运动缩小了经济学家所关心的事情之前就这样做了。然而，在现代经济学中，文化因素仍然被大大低估了。理性选择社会学(如果有的话)也只是作为个人偏好而出现，这当然不是严格意义上的文化了。生活方式和文化并非同义词。

　　另一方面，跨国统计分析几乎肯定会关注文化的重要性，因为有大量证据表明，就信任、结社、政治参与和容忍度的综合水平而言，不同国家事实上在所有文化量度上的确差别很大，而且尤其令我们关注的是，这种差别是有规律的和持久的。Ronald Inglehart 对《世界价值观调查》(1990)中 25 个国家的数据进行了全面研究，得出了一个简要的结论:"不同社会中的人在基本态度、价值观及技能方面具有一些持久性的区别特征。换言之,他们的文化是不同的。"(1990,第3页)这些文化不是一个整体,也非一成不变。然而,在特定的时间和地点,它们是社会行为和政治行为重要的、不可忽略的决定因素。

举一个明显的例子:正如无数的研究所显示(参见 Nie 等 1996),如果其他条件不变,在大部分当代西方社会中,受教育程度较高的人往往比受教育程度较低的人的容忍度更高。然而,这并不意味着,不管是在过去还是现在,受教育程度较高的社会容忍度通常会更高,也不意味着在所有社会中受教育程度高的人更具有高容忍度。纳粹主义兴起于魏玛德国,而德国当时是世界上受教育程度最高的国家之一。这可能意味着教育对当时德国的容忍度并未产生任何积极的影响。别忘了,虽然德国新教徒受教育程度平均而言比天主教徒高,但他们也更可能给国家社会主义者投票,当时所有社会阶层均支持国家社会主义者。或者,这可能仅仅意味着任何积极的教育效果与其他一些因素相比都会黯然失色。对《世界价值观调查》中一系列国家在教育和社会态度上的数据的分析显示,国民平均受教育程度与社会资本之间只存在极为微弱的关联性,这表明,在跨国比较中,其他一些国家因素超过了不同国家中所展现出来的个人层面上的联系,关于这一点,我们将在下文中论及。

教育与社会凝聚力:跨国的社会视角

接下来,我们采用跨国比较的方法来制定一系列初步测试,测试一种可供选择的模式,检测教育对社会层面社会凝聚力的影响。在这个阶段,这种测试主要是说明性和解释性的。本章中,我们不进一步对这些假定的关系提供制度上和文化上的解释,但这些假说基于前面提到的理论分析,其建构方式经得起这种定性因果性解释的检验。第二章中,我们延续了这种分析,分析教育不平等和大量社会凝聚力变量之间的跨时关系。

首先,我们确认了一套在国家层面上产生共变的变量,文献分析表明,这套变量可

36

能形成了国家层面上社会凝聚力的一个合理的组合指标。接下来,我们采用从各种现存横截面数据集中抽样出来的各个国家的综合数据,提出了一个检验国家层面上教育对社会凝聚力产生影响的模式,并对这一模式进行了验证[1]。为了对我们提出的假说进行更为充分的研究,我们使用了两个数据集。"主"数据集是对 15 个经济发达的民主国家所进行的横截面分析而得到的关于社会凝聚力总量、技能和收入分布的数据。除非在文中另有说明,我们的分析均指该数据集。然而,为了进一步探索与社会凝聚力量度相关的假说的稳健性,我们还采用了一个扩展数据集,该数据集包括可以被归为市场经济体的 38 个发达国家和发展中国家的数据。关于这些国家的数据相当有限——我们只有两个社会凝聚力量度(信任和公民参与)的信息以及收入分布的信息。在最后部分,我们讨论了该模式的效力问题以及它与其他模式的关系。

我们的模式假定,教育不仅通过社会化,而且通过教育结果分布对收入分布的间接影响来影响国家的社会凝聚力水平。简单来说,如果一个国家拥有能够在技能与资格方面产生更为平等的结果的教育体系,那么该国的收入分布就可能更为平等,而后者又会相应地提高社会凝聚力。这个模式在理论上是合理的,因为已有大量证据(Nickell 和 Layard 1998;OECD 2001;Checchi 2001)证明,在一系列发达国家中,技能分布和收入分布在国家层面高度相关,跨国收入分布可以强力预测诸如犯罪(McMahon 1999)和健康(Wilkinson 1996)等所产生的社会结果。

对社会凝聚力的量度

我们的分析以以下这个观点为出发点：社会凝聚力只能在社会层面上采用恰当的指标进行量度,所采用的指标群的确会在国家层面上产生共变和集群。社会资本理论采用结社、信任、公民合作和政治参与的量度来代表个人/社区层面的社会资本。然而,正如上述讨论所表明的那样,这些量度在国家层面上并不形成一个连贯的特征群。结社水平相对较高的一些国家信任度为中等或低等(如美国),而结社水平较低的其他一些国家(如丹麦和其他北欧国家)信任度却较高(参见 Inglehart 1990)。此外,基于趋势分析,有一些国家(如美国),其信任度和结社水平同时在下降(如果你起码信任

Putnam 的说法的话即是这样）；而另外也有一些国家，其信任度和结社水平则朝着不同的方向在发展（譬如英国，参见 Hall 1999）。Knack 和 Keefer（1997）对《世界价值观调查》中 29 个市场国家的数据进行了分析，结果显示，对教育和收入进行控制后，各国之间的信任与结社的综合水平没有相关性。其他研究也证实了这一点（Norris 2001；Newton 和 Norris 2000）。

我们对《世界价值观调查》中 15 个略有不同的发达国家（无控制）的分析证实，不同国家之间在社会资本的三个量度上并无相关性。这些量度、国家及所采用的数据来源请见本书书尾附录。我们使用的量度包括普遍信任及对民主的信任、基于对税务欺诈和公共交通票务欺诈的公民合作、公民参与、容忍度指标、暴力犯罪以及对在当地社区中遭到攻击的安全认知。请注意，这些犯罪变量和社区安全变量均进行了编码，犯罪率降低或风险降低因此被认为对社会有益。

如表 1.1 所示[2]，综合而言，普遍信任、社团身份、反对公共交通票务欺诈三者之间并无显著关联[3]。图 1.1 以散点图的形式显示社团身份和普遍信任之间在国家层面上关系不清晰。社团身份和普遍信任通常被认为是社会资本"连贯特征群"的核心所在。此外，我们在包括 38 个市场经济体的扩展数据集中也发现，公民参与和普遍信任之间也缺乏关联。正如图 1.2 所示，散点图表明，普遍信任和公民参与之间存在很小的相关性，这一点也为统计检验所证实（$r = -.069$；$p = .628$）。在该图中，每个国家的缩写均以数据点为中心。请注意，为了便于解释，我们从表中排除了一些国家（保加利亚、匈牙利、奥地利及冰岛，因为它们覆盖了其他国家的名字），但所有国家的详细情况在数据附录中均可找到。

表 1.1　社会凝聚力构成成分间的相关性

	普遍信任	社团身份	对民主的信任	税务欺诈	公共交通票务欺诈	犯罪	容忍度	社区安全感
普遍信任	1							
社团身份	.003 .990	1						

续　表

	普遍信任	社团身份	对民主的信任	税务欺诈	公共交通票务欺诈	犯罪	容忍度	社区安全感
对民主的信任	.563* .029	−.226 .417	1					
税务欺诈	.077 .786	.592* .020	−.312 .257	1				
公共交通票务欺诈	.195 .486	.071 .801	.223 .425	.554* .032	1			
犯罪	−.146 .603	.407 .132	−.177 .528	.430 .110	−.087 .757	1		
容忍度	.095 .737	.351 .200	−.262 .345	.121 .667	−.526* .044	.250 .370	1	
社区安全感	−.724** .005	.013 .965	−.372 .210	.026 .932	.075 .808	.012 .970	−.266 .380	1

注：＊相关性在 0.05 水平（双侧）上显著。
　＊＊相关性在 0.01 水平（双侧）上显著。

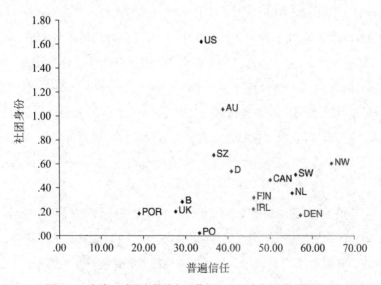

图 1.1　存在一个"连贯特征群"吗？公民参与和普遍信任＊

　＊各国与地区英文缩写和中文译名对照，请参见附录。

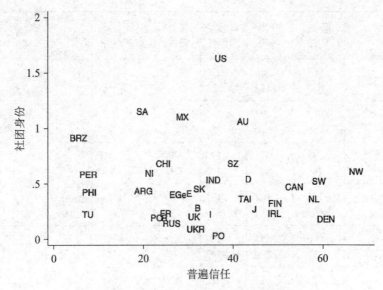

图 1.2 扩展数据集中的公民参与和普遍信任

　　然而,如表 1.1 所示,在主数据集(r=.563, p=.029)中,普遍信任和对民主的信任[4] 之间具有显著相关。此外,在普遍信任和社区安全感(r=-.724, p=.005)(p<0.001)之间,以及在诸如从不进行税务欺诈、从不在公共交通工具上进行欺诈(r=.592;p=.020))(p<0.001)等公民合作规范之间也存在极为显著的关联。上述量度在我们对信任和社团身份的分析中并无显著关联,但在 Knack 和 Keefer(1997)对同样数据的分析中,信任度和公民合作价值观之间存在关联性。Knack 和 Keefer 在分析中采用了一个综合因素,该因素建立在对诚实与公民合作所设计的大量问题的作答之上。因此,公民合作可能被列为信任的一个共变量,尽管在本分析中我们并未将其列入。

　　表 1.1 还揭示,容忍度和从不在公共交通工具上进行欺诈之间存在显著负相关,这可能说明在国家层面(r=-.526, p=.044)上这些自由主义态度之间存在一种悖谬的关系。一般而言,信任他人的人口比例较高的国家也极有可能是准备在公共交通上逃票的人口比例较高的国家。有意思的是,我们还发现,在公民参与与公民合作中唯一一个量度之间存在显著的正相关关系,这个量度即相信税务欺诈永远是错误的(r=.592, p=.020)。

将信任（普遍信任及制度信任）、公民合作及犯罪看作国家层面社会凝聚力的指标无疑是很有道理的。犯罪在传统上是一个负面指标，在很多文化中，政策制定者及普通人很容易将其看作有效指标。尽管暴力犯罪水平高与某种群体团结是一致的这个观点还存在争议，但人们很难想象暴力犯罪水平高是社会层面上社会凝聚力的一个标志。在我们的分析中，我们发现，至少个人认为，在信任度较高的社区，个人受到犯罪侵害的风险更低，尽管这与所观察到的犯罪率并不一定具有相关性（尽管在相关文献中，关于有记录的犯罪和对犯罪的认知是否更能表明实际犯罪率的高低还存在一些争论：Van Kesteren；Mayhew 和 Nieuwbeerta 2000）。从直觉上来看，至少原则上公民合作与社会凝聚力也有关联。人们有时可能会虚报纳税申报单、超速行驶、在十字路口闯红灯，但总体上还是承认这些行为是对社会不负责任的，对这些行为的猖獗感到悔恨。因为对制度的信任关乎对人的信任（尽管可能在一些社会中，普通人之间相互信任，但他们却不信任机构中的官员），所以社会信任和制度信任似乎并行不悖。此外，各种研究也证明，社会信任也算是一个稳健的量度。根据 Norris（2001）的研究，社会信任是社会资本、增长与民主稳定性之间相互关联的主要推动力，这一点常在研究中被引用。

《世界价值观调查》（WVS）多次调查的结果显示，各国之间在平均信任度上存在巨大、持久的差异（Inglehart 1990）。WVS 关于"信任"所提出的问题（总体而言，与人打交道时，你会认为大部分人都是可信的，还是不管如何小心都不为过？）已经遭到了批评，因为不可能知道作答者在回答这些问题时是表达他们对关系亲近的朋友和家庭成员的信任，还是表达对更为广泛的社会个体的信任。然而，很多因素显示，被度量的正是普遍信任。正如 Knack 和 Keefer（1997）的研究所显示的那样，WVS 中所涉及的各个国家的信任价值观与《读者文摘》在一系列国家中所进行的"钱包掉了"的测试结果密切相关。这些价值观还与"欧洲晴雨表"（译者注：一个长期跟踪欧洲各国对欧盟民意的调查）反复做的调查所得到的稳定的结果高度一致。该调查针对个人进行问询，意欲了解他们是否认为某些特定国家的人值得信任（Inglehart 1990）[5]。此外，表示WVS 中某些特定国家值得信任的受访者比例很低（认为巴西值得信任的比例是百分之十），这也表明，上述问题衡量的并非小半径信任。

不同国家的被询问者对关于信任的上述问题做出了积极回应，但回应却有差异，

41

这种差异很可能既存在于对信任度的量度，也存在于对可信度的量度。但这并不重要，因为信任被看作是社会凝聚力的一个组成成分，而社会凝聚力则正是一个相关的、动态的、依赖于制度的现象。信任产生信任，而不信任则产生不信任。一个人如果可信，他可能会在和自己相关的其他人中间产生信任；一个人如果不可信，那么他与其他人之间只能产生不信任。通过社会规范和制度准则来强化诚信和可信度的社会更有可能是一个具有信任度的社会，因为在这样的社会中，人们更可能有理由信任他人。因此，信任是作为个人特征进行量度的，但其总值则表明了社会特征。正如 Alan Fox (1997，第 67 页)所言：信任与不信任"植根于人所强加或希望别人接受的规则、角色及关系之中"。

教育和社会凝聚力各个量度之间的相关性

为了测试不同国家中教育与社会凝聚力各个量度之间的相关性，我们需要一些有效的国家教育量度。WVS 是我们的主要数据集，我们未采用其"上学年数"这个量度，因为上学时间的长短无法良好地反映学习质量和所获得的技能。因此，我们采用了《国际成人读写能力调查》(IALS)中关于读写能力的调查数据。这个调查受到了一些学者(Blum，Goldstein 和 Guerein-Pace 2001)的批评，他们认为该调查存在文化偏见，但该调查至少有一个优点，即它试图提供技能的各种直接量度，而非诸如上学年数或资格等代替物。可以假定，如此度量的各项技能既与所接受教育的数量也与所接受教育的质量相关。

正如表 1.2 所示，在主数据集中，不同国家教育水平总量(中等读写能力-后期中等读写能力的平均值)与社会凝聚力的各个量度(普遍信任、社团身份、对民主的信任、税务欺诈、公共交通票务欺诈、犯罪、容忍度、社区安全感)之间不存在显著相关($p < 0.05$)。我们已经谈到国家因素、文化因素及制度因素可能大大超过教育对社会凝聚力的影响，考虑到这一点，表 1.2 的结果就不足为奇了。因此，接下来我们要探讨教育不平等对社会凝聚力的影响，而探讨的基础是那些关于比较历史及比较理论的文献，这些文献表明社会凝聚力对分配效应高度敏感。

表 1.2　后期中等读写能力和社会凝聚力总量

	相关性	显著性
普遍信任	.354	.196
社团身份	−.120	.670
对民主的信任	.244	.381
税务欺诈	−.376	.167
公共交通票务欺诈	−.487	.066
犯罪	−.055	.845
容忍度	.491	.063
社区安全感	−.505	.078

教育不平等与社会凝聚力

43

为了弄清《世界价值观调查》(WVS)中所涉各国家就读写能力而言的教育结果分布，我们采用了《国际成人读写能力调查》(IALS)各轮调查的结果。我们使用了类似 Nickell 和 Layard(1998，第 67 页)的方法，计算了基于两类人平均读写水平差异的测试成绩比，第一类人接受了所在国最低限度的义务教育，第二类人在后期中等教育结束后继续接受了教育。根据 OECD(2000)在评估读写能力不平等所造成的社会后果时所采用的方法，我们采用了读写能力中的散文阅读素养量度，而非 Nickell 和 Layard(1998，第 67 页)所采用的读写能力的量化量度。关于采用这些量度或采用一个替代劳动力市场上技能分布的综合量度是否恰当，可能还有争议。我们将对这个问题进行更为深入的讨论。

表 1.3 显示了三类人的散文阅读平均成绩：教育程度低于后期中等教育的人、受过后期中等教育的人以及受过高等教育的人。测试成绩比(**技能不平等**)是指受过高等教育的人的成绩与受过低于后期中等教育的人的成绩之比。因此，测试成绩比即接受义务教育者的成绩与接受过最低中等教育者的成绩之比。

表 1.3　读写能力和技能不平等

国家	前期中等教育水平	后期中等教育水平	高等教育水平	技能不平等
澳大利亚	250.60	280.00	310.40	1.24
比利时	242.50	281.00	312.30	1.29
英国	247.90	281.90	309.50	1.25
加拿大	233.40	283.80	314.80	1.35
丹麦	252.80	278.10	298.50	1.18
芬兰	261.60	295.90	316.90	1.21
爱尔兰	238.80	288.20	308.30	1.29
荷兰	257.50	297.00	312.10	1.21
挪威	254.50	284.40	315.10	1.24
波兰	210.50	252.70	277.30	1.32
葡萄牙	206.60	291.50	304.80	1.48
瑞典	275.40	302.30	329.10	1.19
瑞士	228.10	274.10	298.30	1.31
美国	207.10	270.70	308.40	1.49
德国	265.60	283.80	310.10	1.17

　　结果显示,诸如英国、美国和加拿大这些说英语的国家,其在技能结果方面不平等的量度远高于诸如德国和瑞典这样的欧洲大陆北部国家及北欧诸国。此处,各个国家的相对位置证实了 Brown、Mickelright 和 Waldmann(2000)以及 Brown、Green 和 Lauder(2001)关于技能的一些发现,前者基于对 14 岁受众测试成绩 IEA 数据的分析,后者基于成人资格分布。

　　如果接下来我们探讨技能分布的国家量度与社会凝聚力的国家量度(表 1.4)之间的关联,那么我们就会发现教育不平等与另外一个常用的社会资本量度普遍信任度之间存在显著相关(p<0.05)(r= -.592, p=.020)。因此,教育不平等程度愈高,普遍信任度愈低。图 1.3 展示了这种关系。

表 1.4　技能不平等和社会凝聚力

	相关性	显著性
普遍信任	− .592*	.020
社团身份	.333	.225
对民主的信任	− .283	.307
税务欺诈	.265	.340
公共交通票务欺诈	.171	.543
犯罪	.398	.142
容忍度	− .060	.831
社区安全感	.404	.171

注：* 相关性在 0.05 水平（双侧）上显著。

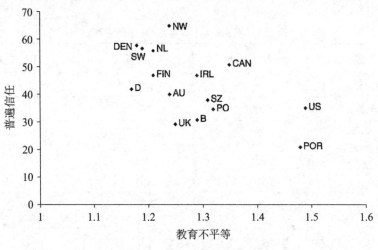

图 1.3　教育不平等和普遍信任

　　然而，作为 Putnam 社会资本的一个关键量度，社团身份与教育平等并无正相关关系。事实上，在这种情况下，如果需要产生逆转的话，教育这个变量的效果（低于0.5％的显著性水平）才会显现，这样，参加社团的数量才会与教育不平等呈正相关（r＝.333，尽管在 5％的水平上并不显著）。尽管这一发现本身非常有趣，但不影响我们的观点，因为我们并不将结社看作国家层面社会凝聚力的一个量度。

教育和收入不平等

如果各国的教育平等均与社会凝聚力至少在普遍信任上相关,那么这种相关性是如何运作的呢? 我们的模式假设,教育通过两种方式对社会凝聚力产生影响,一种是通过社会化效果直接产生影响,另一种是通过技能分布对收入分布间接产生影响。由于我们没有"有效"的社会化成果的量度,所以无法测试社会化的效果。在任何情况下,在我们所讨论的相关性中,教育平均水平与社会凝聚力结果之间没有显示出任何关联。然而,我们可以对 Nickell 和 Layard(1988)的方法进行修正,然后用以检测教育分布对收入分布的影响。

在度量技能差异与收入不平等的一致程度时,Nickell 和 Layard(1988)使用了收益比这个概念,即不同教育程度的个人的收入比。在本章中,我们采用了基尼系数,这是对整个人口收入不平等的一个更为宽泛的量度。所采用的基尼系数见表 1.5。

46

表 1.5　基尼系数(20 世纪 90 年代中期)

国家	基尼系数	国家	基尼系数
澳大利亚	35.20	挪威	25.80
比利时	25.00	波兰	32.90
英国	36.10	葡萄牙	35.60
加拿大	31.50	瑞典	25.00
丹麦	24.70	瑞士	33.10
芬兰	25.60	美国	40.80
爱尔兰	35.90	德国	30.00
荷兰	32.60		

来源:世界银行(2001)。

图 1.4 显示了在我们取样的 15 个国家中教育不平等和收入不平等之间的关系,其中教育不平等是通过测试成绩比来进行度量的。可以看到,在这 15 个经济体,读写技能分布与收入分布之间存在关联。技能存在高度差异的经济体,收入不平等的程度也高,反之则亦然。测试成绩比和基尼系数之间具有清晰的关联性。这个关联性在

统计学上是显著的(p<0.01)，正相关系数较大(r=.650，p=.009)。

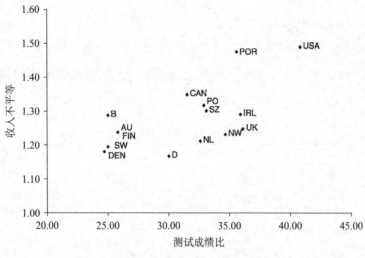

图 1.4　教育不平等和收入不平等

收入不平等和社会凝聚力

47

　　本模式的第二阶段要求我们测试收入不平等和社会凝聚力之间是否存在关联。
Putnam(1993；2000，第 360—361 页)发现，在意大利和美国的不同地区，收入不平等和
社会资本总量之间相互关联，尽管他在分析时几乎没有用到这一实证研究的结果，只
是在《让民主运转起来》这本书中对此做了一个脚注。在此，我们试图发现，这一关联
是否适用于国家层面，适用于社会资本的哪些量度。为此，我们使用了《世界价值观调
查》1990 年和 1995 年的调查结果来计算普遍信任和结社这两个量度。根据 Knack 和
Keefer(1997)的研究，我们对信任度的量度建立在每个国家中对"人们总体是否可
信？"这个问题做出肯定回答的个人所占的百分比之上。所采用的结社量度是指各个
国家中人们所加入的各种社团的数量。这些社团包括宗教组织、艺术团体、音乐团体、
教育团体、工会、政党、环境组织、慈善组织，以及其他志愿者组织等。

　　表 1.6 提供了对收入不平等和社会凝聚力总量两者相关性的分析结果。就主数

据集中的这 15 个国家而言,我们没有发现收入不平等和社团身份之间存在显著的相关性。然而,除了发现在收入不平等和普遍信任(r = −.547,p = .035)之间存在显著的负相关外,我们还发现,在收入不平等、暴力犯罪(r = .640;p = .010)和在社区中(r = .636,p = .020)遭受攻击的犯罪风险感知之间存在显著的正相关关系。散点图通过描述的方法展示了收入不平等、犯罪(图 1.6)和普遍信任(图 1.5)之间的关系。

表 1.6　收入分布和社会凝聚力

	相关性	显著性
普遍信任	−.547*	.035
社团身份	.414	.125
对民主的信任	−.305	.269
税务欺诈	.403	.136
公共交通票务欺诈	−.009	.975
犯罪	.640*	.010
容忍度	.636*	.020
社区安全感	.240	.389

注：* 相关性在 0.05(双侧)水平上显著。

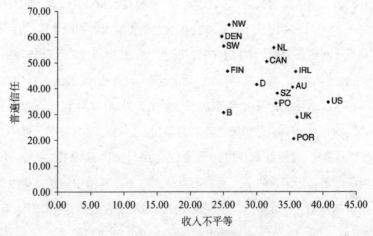

图 1.5　收入不平等和普遍信任

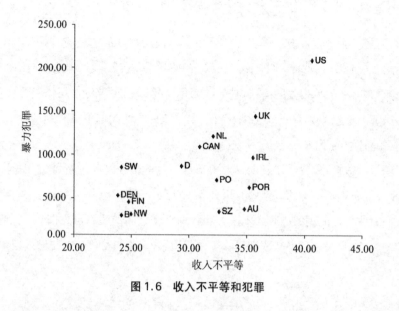

图 1.6　收入不平等和犯罪

　　为了进一步探索收入不平等和社团身份之间的关系,我们扩大了国家的数量,将 Knack 和 Keefer 所采用的"市场经济体"也包括在内。我们发现,在收入不平等和结社之间存在一种微弱但却显著正相关的关系,群体结社平均水平最高的国家也是收入不平等程度最高的国家(图 1.7)。(请注意,为了便于诠释,我们的图中未包括加拿大、比利时、葡萄牙及爱尔兰。)正如图 1.7 所示,这种关系可能会受到很多无关国家的过

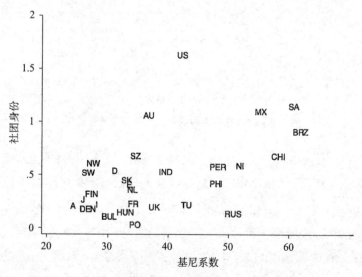

图 1.7　扩展数据集中的收入不平等和公民参与

度影响,尤其是那些收入不平等程度和公民参与程度都高的中等收入国家(MICs)和欠发达国家(LDCs)。然而,即使我们从取样中剔除了这些国家(墨西哥、巴西、智利、尼日利亚)和另一个不相关的国家美国,收入不平等和社团身份之间仍然存在一种微弱但却显著的正相关关系(r=.514;p=0.02)。或许在此我们可以看到结社活动的效果抵消了对社会的不满。

采用扩展数据集,我们还发现收入不平等与普遍信任之间维持着负相关关系,换言之,收入分布更不平等的国家同时也是 WVS(r=-.655,p=<0.001)调查中较少赞同人们总体可信的国家。收入不平等和普遍信任之间的关系可见图1.8。请注意,在上面的讨论中,我们已经从图中排除了一些国家(瑞典和秘鲁),以便增进视觉判读。

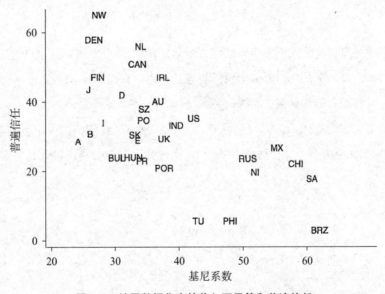

图1.8 扩展数据集中的收入不平等和普遍信任

表1.7通过对人均 GNP 进行控制而进一步深化了分析,因此所呈现的相关系数为"部分"相关系数。人均 GNP 这个量度取自世界银行所采用的购买力平价指数(1996;第188-189页)。在引入控制后,收入不平等和普遍信任之间(r=-.526,p=.037)的部分相关系数依然显著。如前所述,我们发现不平等令普遍信任降低,但却使暴力犯罪(r=.660;r=.010)和对犯罪风险的感知(r=.628;p=.029)上升。我们还发现,对人均 GNP 进行控制后,收入不平等和公民参与之间的相关性变得显著了(r=

.595;p＝.025）。因此，即使在我们简化了的样本中，也有可能在收入不平等和公民参与之间找到一种正相关关系。

表 1.7　收入不平等和社会凝聚力（控制人均国民生产总值）

	相关性	显著性
普遍信任	－ .562*	.037
社团身份	.595*	.025
对民主的信任	－ .032	.293
税务欺诈	.430	.125
公共交通票务欺诈	－ .004	.989
犯罪	.660*	.010
容忍度	.270	.350
社区安全感	.628*	.029

注：＊相关性在 0.05（双侧）水平上显著。

　　本书此处的发现，即收入不平等影响国家层面的信任，证实了 Knack 和 Keefer（1997）的其他一些研究成果，即收入平等（在 Knack 和 Keefer 的研究中，价值共识为民族同质性的各个量度所代表）为跨国变化的形式在统计学上提供了最佳解释。关于收入不平等对暴力犯罪影响的研究发现也与犯罪学家关于不同国家暴力犯罪的研究发现一致（Braithwaite 和 Braithwaite 1980；McMahon 1999；Messner 1982）。Braithwaite 和 Braithwaite（1980）的研究显示，收入不平等增大和自杀率增高之间在统计学上具有显著相关性。Messner（1982）发现，在他所采样的 39 个国家中，自杀率存在差异，而收入不平等程度则占这些差异的百分之三十五。将这些结果综合在一起就会显示出收入不平等是社会凝聚力的一个重要因素。此处关于不平等和结社（任何形式的结社）具有正相关的结果也支持我们的观点，即在国家层面上，结社与其他社会资本量度有所不同，不应被看作社会凝聚力的一个量度。

　　我们此处的分析表明，教育平等和信任（信任是社会凝聚力的关键量度之一）之间在统计学上存在跨国相关性，这一点也得到了 Duthilleul 和 Ritzen（2002）研究结果的证实。Duthilleul 和 Ritzen 的研究基于对 15 岁受试者的 PISA 测试数据（而我们的研

51

究数据则是基于成人技能的基础），而这些数据则是构建在作者最初的两个构想之上的（Green 和 Preston，2001）。我们对教育不平等对收入不平等的显著影响以及收入不平等对社会凝聚力各种量度的影响进行了分析，这些分析似乎也表明，教育平等是通过收入平等对社会凝聚力产生各种影响的，也可能会对信任这个量度以外的社会凝聚力的其他方面产生影响。然而，这并非是低估教育平等对独立于收入平等的社会凝聚力产生影响的可能性。事实上，在以前的一项研究（Green，Preston 和 Sabates，2003）中，我们采用了多变量分析，就发现在教育平等和未经收入调和的社会凝聚力综合指数之间存在清晰的关联。

一些结论

通过以上的分析，我们可以得出在国家层面上教育对社会凝聚力产生影响的一些初步结论。

首先，在国家层面上对社会凝聚力进行度量，需要运用与社会资本分析中常用的指标和不同的指标组合。尽管结社、信任、容忍度、公民合作和政治参与可能会在一些国家中在个人层面形成一个连贯的变量层，但在国家层面上，它们并不产生足够的共变，不能被看作某个单一潜在现象的量度。尤其是，在国家层面上社团身份似乎与其他变量有较大差异，而且似乎与国家的社会凝聚力相关性很差。正如前面所表明的那样，我们认为这是因为社团身份涉及多种类型的社会关系，就社会融合而言这些社会关系所产生的影响不同。如果纯粹量化的话，就社区或国家层面的凝聚力而言，社团身份并无太大意义。Tocqueville 最初（定性地）认为，充满活力的社区结社对一个强大的公民社会而言非常重要。不管这个观点如何重要，定性的方法对看待现代社会中社会融合的各种模式并没有太大用处，因为定性的方法无法区分狭隘的、自我本位的结社形式和更广泛的、以建立共识为目的的结社形式。

其次，似乎会出现一套在国家层面确实产生共变的变量，而且这些变量可能会构成度量社会凝聚力的基础。这些变量包括来自以前社会资本量度的社会信任和制度信任，也包括对犯罪的感知这个社会凝聚力更为传统的量度。公民合作可能也有关联，尽管我们此处的分析并非是要证实 Knack 和 Keefer 在此问题上的观点。我们建议，其他一些传统的社会凝聚力量度和社会冲突量度，如容忍度、民族自豪感、劳资纠纷率、种族暴力事件等，在列入社会凝聚力积极量度或消极量度之前需要进行进一步的验证和理论探讨。

第三，采用我们的量度，似乎在国家层面上（读写能力的）综合技能水平与社会凝聚力之间没有显著相关性。这证实了我们早期的观点，即国家层面上更为强大的制度因素和文化因素可能会远远大于教育所产生的影响。然而，这并不意味着教育是无足轻重的。教育使年轻人变得社会化，因此可能会以这种方式产生重要影响，但我们对教育结果进行衡量的各个量度还相对较为粗糙，尚难体现这些影响。正如我们在此所展示的那样，教育通过影响平等，肯定会对社会凝聚力产生间接但显著的影响。

第四，教育结果的不平等与收入不平等密切相关，后者对社会凝聚力的很多量度影响巨大，尽管所有这些因果关系我们目前尚不清楚。

很有可能，收入平等通过使受教育的途径平等化而对教育平等产生影响。也有可能社会凝聚力、团结的文化以及政治意识形态通过均衡愿望、支持某种政策干预而对收入平等和教育平等均产生影响。譬如，最低工资和其他形式的劳动力市场规范使工资协议产生约束力并对整个部门有效，这可能改善了收入平等问题（Blau 和 Kahn 1996；Nickell 和 Layard 1988）。为了达到资源均衡和平等入学而采取的措施可能使教育成果更为平等，同样，对学校教育价值共同的认识也可能能达到这个目的，至少最近一个关于高度平等的日本教育系统的例子可以说明这一点（Green 1999）。这些关系仍有待用分析的方法进行调查，但我们此处对相关性所做的分析至少表明还有这样一个问题需要探索。

关于教育对社会资本和公民参与所产生的影响（Bynner 和 Ashford 1994；Nie 等 1996；Emler 和 Frazer 1999），现有的模式表明，教育对结社和政治参与产生影响，这种影响既是直接的，也是间接的，直接的影响通过给予有用的认知资源而实现，间接的影响则通过给予那些可以授予网络中心性的工作而实现（如图 1.9 所示）。我们此处的模式与上述观点丝毫也不矛盾，相反，我们试图解释教育对不同类型的结果所产生的影响，换言之，我们试图解释教育对社会凝聚力所产生的影响。在我们这个模式中，技

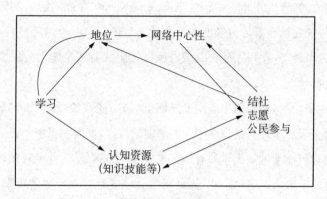

图 1.9 关于社会资本的学习效果

来源：改编自 Nie 等(1996)。

52

能与资格依然重要,但主要的是影响社会凝聚力的技能和资格的分布模式。此外,我们假定不同形式的学校社会化可能会对国家层面的社会凝聚力产生不同的影响,但对此我们不再探究。完整的假设模型请见图 1.10。

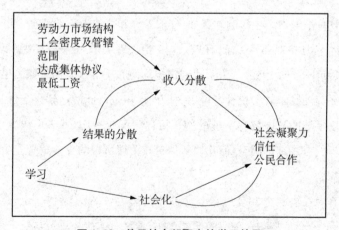

54

图 1.10 关于社会凝聚力的学习效果

在接下来的几章中,我们将运用其他数据,调查该模式所提出的一些主张,并为结果的分散和社会化渠道寻求支持。如果事实证明这个关于教育对社会凝聚力影响的模式是有效的,那么它将会具有很重要的政策意义。

目前,英国(以及其他说英语的国家)的公民教育政策主要着眼于社会能力的发展

（Kerr 1999；Osier 和 Starkey 2000）。这很可能对结社和政治参与有益，但总体而言可能对信任、公民合作和社会凝聚力的影响相当有限。为了通过教育解决这些问题，那就必须更多地关注共同价值观念或合作的价值观念，更多地关注教育成果中的不平等衰减。

第二章
教育不平等和社会凝聚力：
一项跨时的分析

引言：时间的重要性

在上一章中，我们在横截面分析中审视了教育不平等和社会凝聚力之间的关系。换言之，我们选取了一个单一时间段，考察该时间段内教育不平等、收入不平等和社会凝聚力的几个量度之间的相关性。尽管我们发现，有证据表明在该时间段内教育不平等和社会凝聚力量度之间具有相关性，但理想情况下，我们想知道这些相关性是否随着时间的推移而依然存在，这将使我们对它们之间是否存在因果关系进行更为稳健的检测。在本章中，我们将通过模拟教育和收入不平等的变化以及一些跨时社会凝聚力结果，进行跨越单一时间段的分析。在实践中，我们从多个国家中截取了一系列快照，再将这些快照组合起来，给人以时间的错觉，就像在电影技术中，单个影片图像连在一起就产生了运动错觉。对相同国家反复进行跨时横截面研究（截取的时间段为 1960 年、1965 年等），为我们提供了一个横截面时间序列数据集，然后可以对其进行分析，以检查第一章中关于 20 世纪 90 年代的象征性证据到底是不是巧合，或是否可能存在某种关系在几十年内适用于多个国家。

考虑社会凝聚力时，这类分析由于采用了横截面时间序列数据，所以极为重要。社会凝聚力与社会资本不同。从实证角度来看，社会资本似乎容易在短时间内有很大的波动；而从理论上来说，社会凝聚力最好要通过长时间的观察。尽管社会资本的联接和纽带十年内可以消失（如在 20 世纪 60 年代，Putnam 2000），但社会层面的信任和支撑这个信任的各种制度可能需要更长的时间去建立和维持。在本分析中，我们所考查的时间段（最长的时间段是从 1960 年到 1990 年）可能被认为不够长。Skocopol (1996) 对社会资本理论提出了批评，其中一部分是说虽然该理论对现状（及合作，而非冲突）重视不足，但这也无法避免，因为该理论无法解决真正的转型期所出现的社会变化问题，这些社会变化涉及革命、社会动荡和社会危机。虽然我们认同这一说法，但我们认为，即使在本分析所涉及的相对较短的时间内，也会发生大量的、各式各样的经济和社会转变，包括凯恩斯主义共识的垮台、大规模失业、国家社会主义和福利国家的减少。教育体系是否仍然会对大动荡时期各个社会的社会结果产生一些影响，这一点非常重要。因此，这一教育体系（综合化教育、大众化高等教育以及随后的教育市场化）和社会结果均发生巨大变化的时期，正是检验教育结果和社会凝聚力之间是否存在相

56

关性的一个理想时段。

　　理论上,我们有很多理由认为教育不平等和社会凝聚力之间存在跨时联系。一个间接的机制便是通过收入不平等。技能分布和资格分布的不平等随着时间的变化便会变成收入分布的不平等。个人取得某种资格后会脱离教育系统(尽管他们可能以后再重新进入教育系统)。根据人力资本理论,(因为资格是一个人现在和未来生产力的一个指标,所以)技能和资格决定薪资。(在其他条件相等的情况下)资格分布范围越广,薪酬的范围越广。随着时间的推移,情况将变得更为复杂,因为那些后来获得技能分布和资格分布的人会与整个人口的技能分布和资格分布产生相互作用。这可能意味着,以前在劳动力市场上能够取得成功的资格(如学历)如今已经不那么具有优势了。结果,为了保持自己的教育优势地位,某些群体便会试图采取社会封闭策略,从而导致资格主义不断增长,给社会凝聚力带来越来越多的负面影响(Ball 2003)。因此,从跨时角度看,教育不平等和社会凝聚力这两者通过收入不平等这个纽带而产生了复杂的循环关系。

　　同理,从跨时角度来看,教育不平等和社会凝聚力通过社会心理机制和社会学机制所产生的影响同样是复杂的。例如,源于收入不平等的心理压力(Wilkinson 1996)可能因教育不平等而加剧,尤其是当教育系统的结构在代际间发生变化时。行为学方法则更重视社会交往中身份等级的影响及其所造成的潜在社会压力。等级差异和社会地位的焦虑可能在代际间恶化,这种情况存在于应届生和往届生之间,同样存在于新兴大学和老牌大学之间。愈来愈多样化的教育结果产生了多样化的标准和价值观,从而使社会交往也变得更为复杂了(Gradstein 和 Justman 2001)。除了从微观视角看待教育不平等和凝聚力缺乏外,教育作为社会流动的机制所起的作用已经越来越小了(至少在英国是这样),教育的不平等可能还会加剧不同阶层对有限资源的竞争,这种竞争不仅存在于劳力市场而且存在于公民和政治领域。正如 Robert Nie 和他的同著者们在自己的作品(1996)中所指出的那样,随着时间的推移,教育资格的差异意味着位于资格分布顶端的人在政治生活中越来活跃,而那些位于底端的人则不断被疏离和边缘化。按照他们的分析,教育愈来愈不平等,这挑战的并非民主的运转,而是由于大量的群体不再积极参与政治过程,民主已越来越不能代表这些群体了。

　　在本章中,我们采用多个国家的横截面时间序列数据来分析教育和社会凝聚力,主要关注两组社会结果。第一组是一组和国家政治文化相关的社会结果。我们审视了哪些国家在多大程度上保护自由主义理论家所谓的"负面自由"，即公民自由和政治自由。削弱这些自由被看作是政府意图削弱个人和群体的发声、动员和组织能力。出于这种考虑，我们也考虑到了这些国家一段时期内发生的"动荡"事件数量，"动荡"事件是指罢工、示威游行和骚乱。第二组是一组和各类犯罪相关的社会结果，尤其是针对个人的犯罪（如谋杀、凶杀和强奸）。我们将考虑那些自由度下降，且因动荡和犯罪率不断上升而导致社会凝聚力降低的国家。上述观点可能比它首次出现时更具争议，也可能有人会提出反例。例如，自由并不总是表明具有社会凝聚力。言论自由，或不受妨碍地拥有私有财产的权利，可能会与"充满憎恨的"言论或不加约束地利用私人权利践踏公众生活共存。社会动荡可被看作健康民主的一个标志，或可被看作是非健康民主走向健康民主的标志。因此重要的是，在进行此类分析时不可丧失历史背景感。此处所珍视的社会凝聚力是拥有民主制度和低水平社会动荡的民主社会，虽然这一点并未明言。正如第一章所提到的那样，有些人可能会说这样的社会是剥削的社会、高压的社会或僵化的社会。我们将在最后一章探讨在描述不同类型社会凝聚力的特征时所存在的问题。目前我们感兴趣的是，教育不平等是否在以这些量度为特征的社会凝聚力中扮演了角色。

令人感到吃惊的是，我们发现，教育不平等与本章中所调查的大多数社会凝聚力结果之间存在显著的（尽管并不一定是线性的）跨时相关性。我们还发现，公民自由、政治自由、社会动荡及不同类型的犯罪均与教育不平等存在明显的跨时相关性。即使对与这些结果相关的其他重要变量——如收入不平等和人均 GDP——进行控制，我们也能确认此种相关性的存在。尽管我们不能用这些数据来确认教育不平等可能对社会凝聚力施加影响的机制，但我们相信教育不平等和社会凝聚力有关，而且这与最初令人信服的第三变量（收入不平等）无关。本章结尾，我们讨论了这些研究结果对教育制度和教育平等的启示。我们认为，教育不平等和社会凝聚力之间并不一定是简单的线性关系。不平等的增加不一定会导致社会凝聚力的降低。实际上，当教育不平等处于低水平时，教育不平等增加反倒可能提高社会凝聚力。尽管这种关系依据何种机制尚不明确，但有一种可能性是，高水平教育体制的拓展最初既与较高的教育不平等相关，也与各种最初可能是为了减少社会冲突而建立的制度和结构相关。

58

研究方法

59　　本章中，我们假设教育不平等和社会凝聚力结果在很长的一个时间段内具有相关性。为了调查这一假设，我们使用了国家层面上教育不平等、结果变量和控制变量的量化结果，并构建了一个专业的跨时横截面时间序列数据集。对每个案例（这里即指每个国家）而言，正在调查中的变量的数据采自几个离散的时间段（每五年为一段）。公民自由、政治自由和社会动荡这几个变量的数据采自 1960 年到 1990 年，犯罪这个变量的数据采自 1960 年至 1975 年。

本章中对教育不平等的量度，我们采用了 Thomas, Wang 和 Fan（2000）为世界银行所开发的数据集。该数据集度量了 1960 年至 1990 年间 85 个国家的教育不平等情况，数据基于每隔五年（即 1960、1965……1990）的汇报。他们对教育不平等所给的量度称为教育基尼系数（*edgini*——变量名称在本章中以斜体标出）。该量度基于完成 7 种教育程度（未完成任何教育、完成部分初级教育、完成全部初级教育、完成部分中等教育、完成全部中等教育、完成部分高等教育、完成全部高等教育）中任何一种的人口比例，与基尼系数（*gini*）这个传统上收入不平等的量度类似。尽管该数据集度量的是资格而非技术不平等，但它在建构中使用了稳健的方法，而且最近计量经济学研究已经使用该数据集对不平等现象进行了研究（例如参见，Checcchi 2000）。教育基尼系数的可能最小值为 0（教育绝对平等），最大值为 1（教育绝对不平等）。尽管教育不平等是我们兴趣的核心所在，但此外我们还控制了其他与社会凝聚力结果相关的变量：收入不平等和实际收入。我们也控制了以美元计算的实际人均 GDP（*gdp*）。在政治结果（公民权利、政治权利和社会动荡）方面，我们控制了收入不平等和实际 GDP。在犯罪方面，我们仅控制了收入不平等，因为该数据集还不够大，难以支持大量的控制要素。

对于政治变量，我们使用了 ACLP 政治稳定变量数据集（Przeworski, Alvarez, Cheibub 和 Limongi 2000），该数据集原本是为了给政治科学家提供资源并用于证明民主的好处。我们主要关注三个变量：政治自由（*pollib*）、公民自由（*civlib*）和社会动荡（*unrest*）。

政治自由（*pollib*）是通过"自由之家"所得出的一个指数按照 7 分制表进行排名。我们将这一表翻转过来，这样，成绩越高，表明政治自由越高。在我们新的量表中，1

代表不存在政治自由、压迫严重的政体；6代表存在政治腐败、暴力和针对少数民族政治歧视的政体；7代表拥有自由公正的选举和少数民族自治或真正参政的政体。

公民自由（*civlib*）也由"自由之家"的相关指数按照翻转的7分制表进行排名。1代表不存在自由、不存在成熟公民社会的政体；6代表尽管在一小部分公民自由方面存在不足，但仍然相对自由的政体；7代表具有言论自由、集会自由、教育自由和宗教自由的政体。

社会动荡（*unrest*）是一个综合量度表，由骚乱、罢工和和平示威组成。Przeworski、Alvarez、Cheibub和Limongi（2000，第192-193页）认为，动荡代表了一个变量，在关于向民主过渡的文献中，该变量被称为"动员"，而在与政治稳定相关的文献中则被称为"社会动荡"。我们将这些事件聚合在一起，以形成一个有意义的尺度变量。

骚乱被界定为100人以上参与、使用体力的示威游行或冲突。罢工指1 000人以上产业工人或服务业工人参与的、涉及一个以上雇主、针对政府的政策或权威而拒绝工作的行为。和平示威是指任何形式至少有100人参加的公共集会，主要目的是表达对政府政策或当局的不满，不包括明显排外性质的示威活动。由于Przeworski、Alvarez、Cheibub和Limongi（2000，第192—193页）提出了这些变量（尤其是社会动荡）在发达国家和发展中国家存在实质性差异的问题，所以我们将数据集中的分析目标锁定为欧洲、北美及OECD国家。

关于犯罪，我们采用了Archer和Gartner（AG）的"跨国视角下的暴力犯罪（1900—1974）"数据集，该数据集包括关于谋杀、强奸、抢劫、偷窃和袭击的重构数据。我们采用该数据集中所包含的人口量度计算了人均犯罪的量度。随后，为了将犯罪量度和收入不平等、教育不平等和真实人均GDP这些量度结合一体，我们将AG数据集进行了合并。由于该数据集信息有限，我们根据前几年的可用平均数据计算了1960年、1965年、1970年和1975年的数值，并采用了所有可用国家的样本。

通过合并数据集，我们创建了两个新的数据集。因为有些国家属于一个数据集但并不属于另一个，这显然减少了可供分析的国家的数量。其中一个数据集是关于20个国家在1960—1990年间的政治变量、教育不平等、收入不平等和真实人均GDP情况。另一个数据集则是关于25个国家/地区在1960—1975年间的犯罪、教育不平等和收入不平等情况。这两个数据集请参见附录。我们假定这些结果变量是连续性的，并采用了横截面时间序列回归模型(固定效应)来测试每个结果和本书中的政治变量自变量和犯罪的混合线性回归之间的关系。为了获取可能的非线性特征,我们针对教育不平等采用了平方反项,针对公民自由、政治自由和动荡采用了基尼系数和真实人均 GDP(参见 Checchi 2001)。然而,就犯罪变量而言,由于数据集中只有少量的观察数据,我们不能囊括额外项以显示非线性特征。在(以下)分析中,针对每个自变量,我们报道了其非标准化回归系数、T 统计量以及 1‰(＊＊)、5‰(＊)显著性指标。

教育不平等、自由和动荡

关于教育和政治结果的当代文献大多将重点放在了参与、兴趣或态度的个人和微观量度上(Emler 和 Frazer 1999)。除了间接通过意识形态外,很少考虑教育对宏观政治进程的影响。也许这是因为政治科学文献具有不同的重点,或是因为采用了教育理论化的"历史主义"方法。例如,尽管有些文献是关于教育和收入不平等对权利和自由所产生的综合影响,但却没有著作从实证角度研究教育不平等对公民权利和政治权利的影响。此外,在大多数关于教育和社会凝聚力的作品中,权利被认为是在早期国家形成过程中进化而来的,而教育在社会化和传播过程中起了作用。如上所述,虽然从历史角度看,近代似乎在权利和动荡方面未出现过巨大的变化,但通过使用这些变量愈来愈分级的各种量度,我们找到了一些证据,证明它们之间存在某种关系。

表 2.1 展示了各变量间的相关性,星号(＊)表示相关系数 p 值小于 0.05 的那些变量。我们在此处报道的正是这些极显著关系。如表所示,正如我们所料,教育不平等(*edgini*)和收入不平等(*gini*)之间存在正相关(0.44)。此外,我们还观察到教育不平等和公民自由之间呈负相关(-0.31)、教育不平等和动荡之间呈正相关(0.19),这些观察结果支持教育不平等和社会凝聚力存在负相关这一假设。令人惊讶的是,我们观察到,收入不平等(*gini*)和政治自由(*pollib*)之间呈正相关,相关系数(在无控制情况下)为 0.31。让人并不太感到惊讶的是,国民收入(人均 GDP)和政治自由、公民自由呈正相关(相关系数分别为 0.77 和 0.79)。最后,公民自由和政治自由之间呈强正相关关系(0.94)。

表 2.1　政治数据集中各变量间的相关性

	edgini	*gini*	*gdp*	*civlib*	*pollib*	*unrest*
edgini	1					
gini	0.44**	1				
gdp	−0.49**	−0.10	1			
civlib	−0.31**	0.21	0.79**	1		
pollib	−0.17	0.31*	0.77**	0.94**	1	
unrest	0.19*	0.18	−0.17	−0.17	−0.16	1

注：* 5%显著；** 1%显著。

表 2.2 显示了公民自由指标和各个自变量之间的关系。可以看出，公民自由和线性教育不平等项（t = 2.34）、教育不平等平方（*edgini*2）项（t = 2.29）之间呈正相关关系。公民自由和逆向教育不平等（*edginiinv*）项（t = 2.86）之间呈负相关。这些项目综合在一体后对公民自由产生的净结果见图 2.1。Y 轴（*civ*）上的数值显示该模型所预测的教育不平等对公民自由的影响。需要注意的是，该模型所做出的预测并不一定在公民自由的期望值范围之内（1—7），因为线性回归假定是一个完全连续变量（0 至无限），而我们使用的是公民自由的标准值。然而，回归形状很有意思。可以看出，教育不平等和公民自由总体而言呈负相关。随着教育不平等从零开始上升，公民自由经过最初的下降后，二者之间的关系就稳定了下来（直到 *edgini* 值达到 0.22 时才会上升）。当教育不平等达到并跨越 0.42 后，公民自由便会迅速下降。

表 2.2　公民自由：回归结果

	civlib		*civlib*
edgini	109.596 (2.34)*	*gdp2*	−0.000 (1.61)
edgini2	−109.885 (2.29)*	*gdpinv*	3,273.571 (0.07)
edginiinv	3.230 (2.86)**	常数	131.796 (2.19)*

续　表

	civlib		civlib
gini	−5.422 (2.81)**	观察值	56
gini2	0.057 (3.00)**	id 编号	18
giniinv	−1,617.433 (2.33)*	R²	0.45
gdp	0.001 (1.16)		

括号中是 t 统计值的绝对值

注：*5%显著；**1%显著。

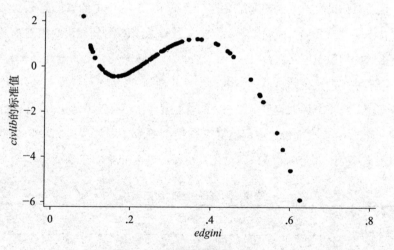

图 2.1　教育不平等和公民自由

　　此外，收入不平等也对公民自由产生影响，收入不平等的所有项（gini、gini2 及 giniinv）对公民自由这一变量产生显著的影响（t＞1.96）。GDP 对 p＜0.05 这个层面上显著的公民自由无显著影响。正如这些结果所显示，即便对（人均）国民收入进行控制，公民自由和教育不平等之间仍呈负相关关系。

不出所料，鉴于公民自由和政治自由的密切相关(0.94)，政治自由和不平等变量之间存在类似关系。从表2.3可以看出，在5％显著层面上，政治自由和平方教育不平等、逆向教育不平等变量之间存在显著相关。此外，在10％显著层面上，线性教育不平等项(*edgini*)和政治自由之间呈现相关性。如果将每个效果都考虑在内便会产生图2.2中所显示的采用政治自由标准分的关系。

表2.3 政治自由：回归结果

	pollib		*pollib*
edgini	141.662 (1.89)	*gdp2*	−0.000 (1.90)
edgini2	−160.462 (2.08)*	*gdpinv*	71,189.985 (0.99)
edginiinv	3.772 (2.08)*	常数	146.804 (1.52)
gini	−6.386 (2.07)*	观察值	56
gini2	0.066 (2.16)*	id编号	18
giniinv	−2,048.331 (1.84)	R^2	0.37
gdp	0.001 (1.76)		

括号中是t统计值的绝对值

注：*5％显著；**1％显著。

此外，这些变量的净影响所产生的合力，使政治自由和教育不平等之间呈现非线性关系。在这种情况下，政治自由随着教育不平等上升而下降，直到达到局部最小值0.24为止。随后，政治自由开始上升，直到教育不平等达到0.34时才再次下降。

动荡是一个综合变量，指骚乱、罢工和示威游行，与教育不平等具有高度显著的相关性。从表2.4可以看出，教育不平等是解释动荡的最重要的变量，显著度达p<0.01。

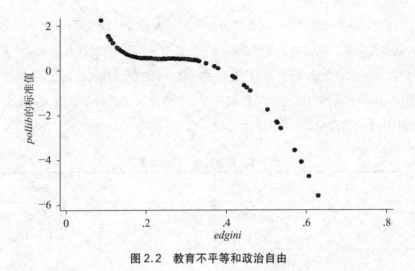

图 2.2　教育不平等和政治自由

此外,教育不平等和动荡之间存在非线性关系,局部极小值为 0.45(参见表2.4,该表显示了教育不平等和标准化动荡变量之间的关系)。超过教育不平等的这一水平,动荡便会快速上升。尽管 $gdpinv$(逆向 GDP)和动荡在 10% 的水平呈显著相关($t = 1.69$),但模型中的其他变量在 $p < 0.05$ 的水平均不显著。

教育不平等和犯罪

各种侵犯人身的犯罪形式,如杀人罪,可能被认为是低水平社会凝聚力的症状。侵犯财产的犯罪,如盗窃罪,与社会凝聚力更为相关,这是有问题的,因为这些犯罪往往和经济繁荣的各个时期有关。比如,有点令人费解的是,我们发现盗窃罪的数量在失业或经济衰退期间反而在下降。随着总体繁荣的衰退,从偷窃中受益的机会就会降低。因此,我们认为三种侵犯人身的犯罪可能和不平等有关,它们是谋杀罪、杀人罪和强奸罪。我们根据每个国家的人口数量计算出犯罪的量度。拿谋杀罪,尤其是杀人罪来说,进行跨国比较是合理的,然而,在构建关于强奸罪的比较数据时则须谨慎从事。Archer 和 Gartner(1984,第 51 页)在报告中说,关于该罪行的统计数据在他们的所有数据中可能是最不可靠的。

表 2.4　社会动荡：回归结果

	动荡		动荡
edgini	−726.344 (3.58)**	*gdp2*	0.000 (1.33)
edgini2	802.474 (3.69)**	*gdpinv*	−115,243.833 (1.69)
edginiinv	−14.170 (2.85)**	常数	368.652 (1.63)
gini	−2.199 (0.32)	观察值	73
gini2	0.001 (0.02)	id 编号	18
giniinv	−2,550.165 (0.93)	R^2	0.38
gdp	−0.002 (1.49)		

括号中是 t 统计值的绝对值

注：* 5%显著；** 1%显著。

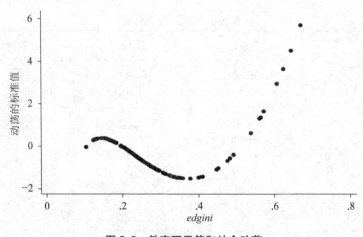

图 2.3　教育不平等和社会动荡

如表 2.5 所示,侵犯人身的各项犯罪在 5%水平上呈现相关。杀人罪与强奸罪之间的相关为 0.86,杀人罪与谋杀之间的相关度为 0.79,强奸罪和谋杀之间的相关度为 0.83。此外,(在 5% 水平上)教育不平等和侵犯人身罪之间呈显著正相关(教育不平等和谋杀罪、杀人罪之间的相关度为 0.29,和强奸罪之间的相关度为 0.31)。杀人罪和收入不平等($gini$)之间也存在显著相关。

表2.5 犯罪数据集中各变量间的相关性

	$edgini$	$gini$	谋杀罪	杀人罪	强奸罪
$edgini$	1.00				
$gini$	0.17	1.00			
谋杀罪	0.29*	−0.00	1.00		
杀人罪	0.29*	0.29*	0.79**	1.00	
强奸罪	0.31*	0.12	0.83**	0.86**	1.00

注:* 5% 显著;** 1% 显著。

表2.6 提供了关于侵犯人身罪的三个汇总回归分析的结果以及不平等的各个量度。令人惊讶的是,即使我们对收入不平等进行控制,我们发现,在教育不平等和这些量度之间仍存在显著相关性。这种相关性不大,但却很显著。拿谋杀罪和强奸罪来说,它们与教育不平等在 5% 的水平上显著相关;而杀人罪则与教育不平等在 10% 的水平上相关。

表2.6 犯罪:回归结果

	谋杀罪	杀人罪	强奸罪
$edgini$	0.16 (2.08)*	0.14 (1.82)ˆ	0.17 (2.08)*
$gini$	−0.01 (−0.40)	0.00 (1.83)ˆ	0.00 (0.53)
常数	0.00 (0.01)	−0.13 (−1.82)ˆ	−0.05 (−0.81)
观察值	47	47	47
R^2	0.04	0.15	0.10

括号中是 t 统计值的绝对值

注:ˆ10% 显著;* 5% 显著;** 1% 显著。

讨论

正如这些结果所示，教育不平等和社会凝聚力之间存在明显的跨时关系。尽管就犯罪而言，我们不知道这种关系确切的功能形式（只知道教育不平等的增长和犯罪的增长相关）；就政治结果（政治权利、公民权利和动荡）而言，似乎教育基尼系数为0.34—0.45时会出现一个"临界点"，超过该临界点后各项指标会显著恶化。在到达这个临界点之前，政治权利和公民权利事实上在上升，而动荡则在下降。导致这种现象的原因可能是教育资质的水平和教育不平等之间的关系。有些教育不平等在教育资质扩展初期可能是必要的，且社会系统在不损伤社会凝聚力的情况下有能力"容纳"有限的教育不平等。然而，当教育不平等超过某个水平时，权利就会恶化，动荡就会加剧。

就 TWF 数据集中的欧洲国家和 OECD 国家而言，这意味着表 2.7 中的这些国家已经达到或即将达到这个临界点，超过这个临界点教育不平等就会加剧，从而将导致社会凝聚力的降低。有人可能尝试从这些国家的数据来归纳系统特征的类型，这些系统特征可导致教育不平等和（潜在的）社会凝聚力的缺乏。在表 2.8 中，我们提取了数据集 1 中所有年份里基尼系数小于 0.34 的国家。可以看出，很多国家，特别是日本和北欧诸国，都拥有综合教育和广泛的福利系统。在第四和第六章中，我们将重新回到系统影响这个问题上来。

表 2.7　所选定的 1990 年教育基尼系数＞0.35 的欧洲国家和 OECD 国家

国家	*edgini 1990*	国家	*edgini 1990*
法国	0.35	葡萄牙	0.43
西班牙	0.36	南斯拉夫	0.47
西德	0.37		

表 2.8　所选定的 1990 年教育基尼系数＜0.35 的欧洲国家和 OECD 国家

国家	*edgini 1990*	国家	*edgini 1990*
加拿大	0.16	瑞士	0.26

续　表

国家	*edgini 1990*	国家	*edgini 1990*
澳大利亚	0.21	丹麦	0.26
日本	0.25	芬兰	0.27
荷兰	0.25		

　　本章的分析是对第一章分析的进一步展开,即从第一章考察纯粹的横截面关系发展到就教育不平等对社会凝聚力的影响进行跨时分析。结果表明,我们有强有力的理由认为教育不平等和政治结果之间存在某种关系,但这种关系是非线性的。主要是那些处于教育不平等上端的国家需要格外关心日益恶化的政治结果。此外,我们也发现教育不平等和侵犯人身罪之间存在关联。而独立于收入不平等的教育不平等与重大犯罪以及糟糕的政治结果之间存在跨时关联,则是一个非同寻常的结果。这意味着影响综合社会结果的重要因素不仅仅是收入平等,而且也可能是教育结果平等。

　　本章分析中我们利用了一些现存的数据集,但有以下几点需要说明。第一,与前一章不同,本章中我们采用了一项基于已经完成的教育水平的教育成果量度。由于在很多国家中已经完成的教育水平不一定预示给定的取得成就的标准,也可以说,与基于直接的技能测试或正式获得的资格或文凭的量度相比,这个量度显得更为粗糙。然而,目前还没有一个恰当的数据集,可以针对技能测试或正式获得的资格或文凭。第二,尚存在许多缺失值,尤其是关于犯罪的数据,这就要求使用额外的数据集来进行校验。第三,我们可能需要引入更为复杂的计量经济模型来分析时滞的性质。最后,英国没有被纳入分析,因为如果采用 TWF 方法,该国的"教育基尼系数"尚不存在。

　　尽管数据具有上述的局限性,然而,本章的分析似乎表明,关于日益恶化的教育不平等对发达国家社会凝聚力的影响,可能有重要的经验教训值得学习借鉴,而且对这个问题尚需做进一步研究。

第三章
教育、容忍度和社会凝聚力

引言

在前两章中，我们审视了成年人口中技能分布不平等和教育不平等的影响问题。我们发现，在国家层面上教育不平等与一系列社会凝聚力的结果之间存在横截面关联和跨时关联。或许令人感到惊讶的是，教育（不仅仅只是收入）不平等对社会凝聚力而言非常重要。在本章中，我们将主要关注容忍度，很多人将其看作社会凝聚力的另一个关键因素。此处，教育、容忍度和社会凝聚力之间的关系不像我们想象的那样直接。

我们在本章中的观点主要是建立在关于教育、教育不平等及跨国容忍度的相关文献之上，也包括一些对实证数据的分析。首先，我们对 Putnam 社会资本理论中教育和容忍度之间的关系进行了思考。我们强调，尽管这些关系在表面上好像是直接明确的（例如，教育导致更高的容忍度，后者又与凝聚力更强的社会息息相关），但容忍度好像是一个极为复杂的现象。从社会资本理论转移到社会凝聚力理论，我们认为容忍度和社会凝聚力之间存在一种矛盾的关系。事实上，容忍度在传统上并非社会凝聚力理论的一个核心组成成分。我们的一些实证数据显示，容忍度与社会凝聚力的其他组成成分之间的联系并不紧密。

Putnam（2000）发现，对个人而言，受教育程度和容忍度是相互关联的。在美国，个人受教育程度越高，其容忍度往往也越高。在对其他国家的研究中（Emler 和 Fraser 1999；Haegel 1999；Winkler 1999）也发现了类似的结果。然而，当我们对容忍度和教育的综合量度进行跨国家分析时，我们发现容忍度和任何受教育的程度及技能分布均无相关性。这里，受教育程度与容忍度不具相关性，可能是因为国家层面上的其他背景因素（例如社会的种族主义程度）压倒了其他任何关系。在国家层面上，我们没有观察到教育不平等与容忍度之间存在关联，或许是因为教育通过价值形成对容忍度施加影响，而我们所使用的各种文献并未将价值形成看作技能分布的量度之一。

关于教育与种族容忍度的跨国证据显示，"受教育者的容忍度"（或"未受教育者的偏见"）的具体表现因国家和背景的不同而有很大差异。例如，Winkler（1999）和 Haegel（1999）发现，在德国和法国，教育对容忍度的影响极大；在法国，种族主义与威权主义的联系（据说这种联系是普遍存在的）在"受过教育的"和"未受过教育的"种族主义者中是非常明显的。另一方面，Peri（1999）发现，就意大利而言，教育的影响极为

72

微小,而且偏见与威权主义之间的联系也不大。教育与容忍度之间的关系不仅具有不同国家之间共时上的差异,而且具有跨时的历时差异。社会的容忍度是高度情景化的,在相对短期的历史时段可能会有显著的变化。譬如,9·11 事件之后,在美国所有关于偏见的指标中,对伊斯兰国家的恐惧一骑绝尘,大幅上升。   .

容忍度是什么?

容忍度是一个多维概念,可能涵盖大量相关的和不相关的态度。譬如,可以将容忍度理解为对群体内部生活方式差异的接纳(许可此种差异的存在)或对待其他文化的开放性态度(例如,在"民族"或"文化"上的容忍度)。这些态度倾向不一定一致。同样,可能还存在各种相对论的"自由主义"容忍度概念,它们接受所有的价值观,无论这些价值观对社会主流观念而言有多么"令人厌恶"。这与只要不违背某些核心价值观便可接受价值观差异的"自由"观念是非常不同的。自由主义的态度可能包含对"非主流"的多数族群行为一般采取的容许的态度,但不一定包括对民族或种族容忍度有益的各种态度。研究证据表明,在个人层面上,在特定的社会背景下,教育既与更为"宽容的"态度相关,也与更能接受其他文化相关(Putnam 2000)。然而,教育在社会/国家层面上的影响可能更为复杂。

容忍度可能被看作代表一种"薄弱"的社交类型。这种社交类型是微不足道的,因为它只是显示了对他人的尊敬,但却不一定暗示高层次的社会互动或社会连带关系。这种"薄弱"不一定是弱小,因为它可能对自由主义社会中基于相互共存的一种凝聚力类型是有益的。这种类型的凝聚力即:个人和社区追求各自的文化和个人利益,两者之间互动不多,但也没有过多的摩擦。但容忍度不一定意味着理解了结构性及体制性的不平等,也不意味着理解了不平等的权力关系,更不用说意味着渴望去矫正上述不平等和权力关系。正如通常所使用的一样,容忍度这个术语暗示了某种放任自由的态度,即自己活着也让别人活着的包容态度,但它并不一定意味着任何互动或追求共同目的的愿望。容忍度与各种更为深入的团结形式没有必然联系,譬如,容忍度显然不在"自由、平等、博爱"等表示团结的概念之列,而后者则是法兰西大革命和法兰西共和国之思想。

　　事实上，在社会凝聚力理论中，容忍度这个概念出现得相当晚，它来源于个人权利及最近才提出的群体权利这样的自由主义理念（Kymlicka 1995）。此外，在自动强制性地进行内群/外群认同时，对外群的容忍具有历史和社会根源。正如 Roediger（1991）和其他学者（Ignatiev 1995）的著作所显示的那样，种族和人种的概念是社会建构出来的，富有争议且一直随着时间的推移在变化。如果我们对"他者"（不管"他者"是白人、白人以外的其他人种、移民、异性恋者还是同性恋者）的理解随着时间的变化而变化的话，那么以占主导地位的容忍度的各种形式去理解社会变化就非常困难。

　　个人会体验到一系列的容忍度，这些可被理解为涵盖各种情形的、高度背景化的一组相关或不相关的态度。这种对不同类型容忍度的区分在比较研究中已经受到了关注。Halman（1994）对《欧洲动态调查》的各项结果做了报道，该调查涉及欧盟诸成员国，旨在评估对待"外国人"的态度。在 1988 年的调查中，37％的被调查者认为居住在自己国家的外国人太多了，33％的被调查者认为另一个种族的人太多了，而 29％的被调查者认为信奉另外一种宗教的人数太多了。不同国家的被调查者的回应极不相同，但对外国人和其他种族人的反应却是一致的。最有可能认为自己国家外国人过多的被调查者按照国家降序排列依次为比利时、英国、法国、西德和丹麦[1]，最不可能认为自己国家外国人过多的被调查者按照国家升序排列依次为爱尔兰、西班牙、葡萄牙和荷兰。最可能认为自己国家其他种族的人过多的被调查者按照国家降序排列依次为西德、英国、法国和比利时，最不可能认为自己国家其他种族的人过多的被调查者按照国家升序排列依次为爱尔兰、葡萄牙、西班牙和荷兰。丹麦接受调查者可能最关心的是来自其他宗教和文化的人数的多少，他们最不关心的可能是来自不同社会阶层的人数的多少。1998 年的调查数据显示，每个国家中认为外国人太多的人口比例与反映自己的生活受到外国人打扰的人口比例基本是一致的，尽管最影响其生活质量的是其他"种族"的人，而非外国人。

　　1993 年的调查显示，在很多国家中，不能容忍的程度发生了巨大变化：西德有所降低，但大多数国家总体而言有所上升。最显著的上升出现在丹麦，丹麦人认为外国人"令人不安"的比例、其他种族"令人不安"的比例、其他宗教"令人不安"的比例分别从 10％上升到了 21％，从 13％上升到了 20％，从 15％上升到了 19％。截至 1993

74

年,丹麦被调查者中对另一种宗教感到不安的人数远远多于其他国家的被调查者(丹麦为39％,排名第二位的比利时为19％),而且丹麦人总体而言最受外国人、其他种族和宗教的烦扰。然而,《欧洲价值观调查》(EVS)调查了人们是否喜欢不同类型的人做自己的邻居,调查数据显示,丹麦人的容忍度最高,他们并不在乎自己的邻居是酗酒者、瘾君子或政治极端主义者,这说明很有可能可以将群体内的"开放态度"与对外国文化的封闭态度结合起来。EVS 1981年和1990年的调查数据显示,英国、西德、荷兰和爱尔兰的容忍度有所上升,而比利时、丹麦、法国、意大利的容忍度则有所下降。

上述数据所显示的态度的区域差异非常有趣。就容忍度而言,南欧显然高于北欧,但这并不能满足我们对这些数据的期望,我们期望这些数据能告诉我们各个国家的人在容忍度上到底有多大的区别,不管是"天性使然"还是文化使然。对外国人感到不适的程度似乎相当"情景化",因为这与实际移民的数量以及移民是否让本国人感到麻烦密切相关。此外,对移民的不适感在不同时期也会发生迅速变化(这种变化可能是对一些间接事件的回应,譬如两德统一事件,最初,该事件至少看起来产生了积极的效果;也可能是对政治气候变化的回应)。因此,一个国家的人比另一个国家的人会对国内存在一定比例的"外国人"或其他类似情况是否更难以容忍,我们从这些不适感上并不能了解多少。此外,还需注意的是,尽管对外国人感到不适的比例在欧盟诸国均有上升,但这些国家的绝大部分人仍然说他们并未对此感到不安。由于感到难以容忍的态度似乎在上升,而且这种上升是在受教育程度不断上升期间出现的,我们可能可以从上述分析中得到如下结论:在假定平均受教育程度会对综合容忍度产生任何直接影响时,我们最好能谨而慎之。即使这个影响存在,那也可能会被其他更为强大的背景因素所埋没。

社会资本、社区凝聚力及容忍度

最近出现了一些可被称为"微观凝聚力"(指小群体或社区的凝聚力)的理论,尤其是社会资本理论和社区凝聚力理论,这些理论在教育、微观凝聚力和容忍度之间构建了明晰的联系。在社会资本理论中,参与当地的各种协会(这与教育程度相关)会产生局部性信任,而局部性信任最终会导致普遍性信任,普遍性信任则与更高程度的容忍度相关。尽管社会资本的产生并不自动创造容忍度,但容忍度可被看作是正外部性之一或社会资本形成的溢出效应之一。在《独打保龄球》(2000)一书中,Putnam 就社会资本与更高程度的容忍度之间的关系提供了多个实证性例证(Putnam 2000,第 354—6 页)。然而,即使 Putnam 对社会资本持积极态度,他仍然对小群体中的相互性将最终产生容忍度这个假定的观点提出了大量重要的附加说明。

首先,考虑到《独打保龄球》一书的主旨,Putnam 与对社会资本理论"卡姆巴亚"式的盲从诠释保持了距离。参加公民协会并不会自动导致群体间的社会连带关系。的确,在很多情况下,社会资本在内部群体中的形成,譬如在种族主义组织之中,被看作是容忍度的毒药。正如 Putnam(2000,第 355 页)所指出的那样,(不同群体之间的)桥接型社会资本对更广泛的社会容忍度的产生非常重要。考虑到系统性的种族不平等,人们可能也会说,(不同社会层次的个人之间的)链接型社会资本的形成可能也非常重要。与凝聚型社会资本(凝聚型社会资本与 Putnam 在分析中所用的社团身份同义)的形成不同,桥接型社会资本和链接型社会资本的形成并未得到良好说明。因此,在 Putnam 的理论中,社会资本和容忍度之间的关系是脆弱的。社团身份使人联想到了信任的产生,但容忍度要求有一套可供选择的条件,而 Putnam 的理论并未对这些条件做出很好的具体说明。

此外,尽管教育可能对社团会员身份有益,但最近有很多研究显示,教育在增加社会容忍度方面的能力可能有限。首先,个人可能会把自己的教育参与建立在对其他群体的排斥之上。这一点可能适用于学校的出勤率(Ball 2003),但即使是在成人教育中,个人也可能会选择性地进行参与,以推动社会排斥(Preston 2004)。其次,尽管有社会心理方面的证据显示,在一些国家中,就大众而言,受教育程度的高低与容忍度的高低之间存在直接关联,但就特定的根深蒂固的群体而言,教育可能效果不佳。最近英国一项采用了 NCDS(《全国儿童发展研究》——一项针对 1958 年出生的个体的有代表性的群组研究)的研究显示,在种族主义及独裁主义方面得分奇高的个人在参与成人教育后并未显著改变自己的观点(Preston 和 Feinstein 2004)。

因此,即使是在 Putnam 的社会资本理论中,群体团结的存在并不一定必然导致

容忍度。此外,容忍度是否将会成为社会资本形成的一个积极成果尚不确定。事实
上,如果不同群体之间没有进一步的桥接及链接网络的话,社会资本的形成常常可以
被看作会对容忍度产生消极影响。

社会凝聚力及容忍度: 关系密切吗?

虽然 Putnan 暗示,在现代社会中,社会资本与容忍度之间相互关联,但从历史上
来看,社会凝聚力的各个理论总体而言与容忍度之间并非特别相关。这部分是因为这
些理论具有特定的历史起源。正如在本书引言中所述,社会凝聚力的概念源于 19 世
纪的社会学与政治经济学,那时首要关注的是如何在新成立的单一民族国家中维持社
会秩序、构建完整的政体,这些单一民族国家当时正在为工业化和社会转型所撕裂。
在这些社会中,容忍度总体而言并非是需要首要处理的政治事务,的确,创建国家的过
程常常意味着对一些特殊身份毅然决然的压制,以求社会融合,譬如,在法国大革命期
间及大革命之后,就反对在法国使用各种地方方言和其他语言(Weber 1979)。例如,
一件著名的事件就是雅各宾派的圣茹斯特在法国大革命 11 年之际对古老的习语以及
特定语言的攻击,他宣称:"用布列塔尼语(bas-breton)表述的是封建主义和迷信,流亡
者和憎恨共和国的人讲的是德语。"(Green 1999,第 162 页)此后半个世纪,在很多国
家的早期建国阶段,这种对地方性和不同语言的怀疑态度并不鲜见。

面临工业化所引起的破坏性及分裂性的结果,面临新的劳动分工,对取得社会融
合的关注常常让 19 世纪的很多思想家对地方主义和"多样性"产生怀疑。诸如马克
思、韦伯、斯宾塞和涂尔干这些有重大影响的理论家们都对社会凝聚力的意义以及如
何实现社会凝聚力持有不同的看法,但他们没有一个人在自己的理论中特别强调文化
和宗教容忍度对社会团结的重要性,不管是国家层面的或是阶级层面的社会团结。马
克思的国际主义显然是更深层次的,但大多数社会理论家把社会凝聚力理解成了公认
的单一同质性的民族国家,没有考虑到文化多样性的问题。Durkheim 以支持 Dreyfus
而著名。Dreyfus 是一名以色列军官,在法国臭名昭著的 Dreyfus 事件中遭到了诬告。
但是,尽管 Durkheim 无私地反对法国政治生活中的各种种族主义现象,他的社会团结

理论及普遍价值观在文化多元化中并没有多少发言权。同样的情况还发生在 Talcott Parsons 身上，Talcott Parsons 继承了 Durkheim 思想理论的一个分支，他认为社会融合通过"……规范系统"而发生，在"稳定的制度与现代化的国家"的框架内以及在公民和政治文化中成型（Gough 和 Olofsson 1999，第 2 页）。相互分离的各种文化制度或价值观念共存并非帕森斯理论不可分割的一部分。

我们发现，"不能容忍"（intolerance）这个词是在后来的作品中才提及的，它代表了社会凝聚力的一个核心方面。这在很大程度上与 1968 年之后对身份政治和文化多样性的关注有关。在后现代和后殖民主义的作品中，尤其是在那些审视在社会话语中构建"他者"的作品中，这种关注非常突出（Hall 和 du Guy 1996；Said 1978）。毋庸置疑，这些作品以及其他一些作品均将种族主义、仇外心理、差异及多样性等问题更多地放在了关于社会融入及社会凝聚力政治争论的核心位置。然而，研究社会凝聚力的理论家们仍然发现，要将这些问题融入他们的理论框架非常困难，而且一些主要的社会凝聚力理论家仍然完全忽略了容忍度和多样性的问题。的确，最近在英国进行的一项关于社会凝聚力的调查中，Lockwood（1999）并未将容忍度看作社会凝聚力的一项指标。

未将容忍度看作社会凝聚力的一项指标，显然有多个原因。正如所显示的那样，其中一个原因就是社会凝聚力的各个经典理论基本上忽略了容忍度的问题。另一个原因是社会凝聚力理论可以说在内在上趋向于结构功能主义，而结构功能主义则过分强调价值共识及结构整合问题，以至于常常忽略多样性、冲突及变化，或如 Mortenson（1999）那样在自己的作品中将这些因素简单地归为"功能异常"。第三个原因可能是基于这样一个明显的事实，即"容忍度"的确是一个与"信任"及"公民合作"这些特征相当不同的社会属性，而后两者则通常被看作是衡量社会凝聚力的主要标准。

无法将多样性、冲突及容忍度融入社会凝聚力理论，这个问题本书也无法解决，但应该注意的是，这种情况使得我们无法理解现代社会条件下社会凝聚力的意义以及如何才能获得社会凝聚力。尤其是，这种情况导致对社会凝聚力的各种历时和共时解释都显得软弱无力，因为一方面它在跨社区关系的问题上留下了一个理论空白，而任何对社会凝聚力的理解，这个问题都是核心所在。另一方面，它阻碍了对强凝聚力社会发展过程的理解，因为这些过程恰好涉及对社会冲突在创造条件强化社会凝聚力方面的重要作用的理解，不管这些社会冲突是否与阶级、种族、宗教或者文化相关。简单回

78

顾一下历史就会清楚地看到,一个社会的凝聚力从来就不是一个完美的状态;相反,这是一个不断发展的过程,时而适合,时而不适合;也是一个辩证的过程,在很大程度上,社会凝聚力增强是源于其对立面的发展,即社会分化和冲突。

然而,我们此处的目的不是对这些关系进行理论化,而只是想指出,"容忍度"——以及与其相关的"差异"和"他者"——与和社会资本相关的一些"积极的"特点并不完全兼容。相反,当从社会角度考虑时,常常可以发现容忍度与社会凝聚力的其他一些方面关系紧张,以至于在事实上,容忍度与社会凝聚力其他特征之间关系的本质很可能是界定在真实社会中可以看到的不同类型的社会凝聚力的关键所在。很显然,我们可以找到一些文化上相对同质的国家,如北欧诸国。尽管这些国家对各种少数民族的文化容忍度较低,尽管这种低容忍度限制了其社会凝聚力的提升,但这些国家仍然取得了一定程度的社会凝聚力。另一方面,还有一些国家,它们历史上具有文化同质性,而且对多样性的容忍度较高,譬如常常提到的西班牙。然而,这些国家中较高程度的不平等以及较低程度的信任限制了其社会凝聚力的提升。显然,我们需要考虑到不同形式的社会凝聚力,这些凝聚力由不同的社会关系、制度及占据主导地位的态度和信仰构造而成。

教育不平等、容忍度及社会凝聚力

考虑到目前很多关于社会凝聚力的政策讨论(至少在欧洲大陆)都关注的是收入和福利分配问题,我们可能已经期待能在教育不平等与容忍度之间找到联系。教育不平等导致迥然不同的劳动力市场(更不用提公民)结果,而且可能还会导致更低程度的容忍度,尤其是如果教育不平等对福利制度产生压力时。Gowricharn(2002)对北欧诸国就提出了这样的建议。然而,我们并未在这二者之间找到这样一种联系。

正如我们在第一章和第二章中所展示的那样,教育不平等与社会凝聚力的很多量度之间,如信任度和犯罪,关系密切。因此,当我们发现教育不平等和各种不同形式的容忍度之间并没有同样的关系时,我们感到很吃惊。在第一章中,我们发现所采用的教育不平等的量度和容忍度的量度之间存在很低的相关性(相关性为 - 0.6,这个值即使是在 10% 的水平也不显著）。在接下来的建模练习中，我们曾使用来自 ISSP 的容忍度变量以及来自 TWF 数据集（见第二章）的教育不平等的各种量度，结果再次发现两者之间没有显著联系，甚至在 10% 的显著性水平上亦无任何关联。有两个可能的原因可以解释为什么与其他变量相比，教育不平等与容忍度之间没有显著关联。第一，可能因为容忍度并非是构成"社会凝聚力"的因素。第二，教育影响容忍度的机制可能不同于教育影响社会凝聚力的机制。换言之，更为重要的是教育的各种因素，而非教育不平等。

　　如上面所讨论的那样，容忍度与社会凝聚力其他构成成分之间的关系可能会受到质疑。因此，我们所提出的教育不平等对社会凝聚力产生影响的机制可能无法在容忍度中找到。采用我们在第一章中所谈及的包含 15 个国家的数据集，我们发现，容忍度与普遍信任之间并无相关性，而在容忍度与公民合作之间则存在负相关关系。

　　图 3.1 显示了 1996 年《世界价值观调查》（WVS）中所选出的国家中容忍度与普遍信任之间的关系。可以看到，容忍度与普遍信任之间并无任何正相关或负相关关系。就容忍度与信任度之间的关系而言，特定国家和特定国家群体的结果很有意思。例

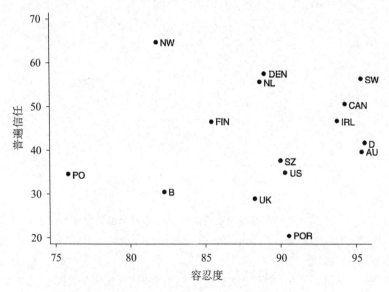

图 3.1　《世界价值观调查》中的容忍度与普遍信任

注：皮尔逊相关系数：0.1，不显著。

如,在该图中,加拿大和瑞典表现出了高度的信任和容忍度,但挪威(NW)这个北欧国家却不同:与其他国家相比,挪威的信任度极高,但容忍度较低。相反,与美国相似,英国的容忍度较高,但普遍信任很低。

图 3.2 显示,容忍度与社会凝聚力其他指标之间事实上可能存在一种悖谬的关系。比较容忍度与所谓的公民合作的一个量度(相信在公共交通工具上行骗的行为永远不正当的人的比例)显示,容忍度愈高,公民合作的水平愈低(皮尔逊相关系数:-0.56,在 5% 的水平上呈显著性)。在容忍度上得分较低的国家,如波兰(PO)及挪威(NW),公民合作水平相对较高;而在容忍度上得分较高的国家,如瑞典(SW)及葡萄牙(POR),公民合作水平较低。使用诸如此类的横截面数据集(采自 1996 年《世界价值观调查》中的数据)不可能对因果关系做出推测。然而非常明显的是,容忍度高的社会并不自动就是公民合作程度高的社会。

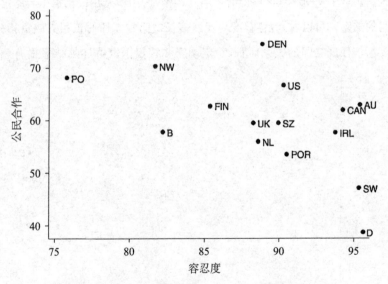

图 3.2 《世界价值观调查》中的容忍度与公民合作

注:皮尔逊相关系数:-0.56,在 5% 的水平上呈显著性。

然而,我们又进行了一项相似的练习,所用的数据采自《IEA 公民教育调查》,调查对象为各国 14 岁的青少年(关于这项调查更多的细节及调查内容请见下章)。从图 3.3 可以看到,从不同国家 14 岁青少年的应答来看,容忍度与对制度的信任之间并无

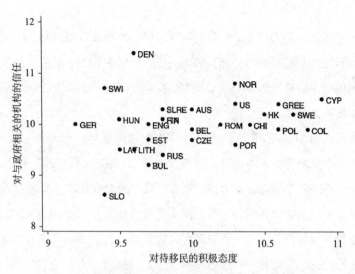

图 3.3 IEA 公民教育研究中的容忍度和制度信任

注：皮尔逊相关系数：0.24，无显著性。

关联。尽管制度信任（指对政府和制度机构的信任度）与普遍信任（字面意思是对人的"普遍的"信任）有所不同，但是容忍度看上去与"信任"并无关联。IEA 研究中一个有趣的发现是，容忍度和学生对学生团结的看法（指认为学生能够协力工作达到共同目标）之间具有显著的关联（皮尔逊相关系数：0.58，在 5％的水平上呈显著性）。正如图 3.4

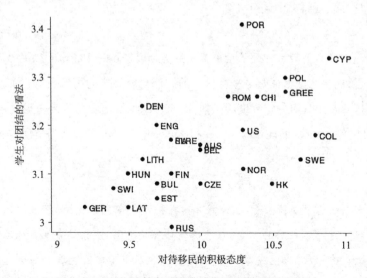

图 3.4 IEA 公民教育研究中的容忍度和学生团结性

注：皮尔逊相关系数：0.58，在 5％的水平上呈显著性。

所显示,在一些国家,作为样本的学生对待移民的态度相对负面(德国,GRE;拉脱维亚共和国,LAT;爱沙尼亚,EST),他们认为自己无法与移民协作完成联合目标。然而,有一些国家的学生对移民的容忍度较高(塞浦路斯,CYP;葡萄牙,POR),他们也认为学生的团结性更高。

这些发现有两个来源,其一是来自于 WVS,基于整体人口样本;其二是来自于 IEA 研究,以 14 岁的青少年为样本。这些发现显示,就公民合作或信任度而言,容忍度高的社会并不一定是社会凝聚力强的社会。我们的发现是陈述性而非因果性的,但从上面的例子中似乎难以找到充分的原因去假设在国家层面上容忍度可以简单地等同于社会凝聚力的其他量度。一个有趣但可能有矛盾的发现是 IEA 中的容忍度与学生团结之间的关系。此处有一些证据表明,容忍度与(以每个国家"学生社区"为单位的)"社区凝聚力"的某种形式之间存在关联。由于这项调查的对象是 14 岁的青少年,所以很难推断调查结果能够表明或最终将成为设想中的国家层面的社会凝聚力。然而,调查可能会表明,有证据证明在某些环境下社会资本或社区凝聚力与容忍度及"微观凝聚力"具有相关性。

教育与容忍度：各种可能的机制

在全面回顾有关教育和政治结果关系的文献后,Emler 和 Frazer(1999)声称,对很多国家而言,确实有证据证明受教育程度的高低与容忍度的高低具有相关性。当然,必须承认这些发现具有一定程度的概括性,而且如果从历史角度来考虑的话,也有一些明显的反例。正如下面 Abramson 和 Inglehart(1994,第 800 页)所提醒我们的那样：

> ……从历史视角来看,认为教育具有某种能够灌输民主价值理念的固有倾向这个观点是站不住脚的。譬如,在魏玛时代的德国,民族社会主义德国工人党在8 所大学中赢得了学生选举,而当时纳粹党仅赢得了全国选举 18％的选票……今天,高等教育的确倾向于支持民主价值理念,但这种关系所反映的是特定的历史

条件，而非教育自动所产生的结果。

在最近一些教育程度相对较高，但并不以容忍度著称的社会中，如塞尔维亚和北爱尔兰，也可发现一些截然相反的"特定的历史条件"。显然，在社会层面上，高技能或高资格水平并不一定足以确保该社会具有较高的容忍度。在一些社会中，教育的内容可能与所达到的资格水平或这些资格的分布方式同等重要。正如我们将在第四章所看到的那样，如果课程具有很强的民族主义或爱国主义，那么课程与社会凝聚力结果之间的关系便会极为复杂，而且可能会对一些背景下的容忍度尤其不利。然而，即使容忍度有一些强大的情境性的决定因素，教育在增强某些类型的容忍度方面仍可能有一席之地。

Hagendoorn 和 Nekuee(1999)对针对几个欧洲国家的研究进行了大范围的文献回顾，收集了主要是基于微观数据的关于教育和种族容忍度的一些证据。Hagendoorn(1999)认为，通过两个主要的因果机制，教育可能会使种族容忍度增加。第一，教育导致认知技能增加，从而也增强了对因果关系进行归类、理解的能力以及认知世界的能力。因此，个人将会越来越能够理解种族主义的那些观点是基于错误推理的，譬如认为移民是导致当地人失业的原因。第二，个人是通过学校教育而变得社会化，因此可能会接受对不同种族进行容忍的价值观。根据 Hagendoorn 的研究，有很多研究证据表明，在很多当代社会中，个人接受学校教育的年限及受教育程度对其是否具有种族主义观点具有巨大影响，尽管没有多少证据表明，哪类课程会降低学生的种族主义思想(Hagendoorn 1999，第 5 页)。此外，有证据表明，那些强调个人批判能力的课程似乎比其他课程产生的影响更大(Hagendoorn 1999，第 6 页)。

考虑到第二个机制有大量的研究证据支持，Hagendoorn(1999)承认，在与教育-种族主义相关的文献中，仍然存在很多悖论。例如，尽管美国人受教育程度在持续上升，尽管有很多旨在增强种族容忍度的教育干预措施，但有证据表明，美国年轻人对种族主义的容忍度与二战后的美国年轻人毫无二致。Hagendoorn 对此的解释是，受教育程度的上升可能只会让人在表达种族主义观点时比较节制。尽管受过教育的个体可能不愿意在公众场合(或在调查中)表达自己种族主义的观点，但他们在私生活中可能会有种族主义思想，也可能会非正式地支持带有歧视性的做法。Pettigrew 和

Meertens(1995)将此看作不同社会阶层和受教育群体看待种族主义的不同方式,一种是公然的种族歧视,另一种是微妙的种族歧视。Verbeck 和 Scheepers(1999)对荷兰做了纵向调查,结果显示,与受教育程度较低的人相比,受过中等教育的人一般不会有公然的种族主义思想,他们的种族主义思想往往更可能是微妙的。

在不同社会中,教育对容忍度以及据称与此相关的态度的影响有许多不同之处。在一些国家中(如意大利),人们发现教育对容忍的价值观所产生的影响既间接又微不足道(Peri 1999),而在另外一些国家中(如法国和德国),这种影响则是巨大的(Haegel 1999;Winkler 1999)。此外,种族偏见与其他人格特点(名为威权主义)之间的关系也因国家的不同而相异。Peri(1999)发现,在意大利,教育通过因循守旧、传统价值观念和职业工作对容忍度产生间接的影响。在法国的一项研究中,Haegel(1999)审视了教育对威权主义价值观和种族容忍度的影响,发现教育与容忍度之间存在一种积极的联系,尽管这种联系对那些只接受过职业教育的人而言更为弱小。有趣的是,个人受教育程度不同,意识形态的一致性程度也不同。对那些受教育程度较低的个人而言,威权主义和种族容忍度之间没有多大的关系,尽管事实上,这些人可能对未来没有安全感。虽然受过较高学术教育的个人更有可能容忍度会更高,但那些种族容忍度低的人非常可能持有威权主义的态度。

正如 Haegel(1999)的研究所显示的那样,受教育程度不同的个人可能会展现出不同的价值观组合。她认为这与法国的教育体制相关,也与法国同化模式"强制性的一面"相关,后者降低了教室中种族差异的影响(Haegel 1999,第 34 页)。同样,就德国而言,Winkler(1999)的研究表明,个人受教育程度不同,其通向种族主义的路径也不同,尽管 Winkler 在威权主义的相关性方面得到的结论与 Haegel 并不相同。通过结构方程模型,Winkler(1999,第 126 页)表明,对受教育程度高和受教育程度较低的人而言,有不同的路径可以解释他们的种族主义思想。他认为,包括右翼观点、民族自豪感和威权主义在内的社会文化不安全感可以很好地预测受教育程度较低者的种族主义思想,而对受教育程度较高的人而言,威权主义与其种族主义思想并不显著相关。此外,Winkler 1999 年的研究还为社会文化不安全感提供了一些支持,这种不安全感尤其可以用来预测受教育程度较低者的种族主义思想。在这两个国家中,威权主义在受教育程度较低者的种族主义思想形成中所扮演的角色是不同的。

就教育影响种族主义思想的认知机制而言，De Witte(1999)区分了不同形式的种族主义，包括一般种族主义(对移民持负面态度)、生物种族主义(认为自己的种族具有遗传优势)和文化及经济种族主义(认为移民的文化习惯与自己的不同，而且移民与本国人竞争资源)。De Witte 认为最后一种种族主义形式为"日常种族主义"，因为其形成与意识形态最不相关，也是最为流行的种族主义形式。尽管在比利时"日常种族主义"多年来没有多大变化，但在欧洲其他国家中"日常种族主义"的程度仍然相当高。De Witte(1999)声称，认知能力是降低"日常种族主义"的一个强大机制。他认为针对比利时的研究(Gavaert 1993)和针对荷兰的研究(Raajmakers 1993)已经表明，那些上职业课程的人可能更会展现出日常种族主义，这可能是因为比利时的学术教育更为关注认知技巧，尽管也有人认为，这是一个阶级问题，因为上职业课程的学生可能来自不太富裕的社会群体，因此也更可能会发觉因资源稀缺而产生的竞争性。然而，De Witte(1999，第 68 页)并不否认教育的社会化功能，而且认为在学术系列中所强调的价值观之间是有区别的(De Witte 1999，第 69 页)。一个国家的教育体系具有一些具体的特征，这再次决定了我们要根据具体情况来分析教育影响容忍度的各种机制。

在关于教育影响容忍度的争论中，可能无法选择教育影响了价值观还是影响了认知技能。价值观显然很重要，同样重要的还有国家性格、每个国家教育体系的特性，以及课程在构建个人资源方面所扮演的角色。这样，如果把价值观和认知资源均看作种族容忍度形成过程中的一部分，可能会更有助益。Sniderman 和 Gould(1999)把种族容忍度的发展过程看作各种价值观之间的一种互动，这些价值观是通过社会化、进行选择时所激发的价值理念以及认知成熟度而获取的。教育不仅对长期的价值观形成产生影响，而且会对选择是否表达种族主义观点或行为时的价值理念产生影响。此外，无论是长期的价值观形成还是短期的价值观践行均涉及推理。然而，正如 Halman(1994)的研究所显示的那样，绝对教育水平的上升并未导致种族容忍度上升。教育并不能将个人从社会中剔除出去——个人的价值观植根于社会及民族背景之中。

结论：容忍度、不平等及其他

在本章中，我们已经说明，容忍度是一个复杂的、多层面的变量。尽管在个人层面上，社会资本理论家们发现容忍度与社会凝聚力的其他方面存在一些关联，但在国家层面上这二者之间并无直接关联。经典社会凝聚力理论假设在容忍度和社会凝聚力之间不存在特定的关联，跨国统计分析显示，容忍度的各个量度与社会凝聚力的其他量度之间的显著相关很少。容忍度似乎是社会凝聚力中的一个"变异"变量，正如我们所举的例子所显示的那样，它并不一定与更广泛的社会信任或公民合作相关。

就教育对容忍度的影响而言，在不同国家所观测到的各种关系可能会同样复杂，同样具有场合约定性。即使一些相似的教育机制可以在不同国家中引起某种形式容忍度的提升，这些机制在特定国家内部的运作方式也非常具体。社会中受教育程度的高低与容忍度的高低之间并无普遍关联，容忍度独立于更为广泛的社会背景。同时，目前还没有确凿的实证证据显示教育不平等影响了容忍度。然而，可以肯定的是，我们不应因为目前统计证据的缺乏而完全排除这场争论，因为认为这种关系可能存在的理论争论仍然非常激烈。

譬如，未来的研究可能会发现，对教育可能影响社会容忍度的物质及态度途径进行思考可能是有用的。一种可能的方法是借助研究种族关系的社会学家们所谓的"现实冲突理论"，该理论最早可以上溯到 20 世纪 40 年代美国黑人马克思主义家 Oliver Cromwell Cox(Cox 1970) 的作品。尽管现实冲突理论有时被批评为阶级简化论（这样的批评是正确的），但更为成熟的现实冲突理论的确为审视教育对种族主义和偏见的影响提供了一个理论框架，该框架是关于结构不平等（如教育不平等）的，而非关于个人道德的欠缺。

Verbeck 和 Scheepers(1999) 最近就该理论进行了详细阐述。他们认为，现实冲突理论的核心观点是不同群体（如种族群体）之间由于资源稀缺而进行的社会经济竞争导致对其他群体形成负面态度。这些竞争有可能是具体的竞争，如住房或劳动，也有可能是抽象的竞争，如文化、权力及身份(Verbeck 和 Scheepers 1999，第 179 页)。现实冲突理论认为，来自较低社会阶层、受教育程度较低的个体更有可能面临真正的或想象中的关于资源的冲突。从这个视角来看,可以认为教育体系从两个方面影响容忍态度或不容忍态度的形成。首先,如果某些教育体系产生了更为不平等的教育结果,那么它们可能会导致一些社会的产生,在这些社会中,人们在物质上更不平等,某些群体之间由于资源稀缺会产生特别激烈的竞争,而竞争则可能会培育出不容忍的态度。其次,如果教育体系变得更为不平等,那么将会产生更多受教育程度更低的个体,这些人相对而言缺乏"认知资源"和"保护性"的价值观,这可能会导致他们更容易错误地将罪责归结到资源稀缺之上,而根据现实冲突理论,这种归因可能会激发种族主义态度。

现实冲突理论显然有其局限性。从历史角度来看,种族主义偏见往往产生于社会上最富裕、最有权力的群体之中,这些人没有理由会因资源稀缺而去和移民或少数种族群体进行竞争。当然,他们作为奴隶主、殖民地官员或支付低工资的雇主可能会与上述移民群体或少数种族群体的成员之间存在权力的剥削关系。通过种族主义的意识形态(Roediger 1991)来使上述观点变得合理化可能较为便利,但这样的解释似乎很难充分说明为什么更为富裕的阶层中总体而言存在种族主义偏见。同样,现实冲突理论也难以解释处于社会阶层另一端的人们的一系列态度。在很多社会中,"本土"的工人阶层虽然与移民和少数族群存在潜在的物质冲突,但却并未对后者产生敌意或种族偏见。譬如,在当代英格兰的教育体系中,工薪阶层的学生们经常抵制,而非接受种族主义的学说(Gillborn 1995)。

这些局限性使我们对"左派现实主义者"的观点持批评态度。这些观点关注的是资源冲突,但没有考虑到每个阶层包括不同的群体,这些群体之间差异性的价值形成及政治社会化是一个复杂的过程;也没有考虑到这些过程在不同社会背景下会如何影响社会反应,无论这些社会反应是在工作场所,还是在住房市场,还是在不同的福利领域之中。然而,我们很有可能设想出现实冲突理论的另一个版本,该版本与以前的版本相比不太具有确定性,允许表征及身份形成过程更具显著性,这可以让人们理解种族主义及不容忍的态度及行为是如何发展的。在这样一个框架内,就有可能看到教育不平等如何对"容忍度"产生影响。教育不公平会对资源分配产生影响,也会加剧针对资源的冲突,而这二者可能都会影响"容忍度"。认知资源及价值的分配将会决定个人及群体如何诠释这种情况,也会决定他们的诠释方式是否会危及种族主义及不容忍的态度。

89

第四章
民族语言多样性、公民态度和
公民精神教育

本章重点关注社会凝聚力的认知和情感方面，即人们对其所在的社会的看法、态度和认同；并致力于探讨这些态度和一个国家的民族文化多样性程度之间是否具有关联，以及这些态度和公民教育的不同因素是如何产生相关的。

该问题第一部分的出发点是由 Tamir(1993)、Miller(1995)和 Canovan(1996)所提出的具有挑衅性的关于身份和民主的观点。这些理论家通常被称为自由民族主义者，他们认为自由民主制在民族国家的框架内最有效。在他们看来，共同的民主价值观和制度体系总是建立在独特的民族文化的基础之上，在多元文化条件下则不易建立和维持。例如，Canovan(1996)对那些撰写自由主义、社会公正和民主理论的政治思想家们提出了批评，认为他们没有意识到自己其实默认同质的民族国家的存在。Miller(1995)也许是自由民族主义最坚定的倡导者，他认为统一的民族文化是自由民主制的主要原则之一——社会公正(即旨在进行某种资源再分配的那些福利政策)——的前提。关于社会公正的各项政策要求纳税人做出巨大牺牲。他认为，只有当人们认为那些陌生的受益者属于"我们"这一群体，愿意在"我们"需要获得国家支持时做出回报，才会做出这些牺牲。Miller 声称，这种对受益人深刻的信任只有当捐赠方和受惠方都具有共同的国家认同时才能发生。在他看来，其他的社会身份不足以提供同等水平的、深厚的、能够产生信任的纽带。

Huntington(2004)也强调单一民族文化对民主政府的重要性。在《我们是谁：美国的民族认同和面临的挑战》一书中，他认为典型的美国政治理念，如自由、法律面前人人平等、个人责任和放任主义(Huntington 称之为"信条")，均源于盎格鲁-新教徒文化。他警示道，多元文化的美国最终会变成多信条的美国，不同文化的族群信奉源于各自文化的不同的政治价值理念和原则(Huntington 2004，第340页)。按自由民族主义者的说法，公共教育通过开设全国性课程在培养民族认同方面扮演着重要角色(因此也间接地在提高团结和社会信任度方面扮演重要角色)，这些课程强调民族传承和共同的价值观，用共同的语言对不同的社会群体和民族群体进行教育。

自由民族主义者的论点提出了关于这方面研究的很多有趣问题。一个国家人口中的民族文化构成对社会凝聚力是否重要？按自由民族主义者的看法，答案是肯定

91

的,因为他们假定,与其他族群成员相比,人们更相信同一族群的成员,而且正如我们在第一章所看到的那样,人际信任被认为是社会凝聚力的一个重要组成部分。那么由此推断,具有相对同质人口的国家也会具备更高水平的制度信任、公民合作和在第一章中所提到的其他一些社会凝聚力综合征的因素吗?如果确实可以建立某种关系,那么教育在减少文化多样性进而间接提高社会凝聚力方面有没有发挥作用呢?如果问题问得更具有挑衅性一点,教育是否应该摒弃对多元文化主义的推广,而(重新)使用单语教育和单一的标准化课程?学校重新强调国家的核心价值观、重要事件和历史英雄人物,是否会在全国范围内提高信任、参与度和容忍度?爱国教育对这些公民态度具有同样的影响还是会对它们产生不同的影响?譬如,爱国教育和容忍度之间存在何种关系?

本章的前半部分审视国家认同的不同要素以及它们对社会凝聚力的影响。该分析使用民族志学数据和关于社会态度的国际调查数据,首先确定全国人口的民族语言同质性程度以及国家自豪感水平,然后将它们与社会凝聚力的量度进行关联。本节的分析将在综合性国家层面的数据上进行。

92   本章的后半部分转向教育,探讨公民教育的不同主题内容如何与年轻人的公民态度和容忍度产生相关。本节分析将采用 IEA 公民教育研究的综合数据。

民族认同和社会凝聚力

尽管关于自由民族主义有大量的理论文献,对上述观点或支持,或反驳,或提出修正(比如,请参见 Kymlicka 和 Straehle 1999;Patten 1999;Moore 2001;Abizadeh 2004),但从实证层面审视国家认同和民主或社会凝聚力之间关系的研究极为少见。毫无疑问,这种情况部分与国家认同这个概念过于晦涩,难以度量有关。所有的国家认同均宣称自己是独特的,但在论证自己的独特性时却没有标准可以使用。有些使用政治符号来强调其独特性,譬如宪法、君主制或一些标语(自由、平等、博爱);而有些则依靠文化特质(语言、宗教或习俗)或归属特征(种族、血统)来强调其独特性。有些国家认同在很多标记性层面具有不同,而另外一些则只在对国家忠诚度方面有所区别(如瓦龙人和法国人、智利人和阿根廷人)。此外,与其他社会现象一样,国家认同是会发生变化的。例如,在 20 世纪,很多文化群体从休眠的社区最终演变成了独立的国家(斯洛伐克人、乌克兰人、芬兰人、厄立特里亚人)。另一方面,20 世纪初一些强大的区域认同,或 Smith 所谓的(Smith 1995)"族群",并未发展成为国家(巴伐利亚人、欧西坦尼亚人、布列塔尼人)。

然而,在众多可以用来支撑国家认同的标记性特征中,语言至关重要。的确,这主要是因为基于一种语言以上的国家认同的例子相对较少(瑞士和加拿大是两个常被引用的例外)。此外,自由民族主义理论本身就极为重视共同语言,将其看作推动统一的国家认同和民主过程的一个机制。该理论认为,活跃的民主要求有集体的政治讨论,而只有当讨论参与者使用同一语言时,讨论才是可行的。因此,民主政治要具备真正的参与性和"草根性",政治应该使用单语及本地语,因为"普通公民只有在用他们自己的语言讨论政治问题时才会感到舒适"(Kymlicka 1999,第 70 页)。

在某一国家内确定语言和种族多样化程度的量度称之为民族语言分化(ELF)。该量度既考虑到族群的数量又考虑到每个族群的规模。数值接近 1 表明多样化程度高,接近 0 则表明具有同质性。为了测定某个国家的 ELF 数值,可以使用多个(种族差异、血统、宗教、语言)或一个标准来界定族群。我们选择只通过语言来界定族群的 ELF 方法,因为在自由民族主义的哲学里,语言是一个关键的分界线。因此,该方法可以从本质上度量一个国家的语言多样性。

ELF 常为那些对发展中国家中民族异质性对经济表现的影响感兴趣的经济学家所采用。例如,Easterly 和 Levine(1997)及 Masters 和 McMillan(1999)都发现,在非洲国家中,民族语言多样性和经济发展存在很强的负相关关系。有趣的是,Collier(1998)观察到,这种负相关只存在于非民主制国家。在民主国家中,异质性对经济发展的负面影响几乎消失殆尽,这一现象让他得出以下结论:"在民族严重分化的社会,政治权利的缺失会造成经济上的毁灭(1998,第 8 页)。"Collier 解释了民主的有利影响,指出民主制度有可能平息族群之间代价高昂的争端。他认为,异质社会可能比同质社会更能从民主中获益,因为解决民族冲突的需求对后者来说并不突出。此外,他发现民族语言异质性与暴力冲突的风险相关,但两者之间的相关性并非一成不变。那些最可能引发武力冲突的社会都是族群多样性居中的社会。事实上,Collier 观察到,

93

高度分化的非洲国家比同质化的国家更为和平。在他看来,原因可能是:在异质化社会中,叛乱的协调成本(不同族群之间要达成协议)要远高于同质化社会。Collier 的结论显然和自由民族主义者的论点相悖。他认为,民主是改变民族语言多样性影响的一个非常重要的独立条件,而不是一个受民族语言异质性影响的变量。同样,可以认为,民主是保持多民族的加拿大、比利时和瑞士完整的关键条件,而缺乏民主则造成了 20世纪 80 年代多元文化的苏联、南斯拉夫和捷克斯洛伐克分崩离析(Moore 2001)。因此,民主与民族语言异质性之间联系的因果以及异质性与武装冲突(从而与社会凝聚力)之间关系的本质均非常值得讨论。

94
在审视民族语言异质性和社会凝聚力的关系之前,我们将首先对社会凝聚力这个概念进行界定,并将很快浏览大量国家的社会凝聚力水平。按照 Green、Preston 和Sabates(2003)的研究,我们从 1995 年所做的《世界价值观调查》(WVS)中提取了两项关于信任的指标(人际信任和制度信任)、两项关于公民合作的指标,用以代表社会凝聚力:

人际信任:"一般而言,你认为大多数人是可以信任的,或者是在和人打交道时再怎么小心也不为过?"

(1)大多数人是可以信任的;(2)再怎么小心也不为过;(3)不知道

制度信任:"我即将提到几个组织的名字。对于每一个组织,你能告诉我你对它有多少信心吗?"(国会)

(1)非常多;(2)很多;(3)不太多;(4)根本没有

公民合作:"请告诉我,对于以下几个陈述,你是否认为它们永远是合理的、从来都不合理或处于中间状态?"

从来都不合理 1/2/3···9/10 永远合理

(两项)乘坐公共交通逃票。

如果有机会就进行税务欺诈。

表 4.1 显示在这些项目上各个国家的综合得分、ELF[1](即民族语言多样性)、世界银行关于人均国民生产总值的数据,以及另外一个度量国家自豪感的 WVS 项目("作为[某个国家的公民],你的自豪感如何?"(1)非常自豪;(2)相当自豪;(3)不太自豪;(4)一点都不自豪)。我们纳入国家自豪感,目的是审视国家认同的主观性指标与社会

凝聚力的联系是否和客观指标(ELF)与社会凝聚力的联系有所不同。该表中最引人注目的结果可能是发达国家和其他国家在人际信任上的差异,前者总体上而言要比后者对他人更为信任(例如,请比较挪威 64.8％的比例和巴西可怜的 2.8％的比例)。然而,人际信任是一个例外,因为在社会凝聚力的其他三项上,发达国家和其他国家之间并无显著的对比差异。譬如,如果我们考虑制度信任,我们发现加纳人对国会的信任度最高(2.44),马其顿人对国会的信任度最低(0.76)。西方国家在这个量度上全部接近国际平均值。

表 4.1　各国/地区在 ELF、国家自豪感、人均国民生产
总值及社会凝聚力四个指标上的综合得分

	ELF (1985)*	国家自豪感 (0—3)**	人均国民生产总值 (1995)	人际信任 (回答说大部分人可以被信任)(%)	制度信任 (0—3)**	从不容许在公共交通上欺诈 (%)***	从不容许税务欺诈 (%)***
发达国家和地区							
西德	.14	1.54	—	39.9	1.18	38.5	39.5
英国	.39	—	18,700	29.1	—	—	—
瑞士	.59	1.93	40,630	37.8	1.33	58.4	52.5
西班牙	.46	2.55	13,580	28.7	1.20	66.2	67.7
美国	.42	2.76	26,980	35.6	1.19	66.6	73.6
芬兰	.13	2.33	20,580	46.9	1.21	62.4	57.1
瑞典	.14	2.34	23,750	56.6	1.41	46.9	48.9
挪威	.06	2.40	31,250	64.8	1.74	69.9	47.3
韩国	.00	—	9,700	30.3	1.17	49.1	71.4
中国台湾	.27	1.82		41.9	1.31	58.7	63.7
日本	.01	1.78	39,640	46.0	1.10	77.3	80.6
澳大利亚	.44	2.70	18,720	39.9	1.19	62.8	62.0
区域平均	.25	2.22	24,353	41.5	1.28	59.7	60.4
东欧国家							
东德	.01	1.67	—	24.3	.93	51.1	53.1

续　表

	ELF (1985)	国家自豪感 (0—3)	人均国民生产总值 (1995)	人际信任（回答说大部分人可以被信任)(%)	制度信任 (0—3)	从不容许在公共交通上欺诈 (%)	从不容许税务欺诈 (%)
波兰	.04	2.66	2,790	16.9	1.21	67.5	54.6
克罗地亚	.42	2.36	3,250	23.6	1.50	26.1	36.6
斯洛文尼亚	.18	2.51	8,200	15.5	1.05	54.1	53.9
马其顿	.51	2.58	860	7.5	.76	60.8	57.2
波斯尼亚	.70	2.40	—	26.9	1.60	51.7	55.9
保加利亚	.23	2.32	1,330	23.7	1.35	59.2	63.3
摩尔多瓦	.55	2.10	920	21.9	1.23	42.1	37.6
俄罗斯	.33	1.95	2,240	23.4	.91	32.9	42.6
乌克兰	.42	1.80	1,630	28.8	1.18	25.8	36.8
白俄罗斯	.37	2.05	2,070	23.0	1.05	30.3	37.5
爱沙尼亚	.53	1.88	2,860	21.1	1.32	47.5	40.9
拉脱维亚	.61	1.78	2,270	23.9	.99	25.0	30.6
立陶宛	.35	1.80	1,900	21.6	1.16	42.1	44.1
亚美尼亚	.13	2.21	730	23.5	.95	36.4	39.9
格鲁吉亚	.49	2.48	440	21.5	1.15	45.2	49.2
阿塞拜疆	.31	2.57	480	19.4	1.92	44.9	44.4
区域平均	.36	2.18	2,131	21.6	1.19	43.7	45.8
亚洲国家							
土耳其	.26	2.70	2,780	5.5	1.35	—	—
中国	.13	2.26	620	52.6	—	76.1	79.9
印度	.88	2.59	340	33.0	1.67	74.5	72.1
孟加拉	.04	2.75	240	20.5	2.17	94.0	91.7
巴基斯坦	.54	2.84	460	20.4	—	—	—
菲律宾	.75	2.66	1,050	5.5	1.68	35.0	38.1

续　表

	ELF (1985)	国家自豪感 (0—3)	人均国民生产总值 (1995)	人际信任 (回答说大部分人可以被信任)(%)	制度信任 (0—3)	从不容许在公共交通上欺诈 (%)	从不容许税务欺诈 (%)
区域平均	.43	2.63	915	22.9	1.72	69.9	70.5
拉丁美洲国家							
多米尼加	.10	2.67	1,464	25.2	.82	69.1	68.6
哥伦比亚	.05	2.81	1,910	10.70	.90	49.4	72.0
委内瑞拉	.26	2.92	3,020	13.7	.83	72.0	70.6
秘鲁	.48	2.74	2,310	4.9	.85	44.3	59.5
巴西	.07	2.46	3,640	2.8	.93	55.3	46.4
阿根廷	.29	2.44	8,030	17.5	.78	62.5	72.1
乌拉圭	.25	2.68	5,170	21.7	1.24	70.4	78.3
智利	.17	2.41	4,160	21.4	1.20	56.4	62.8
墨西哥	.21	2.42	3,320	26.4	1.28	48.2	52.9
区域平均	.21	2.62	3,669	16.0	.98	58.6	64.8
非洲国家							
加纳	.69	2.91	390	22.4	2.44	65.2	74.5
尼日利亚	.86	2.55	260	19.5	1.31	59.9	69.5
南非	.89	2.79	3,160	17.6	1.91	60.3	62.3
区域平均	.81	2.75	1,270	19.8	1.89	61.8	68.8
总平均	——	2.38	——	25.64	1.26	54.4	57.1

注：

* 此处所列的 ELF 值摘自原表第 11 栏(Roeder 2001)，与通过语言进行界定的族群相关。

** 这些数据是根据对李克特量表所作出的回应的各国平均得分数据。为了便于解释，我们将平均得分反向进行了排列(0 分为无任何相关，3 分为非常相关)。

*** 每个国家中在公共交通上欺诈/税务欺诈永远不合理的回应者的比例。

数据来源：Roeder(2001)(第二栏)；《世界发展报告》(1997)(第四栏)；《世界价值观调查》1990(第三栏及第五至第九栏)。

在公民合作的两项上，区域内差异实际上比区域间差异更为显著。譬如可以比较一下德国的得分(非常低)和西班牙的得分(高)、菲律宾的得分(非常低)和孟加拉的得分(非常高)、拉脱维亚的得分(非常低)和保加利亚的得分(高)。国家自豪感水平在发达国家内部和东欧国家内部的差异也很大。可以对比西德的得分(非常低)和美国的得分(非常高)、拉脱维亚的得分(非常低)和波兰的得分(高)。民族语言分化也显示出相当大的区域内部变化。可以比较瑞士的得分(0.59)和挪威的得分(0.06)、印度的得分(0.88)和孟加拉的得分(0.04)、波斯尼亚的得分(0.70)和波兰的得分(0.04)。

97 　　尽管如此,显著的地区模式还是可以识别的。如前所述,所有发达国家在人际信任上的得分均高于国际平均值。相比之下,除乌克兰和波斯尼亚外,东欧国家在这个量度上的得分均低于国际平均值。最值得注意的是拉丁美洲各国的一系列应答。除智利、墨西哥之外,这些国家的国家自豪感水平都比国际平均值高(很多),同时在人际信任和制度信任这两项上的得分都比国际平均值低(很多)。非洲三个国家也遵循这一模式,只是它们在制度信任这一项上的得分高于国际平均值。

　　总之,指标不同、区域不同、区域内的国家不同,社会凝聚力水平均有变化。无法找到一个简易通用的模式。

　　现在我们可以继续调查民族语言多样性和社会凝聚力之间的联系了,表4.1的数据将作为我们分析的数据库。第一个值得注意的结果是语言多样性和国家自豪感之间并无显著相关(见表4.2)。这一点自由民族主义者很难解释。他们期望国家自豪感水平在同质社会会更高,因为同质社会的国家将自己等同于主导民族,从而可以在公民中动员高水平的认同感和忠诚度。相形之下,在异质社会中,国家不得已只能保

98 **表4.2　ELF、人均国民总收入、国家自豪感及社会凝聚力四项指标之间的相关性**

ELF	国家自豪感	人均国民总收入	人际信任	制度信任	从不容许在公共交通上进行欺诈	从不容许税务欺诈
ELF	.16	−.20	−.23	.33*	−.18	−.15
国家自豪感		−.24	−.36*	.26	.45**	.50**
人均国民总收入			.67**	−.01	.28	.14

注:
　* 相关性在 0.05 水平上显著(双侧检验)。
　** 相关性在 0.01 水平上显著(双侧检验)。
NB:41—47 单元格区域内国家的数量(N)。
数据来源:表4.1。

持文化中立,从自由民族主义理论的逻辑来看,这将阻碍不同文化族群在国家层面上紧密的身份认同。我们发现国家归属感(国家自豪感)的主观表述和一个国家的客观民族语言状况无关。这一发现和自由民族主义者的观点无法调和,后者假定上述条件对人们团结统一的感觉具有影响。

然而,更令自由民族主义者尴尬的是,我们发现民族语言多样性与社会凝聚力四个指标中的任何一个均无有意义的关联。异质性与人际信任和公民合作的两个项目呈负相关,这一点与自由民族主义理论相符,但是它们之间的相关性并不显著。此外,异质性和制度信任呈显著正相关,这意味着一个国家的语言多样性越高,公民的制度信任水平就越高。这个发现和自由民族主义观点所预测的正好相反。另一个同样令自由民族主义者感到困惑的是国家自豪感和社会凝聚力四个指标之间的关系。图表显示,国家自豪感与公民合作的两个项目呈强正相关关系,这正是自由民族主义者所期待的结果,但图表也显示,国家自豪感与人际信任呈负相关关系,与制度信任无显著相关。因此,不管是从主观想象(国家自豪感)还是客观想象(语言多样性)来看,民族认同和社会凝聚力之间都不存在任何可以理解的联系。国家自豪感和语言多样性甚至表现出了与社会凝聚力各项之间具有不同模式的相关。

国家自豪感和公民合作两个项目之间的强相关关系值得更详细思考。国家自豪感和公民合作可能均对一个国家经济表现的短期剧烈变化高度敏感。例如,大多数后苏联国家在向市场经济转型的过程中经历了严峻的经济危机,国家自豪感和公民合作水平低下(见表4.1),这似乎并非巧合。这些国家的公民可能会责怪国家无能,对民众的命运漠不关心,这样,他们对国家的认同感和准备遵守法律的意识可能会相应逐渐降低。另一方面,人际信任可能更多地与一个社会的结构特征,如社会经济发展水平,密切相关。譬如,可以注意人均国民总收入和人际信任之间的强相关性。需要格外注意的是,表4.1中所发现的区域间的显著差异很可能意味着各条件之间的相关性可能因区域不同而呈现很大的差异性。

这里,我们必须注意到,我们的研究发现与 Knack 和 Keefer(1997)关于社会资本的研究不相符合。他们审视了同样的关系,也使用了同样的 WVS 数据,发现民族异质性不仅是人际信任的一个显著负面预测,而且在对 GDP 和中小学教育进行控制的条件下,也是公民合作的一个重要负面预测(Knack 和 Keefer 1997,第 1281、1282

页)[2]。他们使用 WVS 关于种族的数据来确定一个国家的民族异质性程度(WVS 询问被调查者他们是否认为自己属于某一族群,如果是的话,属于哪个族群)。然而,这些数据存在问答问题,因为大批被调查者对关于种族的问题的应答是"不适用"。在对39 个国家的调查中,16 个国家的人做出了这样的应答(比例超过了 40%)。此外,对这些问题所设定的答案因国家而异。在一些国家,答案中包括"我首先觉得自己是(某个国家的)公民,其次才是某个族群的成员"这个类别;而在另外一些国家,该类别却被省略了。因为这些问题的存在,我们选择使用 ELF 作为民族语言异质性的量度。

将所有国家的数据结合一体可能会模糊异质性影响在发达国家和发展中国家之间的差异。这里我们从不同的方向进行论证。现代化理论家们可能会认为,在(后)工业社会中,民族文化族群已被工业化、国家渗透和同化等进程所侵蚀,族群的身份不断被边缘化,并注定要在不久的将来逐渐消失(Deutsch 1966;Parsons 1975;Gellner 1983)。因此,对现代化理论家而言,显著的民族语言分裂是前现代发展中社会的特征。另一方面,民族竞争的观点认为,在现代社会中,能在国家和民族建构过程中存活下来的民族文化身份事实上比处于发展中的社会的民族文化身份更为根深蒂固。持此观点的学者们认为现代化使不同的族群接触增多,迫使他们为相同的资源而竞争,从而加强了民族文化意识(Hannan 1979;Nielsen 1985)。实际上,Gellner(1983)在某种程度上同意这个观点,他指出,现代化和标准化不一定经常导致同化和同质化。在他看来,至关重要的是能够接触到主流族群的高级文化。当少数民族感觉被这种高级文化所排斥时,反民族主义就会产生,结果不是国家解体,就是二战后这种反民族主义一直困扰着各国。

如果关于现代化的观点是正确的,那么人们会期待异质性在发展中国家比在发达国家对社会凝聚力产生的负面影响更大。如果民族竞争的观点是正确的,那么结论则相反。我们将样本分成两组来检验这些假设,将人均国民生产总值 2 500 美元设为分界点,对两组国家中每个国家的相关性进行测试。分析结果显示,不管是在贫穷国家(GNP pc< \$ 2,500)还是在富裕国家(GNP pc> \$ 2,500),语言多样性与社会凝聚力的四个指标之间都没有显著相关。[3] 总之,不管在什么发展程度的国家,民族语言的构成影响社会凝聚力水平这个观点均无足够的实证数据支持。

实际上,这个结论只得到了《欧洲价值观调查》数据的支持,该调查是在 1981、

1990 和 1999 年进行的。1999 年的调查在欧洲 33 个国家中进行,所问的问题是:"你在多大程度上关心你的同胞的生活条件?"问题的答案按李克特量表来计分,从 1 分(非常关心)到 5 分(完全不关心)不等。按照自由民族主义的逻辑来预测,在同质国家中,关心程度要远高于异质国家,因为在同质社会中,民族单位在很大程度上就是政治单位,这使得公民更易表达对同胞的团结之情。相较之下,在异质国家中,民族单位隶属于政治单位,这意味着人们倾向于将不同种族的同胞只看作碰巧在一个社会中生活的人。例如,Miller(1995,第 83 页)认为,国家认同激励人们关心同胞,因为"国家是义务的团体,在这个意义上,国家的成员认识到自己有义务满足其他成员的基本需求,保护其基本利益"。然而,当我们使用 ELF 和人均国民总收入为解释变量,对 EVS 其中一项"对同胞的关心"做回归分析时,我们发现,对这组欧洲国家而言,民族语言多样性和人均收入均无法对这一项做出显著的预测。[4] 因此,异质性与对同胞的关心毫不相关,这又一次反驳了自由民族主义者的观点。

　　一个国家的民族文化构成和社会凝聚力目前似乎没有什么关联这个事实,并不排除二者过去可能有关联。的确,一些进程,诸如个人主义化、政党结盟、不同生活方式的扩散以及国际化,可能已经破坏了国家认同的黏合能力,使民族同质的国家变成了事实上如异质国家那样文化多样性的社会。如果这一推理成立的话,正如人们所料,过去二十年中,所有同质国家的团结和信任水平都在下降。

　　然而,对 WVS 三次(1980、1990 和 1995 年)对人际信任项所做的调查进行比较,就会发现各种不同的趋势(表 4.3)。在参与所有三次调查的八个相对同质化的国家(ELF<0.3)中,有四个国家的人际信任度提高(挪威、瑞典、西德和日本),而另四个国家的信任度则降低(芬兰、阿根廷、匈牙利和韩国)。尽管用八个国家作为样本太小,不足以得出任何确定的结论,但这确实表明不存在明确的模式。事实上,Norris(2002)在对更多的国家进行比较后也得出了相同的结论。为了再次检验异质性和人际信任在近些年是否存在关系,我们以 ELF 和人均国民生产总值作为预测变量,对 1980、1990 和 1995 年所做的三次 WVS 进行了回归分析。分析的结果显示,在所有三次调查中,仅人均国民生产总值和人际信任呈显著相关。[5] 因此,最近也没有迹象表明,民族语言多样性对人际信任这一社会凝聚力重要指标产生了影响。遗憾的是,我们无法评估自由民族主义者的观点是否适用于更早的时期,因为我们没有早期的跨国调查数

101

据可用。然而,我们的研究发现,即目前的实证性证据表明异质性和社会凝聚力不存在联系,是非常重要的。这意味着不管自由民族主义者的观点在理论上有多么合理诱人,它无法解释社会凝聚力水平在现在还是在最近几年里在不同国家中的实际变化。我们不得不转向其他不同因素,来理解影响社会凝聚力的各个过程。

表 4.3　三次世界价值观研究中民族同质化国家中的人际信任
(回应为"大部分人是可信的"的应答者比例)

	1980 年的调查	1990 年的调查	1995 年的调查	变化
挪威	61.5	65.1	65.3	+
瑞典	56.7	66.1	59.7	+
西德	32.3	37.9	41.8	+
日本	41.5	41.7	42.3	+
芬兰	57.2	62.7	48.8	−
阿根廷	26.1	23.3	17.6	−
匈牙利	33.6	24.6	22.7	−
韩国	38.0	34.2	30.3	−

数据来源:Norris(2002)。本表选自 Norris 所提供的图表。

102　教育:课程内容的角色

那么教育是如何涉入这一切的呢? 教育是如何与民族认同和社会凝聚力产生关联的呢? Miller 是自由民族主义观点的支持者,他(1989,1995)明确表达了对教育所扮演的角色的看法。在他看来,学校在培养国家认同方面起了重要作用。全国性的课程设置以及对国家历史的教授是培养国家认同的主要环节,因为这让不同文化背景的孩子可以获得一个共同的全面国家认同:

　　民族原则意味着,除了别的以外,学校应该被看作是重现国家认同以及孩子们准备成为民主公民的地方。拿最近抵达的移民来说,他们的国家认同感可能不稳定,这时,学校可以作为家庭文化环境的一个平衡。由此可以得出结论,即学校应该是公共性质的,是一个将不同族群成员放置在一起接受共同教育的地方。由此也可以得出另外一个结论,即应该有一个类似全国性的课程,这个课程是一种核心资料,可以同化所有孩子。(Miller 1995,第 142 页)

有趣的是,Miller 主张学校中的国家建构项目不需要文化中立,因为国家认同本身就不是文化中立的。少数民族文化不必因为课程政策反映了主流族群的文化而觉得受到冒犯,只要共同课程以某种方式承认他们在国家建构中的历史地位即可:

> 如果我们试图改革国家认同,以使所有公民均可获得,我们要做的不是抛弃除宪法原则以外的所有东西,而是要改变固有文化,使少数民族群体能有一席之地。因此,我们没有放弃在学校中教授国家历史,而是建立了一个承认少数民族在国家建构过程中应有地位的共同课程。如果宗教在构成国家认同中起了很大作用,我们不会只颁布纯粹的世俗政策,而置宗教于不顾,相反,我们会努力在少数民族的历史信仰主张和反对者的主张之间寻求平衡。[……]关于语言政策,我们不会选择中立或放任不管,而是会决定哪种或哪几种语言应该成为国语,然后确保每位公民将这些语言作为他们的第一和第二语言来学习——这项政策也与保护少数民族语言相符合,如果相关少数民族群体有此意愿的话。(Miller 1995,第189 页)[6]

103

Miller 忠于自己的观点,强烈反对激进的多元文化论。在他看来,激进的多元文化论将导致一些政策的产生,这些政策会将人们禁锢在自己狭小的文化认同中,让他们无法拓宽视野,无法在一个更为宽广的社会中发展自己的才能。

不管是多元文化论还是自由民族主义的倡导者都会同意以下观点:教育在价值和身份的传播中作用重要。尽管他们之间也存在差异,但他们都期望学校能够培养包容性的身份认同、公民态度、容忍及社会信任。然而,在学校教育需要和其他资源(例如,电视、网络、杂志、同龄人、家庭)为取得学生关注而进行竞争的时代,学校教育还会依然有效吗? 课程内容会带来不同吗? 如果能的话,不同的公民模块会使年轻人以预期的价值观适应社会吗? 或者是否有迹象表明有不良的副作用存在? 这些问题是本书以下部分的核心内容。

关于年轻人的公民教育、价值观和身份构建的跨国比较研究少得惊人。一个可喜的例外是 IEA 公民教育研究。这项全面调查研究的对象是 28 个国家/地区中 14 岁的初中生。受访者需要接受一个测试,并填写一张问卷,测试的目的是度量其公民知识和技能,问卷是为了调查公民参与和态度。这项研究发现,在公民知识方面得分高的学生表示更愿意参与政治活动。另一个重大发现是,模拟民主实践活动的学校在传播公民知识和参与方面比采用传统教学模式的学校更为有效(Torney-Purta 等 2001;Torney-Purta 2002)。尽管针对 14 岁青少年的研究报告为此次调查结果提供了一份很好的描述,但迄今为止,根据这一丰富数据资源所做的分析工作却很少。所以,目前所进行的研究以及同样使用了 IEA 数据的第三章关于容忍度的研究,其目的之一就是引起学界同仁对这个尚未充分开发的教育数据库的关注。

我们使用这一数据源来检验基于学生报告的学校教育的效果。更确切地说,调查问卷要求学生们就多个关于公民教育的话题说明学校在多大程度上对他们的技能和态度产生了影响。我们首先将回顾所上报学校的影响数据,然后再检验这些数据在多大程度上与旨在调查公民品性的各个项目相关。虽然我们确定了将其中一种品性——机构信任——作为社会凝聚力综合征的一个组成要素(见第一章),其他组成要素,如政治参与、国家自豪感和容忍度,似乎构成了一些独立的概念(见第三章关于容忍度的讨论)。自然,凭借对学校教育效果的主观描述,我们还不能断言学校教育的实际效果,也不能断言课程内容的具体数量和种类。然而,学生对不同公民教育、不同成分效果的感知却有可能反映了课程的重点所在。此外,学生可能会对学习的接受程度以及学校教育的有效性发表看法。更值得注意的是,本章虽然明显和第三章相关,但并不是对第三章的重复。本章虽然也考虑容忍度,但只是把它看作四种公民品性之一。本章着重评估公民教育的报告效果和这些品性之间的联系,而这个问题在第三章中没有解决。

图 4.1 呈现了受访学生赞成或强烈赞成与公民教育话题相关的各项陈述的区域总值(四个区域所包括的国家/地区见附录 4A)。这些陈述为:

1. 在学校,我学会了要成为一名热爱国家、忠诚于国家的公民(爱国主义)。

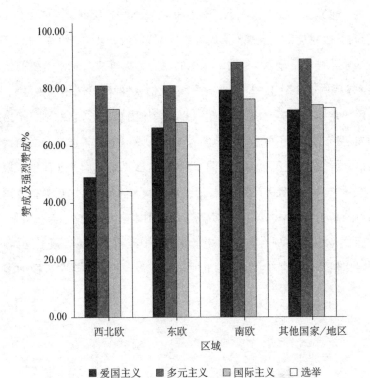

图 4.1　学生对在校学习多个公民教育话题的看法(区域总值)

数据来源：IEA 中学公民教育研究。

2. 在学校,我学会了理解其他拥有不同想法的人(多元主义)。

3. 在学校,我学会了关心其他国家发生的事情(国际主义)。

4. 在学校,我知道了国家和地区投票选举的重要性(选举)。

所设定的答案选项：〈强烈赞成〉〈赞成〉〈不赞成〉〈非常不赞成〉

　　我们使用括号中的术语来指代这些陈述。如图所示,所有四个区域中的学生都认为,学校在培养多元主义方面做得远比其在培养其他三个公民教育要素方面更为有效。然而,最引人注目的是那些独特的区域模式,尤其是那些关于爱国主义和选举的区域模式。在所有四个区域中,西北欧国家在这两方面的得分最低,南欧在爱国主义方面得分最高,在选举方面得分为第二高,非欧洲国家在选举方面得分最高,在爱国主义方面得分为第二高。东欧国家处于这两个极端中间。因此,根据所处世界区域和公民教育话题的不同,在学校对他们人生观的影响程度这个问题上,学生们的看法极为不同。

　　尽管区域差异均很显著[7],但图 4.1 中的综合数据可能隐藏了重要的区域内部差异。附录 4A 提供了和图 4.1 同样的各国/地区信息,的确显示出同一区域不同国家/地区间的巨大差异。<u>事实</u>上,似乎存在一些次区域国家集群,它们则显示出了相似的模式。例如,在东欧国家中,三个波罗的海国家在爱国主义和选举方面的得分均低于国际平均值,这使它们更符合西北欧国家的模式,而不是它们所在区域的模式。它们与一些中欧国家(波兰、斯洛伐克、罗马尼亚)构成了鲜明的对比,后者在爱国主义和选举方面的得分高于国际平均值。同样,在非欧洲国家中,两个拉丁美洲国家(智利和哥伦比亚)在四个公民教育项目方面的得分均远高于国际平均值。但尽管如此,一些显著的区域内相似性仍然存在。所有西北欧国家在爱国主义和选举方面的得分均远低

106

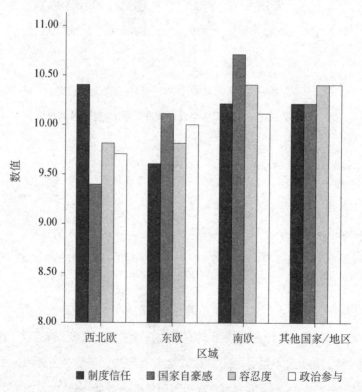

图 4.2　四种公民态度的标准化区域平均值

来源:IEA 初中公民教育研究。

于国际平均值(瑞典在选举方面是个例外)。同样,南欧所有国家和欧洲以外的国家在多元主义方面的得分均高于国际平均值。事实上,与西北欧和东欧国家的学生相比,该区域的学生对学校对公民教育主题的影响力的评价更为正面。

从图 4.2 中可以看出更加突出的区域模式,该图呈现了关于制度信任、国家自豪感、容忍度和政治参与的标准区域值,这些是社会凝聚力的各个因素,在 IEA 公民教育研究中也被问及。这些公民价值观反过来又是由调查中的各个项目所组成的测量尺度。必须注意的是,本章中我们对容忍度的量度只涉及对待移民的态度。其他方面的容忍度,如对不同生活方式或社会"偏差"行为的接受程度,本章不予考虑。

制度信任("对与政府相关的机构的信任")

"有多少时候你信任以下机构?"

(1)国家政府;(2)地方政府;(3)法院;(4)警察;(5)政党;(6)国民议会

答案类别:从不信任—仅仅有些时候信任—大多数时候信任—总是信任

国家自豪感("对自己国家的积极态度")

(1)"这个国家的国旗对我来说很重要。"

(2)"我热爱这个国家。"

(3)"这个国家应该为她所取得的成就感到骄傲。"

(4)"我更希望永远生活在另一个国家。"

答案类别:非常不赞成—不赞成—赞成—非常赞成

容忍度("对待移民的积极态度")

(1)"移民应有机会保留自己的语言。"

(2)"移民子女应和所在国其他儿童一样享受同等教育机会。"

(3)"移民在一个国家居住几年后应享有在选举中投票的机会。"

(4)"移民应享有保留他们自己习俗和生活方式的机会。"

(5)"移民应和所在国其他公民享有同等权利。"

答案类别:非常不赞成—不赞成—赞成—非常赞成

政治参与("政治活动中的预期参与")

"当你成人后,你期望自己做什么?"

(1)"加入一个政党。"

（2）"就自己所关心的社会和政治问题给报纸写信。"

（3）"成为当地政府或市政府的候选人。"

答案类别：我当然不会这样做—我可能不会这样做—我可能会这样做—我当然要这样做

数值 10 表示国际平均值，可以看出西北欧国家所呈现出来的模式与东欧国家的模式几乎相反。西北欧国家的制度信任水平非常高，而国家自豪感非常低，容忍度和政治参与比平均值低；东欧国家则拥有比平均值高的国家自豪感、非常低的制度信任水平，以及处于平均水平的政治参与。南欧显示出极高水平的爱国主义和高水平的容忍度，而非欧洲国家显示出高于平均水平的政治参与及容忍度。正如在对学校效能的评价中一样，总体而言，南欧和非欧洲国家的受访者的评价比西北欧国家和东欧国家的受访者评价更为正面，在四项公民态度上的得分均高于国际平均值。两个方面尤为突出。一方面是南欧国家和非欧洲国家在容忍度方面存在的差异，另一方面是西北欧和东欧在容忍度方面存在的差异，前者高于平均值，后者则低于平均值。令人诧异的是，Torney-Purta 等（2001）未能发现国家层面上关于容忍度（即对移民的态度的）的综合得分和样本中在外国出生的学生的百分比之间存在什么联系，而这与普遍持有的观点背道而驰，即移民群体的出现加剧了反外国人的情绪（见第三章）。观察区域内的差异（见附录 4B），可以注意到，就四项公民态度的国家模式变化而言，西北欧比其他三个区域少得多。所有西北欧国家均显示出低于国际平均分值的政治参与、位于平均分值或高于平均分值的制度信任，以及低于平均分值的国家自豪感（芬兰除外）。

下一步是将公民教育各个项目和四个公民态度的量度联系起来。表 4.4 呈现出了这些变量之间的二元相关性。这些相关性是建立在附录 4A 和 4B 中的国家综合得分之上的。表 4.4 显示，公民教育的四个项目（多元主义、国际主义、爱国主义和选举）均与容忍度存在正相关关系。这意味着，根据学生报告，对四项公民教育主题教授相对高效的国家，其在容忍度上的平均得分也较高。公民教育各个项目也和政治参与呈正相关关系，只有国际主义一项没有显示出显著相关。相形之下，制度信任和公民教育的任何一项都无显著相关，但却与人均国民生产总值呈强相关关系（国民生产总值越高，制度信任的平均得分越高）。需要进一步注意的是，据报道，到目前为止，学习成为爱国公民与选举的重要性这两者显示出与国家自豪感、容忍度和政治参与具有最强的相关性,这意味着这些爱国教育实践在培养公民态度方面是最为有效的。或许如预料中的那样,多元主义("理解有不同想法的人")与容忍度之间呈强正相关关系。然而,我们必须注意,它们之间的因果关系很难被证实,因为 IEA 调查是横断面研究,而且关于公民教育各个项目的数据有赖于学生的报告。

表 4.4　基于国家综合数据的公民教育各项与公民态度的相关性(N=28)

	公民教育项目				公民态度				
	爱国主义	多元主义	国际主义	选举	制度信任	国家自豪感	容忍度	政治参与	人均GNP
爱国主义	—	.55**	.18	.73**	-.11	.81**	.56**	.66**	-.56**
多元主义		—	.62**	.58**	-.03	.33	.50**	.53**	-.11
国际主义			—	.44*	.35	.06	.38*	.29	.22
选举				—	.18	.48*	.75**	.72**	-.29
制度信任					—	.03	.24	-.18	.64**
国家自豪感						—	.51**	.37	-.48*
容忍度							—	.56**	-.08
政治参与								—	-.38*

注:
* 相关性在 0.05 水平上显著(双侧检验)。
** 相关性在 0.01 水平上显著(双侧检验)。
NB:该相关性基于附录 4A 和 4B(N=28)中所呈现的各国得分情况。

乍看起来,学习成为爱国公民和四项公民态度中的三项存在正相关性,这似乎支持 Miller 的观点,即教授爱国主义价值观和国家历史有助于社会融合和拓展视野。令人诧异的是,学习成为爱国公民甚至和容忍度呈正相关关系,这意味着对国家历史和文化的强调事实上促进了对移民的正面态度。然而,在这一点上,我们必须谨慎。这些相关性是建立在国家总量之上的,可能会使个体层面上的不同关系完全模糊化。

所以,现在让我们更详细地看一下个体层面的关系。表 4.5 以公民教育的四个要素为独立变量,呈现了每个区域中制度信任的回归分析结果。我们需要再次提醒读者,下节我们将要使用的术语(预测指标、因素)并不意味着我们将公民教育要素归结为因果关系,因为 IEA 数据横断面研究的性质排除了这一做法。使用这些术语只是针对回归分析,这一分析技术使我们可以孤立地审视每个公民教育要素和公民态度之间的联系。

表 4.5 按区域分类的关于制度信任的四个公民教育项目及
三个个人背景因素的回归分析(个人层面的数据)

	西北欧	东欧	南欧	其他国家
公民教育各项(*betas*)				
爱国主义	. 10**	. 13**	. 15**	. 08**
多元主义	. 07**	. 07**	. 05**	. 05**
国际主义	. 09**	. 02**	. 08**	. 08**
选举	. 13**	. 14**	. 15**	. 09**
背景因素(*betas*)				
教育妈妈	. 01	- . 01	. 01	- . 01
教育爸爸	. 02	- . 00	. 04**	. 04**
受访者的总测试成绩	. 06**	. 06**	. 00	. 08**
可解释方差(调整 R^2)$in\%$	7. 7	7. 3	9. 4	5. 1

注:
* 相关性在 0.05 水平上显著。
** 相关性在 0.01 水平上显著。

如果我们再回过头去看看该表,就会发现这四个要素在四个区域内均是制度信任的正向预测指标,不存在负相关。正如我们所看到的那样,在所有区域中,学习选举是最强的预测指标,学习爱国则紧随其后。这些发现与自由民族主义者的观点一致,即爱国主义有助于社会信任和制度信任。然而,将学习成为爱国公民作为一个正向预测指标,各区域存在强度上的差异。在南欧和东欧国家,爱国主义与选举这两者当仁不让,争当制度信任最强的预测指标;而在西北欧和非欧洲国家,爱国主义与国际竞争这两者则争当第二个最强的预测指标。在次区域层面进行同样的回归分析,我们发现在德国、挪威和瑞典,爱国主义甚至是四个公民教育项目中最弱的一项预测指标。在瑞典,它甚至算不上是一个重要因素。在丹麦和比利时的法语区,爱国主义仅在 5‰水平上为显著正向预测指标。[8] 这意味着在学校课程里强调爱国主义并不能解决所有次区域内制度信任下滑的问题。

值得进一步关注的是,教育预测指标解释了一些制度信任方面的变化,但在量上并不是特别令人印象深刻。这与其他研究一致,即教育对年轻人的知识和态度影响虽小,但却意义重大。总体而言,这些研究已经表明,家庭背景和年龄是两个最强的预测指标(Atkin 1981;Niemi 和 Junn 1998;Hahn 1998;McGlynn 等 2004)。然而,在回归分析中引入背景变量(见表 4.5)时,我们发现,母亲的教育水平和制度信任没有关联。父亲的教育水平在南欧和非欧洲国家仅为显著正向预测指标。相比之下,受访者在测量公民知识和能力的测试中的总成绩在西北欧、东欧国家和非欧洲国家为显著正向预测指标(即得分越高,信任水平越高),但在南欧却不是。这再次突显了区域差异的显著性。

消极的制度信任是一回事,政治行动主义又是另一回事。的确,使用相同的教育预测指标进行政治参与的回归分析显示出了截然不同的模式(表 4.6)。也许如所料的那样,考虑到概念上的接近,这一次到目前为止,选举在所有区域中是政治参与最强的预测指标。爱国主义是一个相当微不足道的因素,与国际主义争夺第二名,但在非欧洲国家却输给了国际主义。然而,最令人吃惊的是,多元主义(理解有不同想法的人)和政治参与呈负相关关系。这似乎证实了一个普遍持有的观念,即(将来的)政治家们是糟糕的听众,当然是对那些持不同意见者而言。在前表可见的地区差异大体而言已经消失了,很大可能是因为选举作为主要预测指标在数量上占有优势。然而,从背景因素来看,存在一个明显的区域对比,父亲的受教育程度和测试总成绩仅在西北欧地区是重要的正向预测指标。对表 4.5 和 4.6 的回归分析进行比较,结论是四个公民教育要素和两个目前为止在讨论的公民态度之间以截然不同的方式互相联系,这表明能使公民文化各个方面都平等受益的公民教育标准公式不可能存在。

表 4.6 按区域分类的关于期望参与政治活动的四个公民教育项目及
三个个人背景因素的回归分析(个人层面的数据)

	西北欧	东欧	南欧	其他国家
公民教育各项(*betas*)				
爱国主义	.06**	.08**	.05**	.08**
多元主义	-.02	-.02**	-.02*	-.04**

113

	西北欧	东欧	南欧	其他国家
国际主义	.06**	.06**	.04**	.10**
选举	.18**	.17**	.16**	.19**
背景因素(*betas*)				
教育妈妈	.01	.01	.02	-.01
教育爸爸	.05**	.01	.03*	.02
受访者的总测试成绩	.08**	.02**	.00	-.01
可解释方差(调整 R^2)*in*%	6.2	5.5	4.0	8.3

注：
* 相关性在 0.05 水平上显著。
** 相关性在 0.01 水平上显著。

最后也很重要的一点是，我们展示了对容忍度的回归分析结果(表4.7)。不出所料的是，多元主义是三个区域中容忍度的最强正向预测指标，也几乎是西北欧容忍度的最强预测指标。因此，多元主义在个人层面和国家层面上均为正向因素，这强化了本书第三章在国家层面上的分析结果。在三个背景因素中，测试成绩是最重要的一个预测指标，在所有四个区域中均和容忍度呈强正相关关系。

此外，区域差异在上述三个回归分析中的表现均没有表 4.7 那样清楚。首先，母亲所受的教育与容忍度之间随区域不同而呈现出明显不同的相关性：这在西北欧是一个正向预测指标，但在东欧则是一个反向预测指标。因此，那种认为越是受过良好教育的家庭孩子就越理解移民的传统观点并不适用于所有区域环境。其次，回到公民教育的各个项目，我们可以看到国际主义在西北欧是最强的预测指标，但是在南欧却只处于第三位。然而最有趣的无疑是爱国主义和容忍度之间的关系。正如我们所看到的那样，爱国主义在南欧是一个显著的正向预测指标，但在西北欧却是一个显著的反向预测指标。换言之，在西北欧，学生所报告的学校教授爱国价值观的效果越好，学生们对移民的正面态度值越低。在其他两个区域，爱国主义只是一个一般的正向预测指标。这些结果可能表明，在发达世界的核心地带，在学校课程里强调爱国主义并不利于民族容忍度，但在更边缘的地区却是有利的。实际上，Hjerm(2004)使用 1995 年版的 ISSP 调查数据，同样也发现，在很多国家中民族情绪和容忍度在个人层面上存在负相关关系。显然,此处自由民族主义理论有一个问题:爱国教育对容忍度没有产生期望中的有益作用,相反可能在实际中产生了反作用,因为它使不容忍的态度上升了。

114

表 4.7 按区域分类的关于容忍度的四个公民教育项目
及三个个人背景因素的回归分析(个人层面的数据)

	西北欧	东欧	南欧	其他国家
公民教育各项(*betas*)				
爱国主义	$-.10^{**}$	$.02^*$	$.14^{**}$	$.03^*$
多元主义	$.17^{**}$	$.19^{**}$	$.19^{**}$	$.26^{**}$
国际主义	$.18^{**}$	$.08^{**}$	$.09^{**}$	$.08^{**}$
选举	$.02$	$-.00$	$.02$	$.07^{**}$
背景因素(*betas*)				
教育妈妈	$.04^{**}$	$-.04^{**}$	$.01$	$-.02$
教育爸爸	$.06^{**}$	$.01$	$.02$	$-.00$
受访者的总测试成绩	$.11^{**}$	$.17^{**}$	$.17^{**}$	$.14^{**}$
可解释方差(调整 R^2)$in\%$	10.8	7.9	13.0	12.7

注:
* 相关性在 0.05 水平上显著。
** 相关性在 0.01 水平上显著。

此时必须注意的是,爱国主义和国家认同这两个概念可能在世界各地有不同的理解。在西欧,当然是在那些遭受过第二次世界大战磨难的国家(占领国和被占领国),这两个概念和独裁主义、法西斯主义、种族主义以及其他负面现象联系在了一起。相比之下,在东欧、希腊、塞浦路斯和拉丁美洲国家,爱国主义和民族主义可能(仍然)带有英雄主义和从集权或殖民统治下解放的正面内涵。这些差异化的解读可以解释为什么国家自豪感的平均水平在东欧、希腊、塞浦路斯和拉丁美洲国家中远高于西欧(请再次参见图 4.2)。鉴于在西欧标榜自己是爱国者或民族主义者是行不通的,尤其是在受过良好教育的圈子里肯定行不通,所以继续这样做的人很可能会被归类到受边缘化、教育程度低的社会阶层,而在这个阶层中,仇视外国人的情绪可能更强。在东欧,知识分子和持不同政见者在民主民族主义的反对派运动中起到了关键作用。结果,那里的民族主义与社会经济改革、民主,以及与更广阔的世界开放相互关联。本研究所

115

使用的 IEA 数据最有可能反映了这些不同的理解。自由民族主义理论一个很严重的缺点就是没有将不同地区对国家认同的不同理解考虑在内。在许多西欧国家,将爱国主义价值观引入到学校课程的努力可能会遭到质疑、蔑视和嘲笑。

结论

本章表明,自由民族主义理论在很多方面没有通过实证证据的检验。首先,和该理论的预期相反,我们不能在一个国家的民族语言同质性水平和社会凝聚力综合量度之间发现任何关联。不管是在富裕国家还是在贫穷国家,也不管是在现在还是在不远的过去,都显然不存在这种关联。自由民族主义者可能会认为,我们在确定同质性程度时所使用的量度——民族语言分化指数(ELF)并非国家统一的一个良好指标,因为它无法解释植根于语言和种族之外因素的国家认同。然而,考虑到自由民族主义者本身赋予语言极大的价值,他们的这一批评可能是自相矛盾的。此外,强调国家认同可以依赖其他因素,如政治因素,则破坏了国家和民族在概念上的区别,并削弱了自由民族主义者关于多语国家民主残缺不全、人际信任和团结性较低的论调。

其次,本研究表明,教育变量和公民态度在国家层面上的联系不一定能够在个人层面上复制。在国家层面,自由民族主义者的观点似乎得到了确认:与其他一些公民教育的要素相比,教授爱国价值观与公民态度呈现出更强的正相关关系。然而,当我们把分析转到个人层面时,爱国教育似乎只与公民文化的一个方面相关,即制度信任。爱国教育与政治参与仅只略微相关,而且更糟糕的是,它似乎对容忍度有害。换言之,学校在提升爱国主义教育方面越有效(根据学生的报告),似乎越加剧对其他种族的非正面态度,而这一意料之外的效果应该会令自由民族主义者感到困扰。如果目的是提高容忍度的话,那么学校教授多元化和国际主义(其他国家的发展)似乎更好,因为这些的确和容忍度呈正相关。

评论者们可能会认为,本章中所呈现的数据无法确定因果关系的方向。譬如,不能排除那些认为学校在传播爱国价值观方面非常有效的学生原本就更具民族主义思想、更为仇外。在这种情况下,因果方向便会发生逆转:**态度→关于学校影响的报告**

而非**关于学校影响的报告→态度**。我们不得不承认，因果关系可能确实已经在以各种意想不到的方式发生了逆转。考虑到 IEA 研究数据的横断面性质，它们实在还不够稳健，不足以确立因果关系。然而，这些数据确实显示出，在西欧很多国家中，教授爱国价值观和不能容忍的程度关系密切。不管因果关系是什么方向，这种密切的关系本身应该会让自由民族主义者感到不适。

第三，自由民族主义者们没有意识到，国家认同及其相关概念，如国家自豪感和爱国主义，在全球范围内具有非常不同的内涵。在西欧，这些概念已经与法西斯主义、种族主义、军事入侵和其他负面概念扯上了关系，但在世界其他地区（东欧、南欧和拉丁美洲）国家自豪感和一些正面概念相关，如解放、平等和民主改革等。

这就引出了本分析最为重要的观点：世界不同区域存在显著的差异。国家同质性水平、国家自豪感、学校效能和社会凝聚力不仅在世界范围内存在重大差异，而且这些概念之间的关系在个人层面也存在重大差异。无论是 WVS 数据还是 IEA 公民教育数据都表明，西（北）欧、东欧、南欧和拉丁美洲国家间存在明显的差异。我们从中吸取的教训是，在提出简单的标准教育方案来解决全球性社会问题时必须要谨慎，譬如公民态度减弱和社会凝聚力水平下降这样的社会问题。世界各地区经历了不同的历史轨迹，导致了不同社会问题的产生、对这些问题不同的理解，以及在特定时间对概念工具的不同理解。这一事实并不是排除通用的解决方案，而是建议这些解决方案必须针对特定地区特别定制。

117

第五章
综合学校教育与教育不平等

本书的主要观点是：就教育的社会影响而言，教育不平等至关重要，而且它也许确实是决定教育之社会影响的因素之一。本章将关注学校体系中不平等现象的产生，审视不同国家教育平等水平差异的证据，并评估可以解释这些差异的学校制度因素。本章结尾时提出了一个问题：我们是否可以在国家学校体系的特点及其分布结果中确认不同的（超国家的）区域模式？

综合性学校和教育不平等之争

在过去半个世纪中，降低教育不平等一直是教育改革的主要议题之一。至少直到最近，该议题可能已经成为了最为发达的一些国家教育改革的主导力量。为此，在不同的发达国家中，各种形式的综合教育或无选拔性教育在义务教育体制中已经发展了起来，以至于现在绝大多数学校都是综合性的，或至少在形式上是综合性的。北美（美国和加拿大）在很长一段时间内拥有共同的义务教育体制。自 20 世纪 60 年代以来，目前欧盟的多数成员国效仿了这个做法，只有一小部分国家（奥地利、比利时、德国、卢森堡，可以说还有荷兰）在初级中等教育阶段仍然主要为选拔式教育。大部分东亚发达国家和地区，包括日本、韩国和中国台湾，同样也在公立学校中保留了综合教育制度。

综合学校教育多种模式的发展，以及与其并存的少数选拔性体制，从理论上而言，应该已经为对比研究提供了足够的机会，用以分析义务学校教育不同模式的宗谱和区域分布。由于可比较的国际数据愈来愈可获得，所以有可能对以下断言的有效性进行比较性评估，即综合教育将会减少教育机会的不平等。然而，直到最近，令人惊讶的是，对于非选拔性教育的不同形式和它们对阶级复制的影响，比较分析只字未言。

这种情况目前可能正在发生变化。最近，经济合作与发展组织（OECD）正在主持的两项国际调查——国际成人读写能力调查（IALS）和国际学生能力评估计划（PISA）——提供了经过大量改进的学习成果跨国比较数据，并且已经让越来越多的政策制定者对不同教育政策所产生之效果进行重新评估，尤其是对与教育不平等相关

119

的教育政策的效果重新进行评估。这两个调查之所以重要,是因为它们提供了直接的技能量度,测量成年人和年轻人(PISA 调查的是 15 岁年轻人)在读写、计算以及(以 PISA 调查为例)基本科学知识方面的能力,这些量度比以前所使用的代理量度,如受教育年限、达到的水平和取得的资质(联合国开发计划署 2002),可靠得多。它们可以让人们对不同国家中不同教育体制对教育不平等所产生的影响做出更好的估计。总而言之,这些数据相当清晰地显示出了各国教育不平等水平的差异类型,这些类型既在区域上,也在体制类型上产生集群。

迄今为止,国际上的研究还无法明确表明综合性改革的确会增加教育公平。事实上,直到最近,大部分调查都显示,在整个 20 世纪的前六七十年中,包括实施综合体制的前几年,教育不平等率一直保持相对稳定(Bothenius, Lehman 和 Peshcar 1983; Garnier 和 Raffalovich 1984; Handl 1986; Featherman 和 Hauser 1978; Halsey, Heath 和 Ridge 1980)。1983 年,Shavit 和 Blossfeld 出版了其经典著作《持续性不平等》,书中包括了对 13 个国家进行独立研究的研究结果,其中有七个针对西方发达国家。每项研究都分析了 20 世纪初到 60 年代连续群组的社会出身(指父母的职业和受教育情况)对学校教育年限和在关键教育转折点上的存活率所产生的影响。编者的结论是:"尽管所研究的所有教育体制都有显著扩张,但大多数国家在教育机会的社会经济不平等方面没有什么变化。"(1983,第 97 页)只有瑞典和荷兰在这个时期中社会出身对教育成就的影响呈明显下降。

该书的作者无法找到任何证据,能够证明一些主要的教育改革曾影响教育公平,即便是在瑞典这样随着时间推移教育不平等水平在下降的国家也是如此。Jan Jonsson 是 Shavit 和 Blossfeld 所编书中关于瑞典研究文章的共同作者,他的确在后来的一本论著中重新审视了瑞典研究中的数据(Jonsson 1999)。他使用了更多的数据点,展示了综合教育在瑞典实施的第一个十年内教育不平等是在持续下降。他说,学校改革是不平等降低的部分原因,这种情况不仅存在于社会各阶层,而且在区域差异和性别方面也是如此。然而,Esping-Andersen(2003)使用了不同数据,认为瑞典教育不平等逐渐降低与学校制度的结构性改革没有任何关联。他赞同 Bourdieu 的观点,认为父母文化资本低下是降低儿童教育成就的主要因素。他说,出现这一情形有几个原因。首先是因为早期认知性刺激较少,其次是因为学校所珍视的文化代码未能成功地传递下去,再次是因为父母较少有能力指导孩子将各种学校系统为我所用,最后是因为孩子在做出未来教育决定时更加不愿承担风险。Esping-Andersen 认为,瑞典的普遍幼托教育通过在混合文化环境中提供辅助性的社会化抵消了这一点。教育制度之间,不管是综合性的还是非综合性的,似乎没有太大的差别。

● 来自 PISA 和 IALS 的证据

PISA 和 IALS 调查显示的却是另外一回事。这些调查显示,以在读写能力、计算能力和基本科学知识领域内受测技能的分布来衡量的教育平等水平在各个国家差异巨大,这种情况对成年人和年轻人来说均是如此。这些调查还表明,各国技能不平等的变化有明显的区域模式可循,这些模式可能与那些地区主导的教育制度类型相互关联。

IALS 研究(OECD 2000)为区域差异提供了明证。例如,北欧国家,包括丹麦、芬兰、挪威和瑞典,都是成人读写能力分布最平等的国家,而讲英语的国家,包括美国和英国,通常是成人读写能力分布最不平等的国家(Green 2003)。然而,尽管所有北欧国家均以在义务教育阶段实行几乎完全不按学生能力进行分班的综合教育而著称,但和那些讲英语的国家相当不完整、相当分化的综合教育制度相比,这些数据让我们无法了解多少不同系统特征所产生的影响,因为它们显示的是不同时期国家体系的教育结果。

除了义务学校教育的影响之外,很多其他因素决定了成年人中的技能分布。正如学校后续学习分布会产生影响那样,成人移民中的技能分布也会产生影响。成人技能的分布还受到在不同时间和不同教育制度下接受义务教育的群体差异的影响,这样,经历了更为快速变化的系统将在不同群体间产生更大的技能水平差异(譬如,这有可能部分解释了为什么英国是第三大最不公平的国家,因为在那些受益于以及未受益于大众化高中教育的不同群体之间,可能存在很大的群体差异,而英国出现大众化高中教育的时间要晚于很多国家)。使用整个成人样本的数据并不能让我们对综合学校教育的影响了解多少,因为在每个国家,大部分样本接受教育时,学校实行的都是选拔性

121

制度。

我们可以看看各个国家特定年龄组在综合改革之前和之后的数据。图 5.1 显示，在大多数国家，与 26—35 岁年龄组（这些人在 20 世纪 80 年代接受教育）的人相比，（按照标准方差衡量）散文读写能力的分布在 46—55 岁年龄组（这些人在 20 世纪 50 年代和 60 年代早期接受教育）中更为不平等。这可能反映了这些国家不断增长的教育结果平等。另一方面，瑞典、德国和瑞士在更为年轻的一组中显示出了更多的不平等，而英国则几乎没有差异。国家趋势各异，但不管如何，调查程序大大减少了样本数量，从而降低了可靠性。然而，基于 15 岁学生受测技能的 PISA 数据能够更好地指导学校体制所产生的影响。

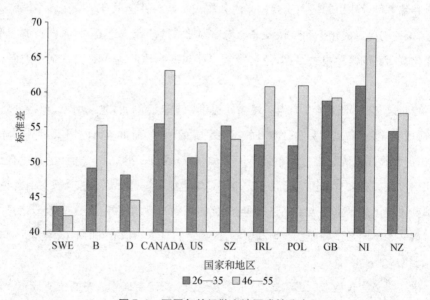

图 5.1　不同年龄组散文读写成绩分布

OECD 在 32 个国家中针对 15 岁学生的阅读、数学和基本科学技能所进行的 PISA 调查，提供了最新证据，证明了不同义务教育体制对学生表现所产生的平等结果或不平等结果会有多么不同。OECD 提供了每个国家受测学生在三个领域内第 5 和第 95 百分位之间的成绩标准方差（关于组合阅读素养量表，参见 OECD 2001a：表 2.3a，第 253 页；关于数学素养量表，参见表 3.1，第 259 页；关于科学素养量表，参见表 3.3，第 261 页）。数据显示，各国的确在 15 岁受测人员中的技能分布广泛程度方面存在很大差异。例如,在国际成就方面成绩排名倒数第六的日本学生比排名前六的学生低 42 分;而在德国,这两组之间的差距则是 120 分(OECD 2001a,第 189 页)。不同国家在教育平等不同量度上的相对位置,同样具有非常规律的模式。

对技能分散进行基础标准方差衡量(对在阅读素养、数学素养和科学素养三个方面所进行的三个测试的标准方差进行平均处理),我们发现,在 23 个发达国家样本中,(按降序排列)最不平等的是比利时、德国、新西兰、美国和瑞士(英国紧随其后)。(按降序排列)最平等的国家是韩国、芬兰、日本、冰岛、加拿大和爱尔兰。瑞典在最公平的国家中排名第十,丹麦排名第十四(见 OECD 2001a,表 2.3a—3.3)。值得注意的是,所有最平等的国家在初级中学阶段都实行综合教育制度。在那些最不平等的国家里,有三个国家实行选拔式中等教育制度,有两个国家(美国和新西兰)则实行高度市场化的综合教育制度,后者对择校的强调大大削弱了非选拔性的原则(Lauder 等,1999)。

另一个不平等的量度建立在通过社会继承(综合了父母的财富、职业、教育和文化资本)的力量来决定教育结果,该量度展示了一种类似的国家分类模式。受社会继承影响最大的发达国家有:德国、瑞士、英国、美国、比利时、法国、澳大利亚和新西兰。受其影响最小的国家有:韩国、日本、冰岛、西班牙和瑞典。丹麦、芬兰和挪威又一次排在了后半偏中间部分(OECD,表 8.1)。国家分组再一次出现了类似情况。东亚和北欧国家在教育更为平等的国家中占据统治地位。盎格鲁-撒克逊国家和靠近德国的地区倾向于最不平等的一端。在不平等组群内,十个教育制度中有五个在中等教育阶段是选拔式的,四个是高度市场化的综合制度。所有更为平等的国家实施的都是综合教育制度。

将社会继承综合体分解为父母财富和职业的独立影响后,该模式同样不变。父母财富对教育结果影响最大的国家是美国、卢森堡、新西兰、葡萄牙和德国,影响最小的国家是荷兰、日本、芬兰、意大利和挪威。父母职业地位对教育结果影响最大的国家是德国、瑞士、卢森堡、葡萄牙、英国和比利时,影响最小的国家是韩国、芬兰、加拿大和意大利。此处,该模式中最主要的变化是,根据父母财富进行度量,挪威比用以前的方式度量更为靠近平等的一端,葡萄牙按照上述两种度量方式进行衡量,都属于更加不平等的一组,而根据以前的各个量度衡量,这两个国家都靠近中端。区域聚集现象仍然很明显。

123

当我们分析学校混合招生对各校成就变化的影响时，区域模式另一个有趣的方面凸显了出来。根据 OECD 的分析，从国际上来看，按照父母职业、财富和"文化资本"的平均水平进行度量的学校地位对个体学生的表现影响很大，在很多国家中甚至比学生的个人背景特征影响更大（OECD 2001a；第 210 页）。然而，学校混合招生对讲英语的国家校际间学生成绩差异的影响比其他任何地方都大得多。就所有经合组织国家而言，学校地位解释了校际间学生平均成绩（对综合素养的衡量）差异的 34%，而在讲英语的国家学校地位的影响则更大：在澳大利亚可以解释 64% 的校际差异，爱尔兰为59%，新西兰为 70%，美国为 61%，英国为 61%（OECD 2001a，第 197 页）。在日本和韩国，学校地位对校际间学生成绩差异的影响低得多（分别可以解释校际差异的 11%和 17%）。在斯堪的纳维亚国家中，招生的影响同样较低，但瑞典是一个例外，该国校际间的学生成绩差异在任何情况下都非常低。

OECD（2002）第二份关于 PISA 的报告更详细地审视了学校层面因素对学生在测试中所取得的成绩的影响。他们计算出一个班内相关系数，作为每个国家在学校层面读写能力成绩总方差的一个量度。该系数等于校际方差和校内方差之和除以校际方差，0 代表所有学校学业成绩方法都一样，1 代表所有学校在方法上不同但学校内部所有学生的成绩相同。他们对每个国家进行了分析，分析结果显示，芬兰、冰岛、挪威和瑞典这些国家的班内相关性低于 0.15（即学校占学生间成绩不到 15% 的总方差）。丹麦稍微高一点，为 0.19。另一方面，很显著的是，英语国家的班内相关性位于0.15 和0.3 之间（美国-0.29、英国-0.22、澳大利亚-0.18、爱尔兰-0.18、新西兰-0.16）。然而，校际方差最大的是德语国家和与之临近的国家（奥地利-0.60、比利时-0.60、德国-0.59、瑞士-0.43、卢森堡-0.31、荷兰-0.50）。南欧国家的结果相当多样，没有显示出明显的区域模式，西班牙校际差异很小，而意大利则相当大（OECD 2002，第148—150 页）。

OECD 得出的结论是，学校招生中社会隔离如果较大，那么就会增加教育不平等；而增加新生的异质性、缩小校际差异，则会降低教育不平等（OECD 2000，第 201 页）。与大多数英语国家和德语国家相比，北欧和东亚国家似乎在学校新生的社会隔离方面程度要低得多，而且新生差异对校际不平等的影响也低得多。因为学生表现总体方差的 36% 可归因于校际方差，所以这大大降低了教育结果总体不平等的水平。

区域集群当然不完美,但上述模式表明,就教育不平等而言,存在很强的区域/历史渊源。北欧和东亚国家形成了两个轮廓明显的区域群,这两个群体的教育不平等水平相对较低。英语国家(在某种程度上而言不包括爱尔兰和双语的加拿大)形成了另一个群体,该群体教育不平等水平较高。第三个群体不平等水平很高,包括一些德语国家和其他地理位置上靠近德国、有可能在一定程度上受到德国影响的多语国家,但荷兰是否属于这个群体却并不明确。第四个群体包括法国和地中海国家。就不平等水平而言,这些国家与其他国家相比,似乎处于中间位置。显然,每个群体内的国家在社会政治特征方面具有很多共同点,这可能部分解释了为什么这些国家在教育平等水平上具有诸多共性。然而,教育制度特征同样存在区域模式,很难下结论说这些模式没有产生作用。

参照教育制度共同的区域特征,我们如何能够解释结果不平等显著的地域差异呢？东亚和北欧国家的正面案例提供了一个良好的开端。

东亚的综合学校教育

长期以来,日本都以教育结果平等而闻名。Merry White(1987)及 Ronald Dore 和 Mari Sako(1989)的研究均强调了日本学校在鼓励大多数孩子努力进取以及保持相对较低的成绩差异性方面所取得的成功。William Cummings 的研究主要集中在 20 世纪 60 年代的日本小学,他将自己的主要著作命名为《日本的教育和平等》,书中声称"日本认知技能的分布可能比当代任何一个社会都更为平等"(1980,第 6 页)。即便是为英国政府所做的官方研究也经常注意到这个特征,尽管该研究对国际报告的内容常常不持强烈赞成态度。英国教育部(DFE)在名为《日本小学的教与学》(DFE/Scottish Office 1992,第 19 页)的报告中得出如下结论:"在日本小学教育中一个普遍又有力的假设是：所有孩子都能够学习和理解课程设定的内容,前提是他们认真学习并得到家庭、同学和老师足够的支持(尽管值得注意的是,日本的一些学者认为,在小学教育的最后一年中有近三分之一的日本学生跟不上课程教学)。"(Ichikawa 1989)

这种对高平均标准和教育成果相对公平的普遍看法已得到国际教育成就评估

（IEA）调查的多次确认。在 IEA 对 19 个国家科学素养的调查中（Coomber 和 Reeves 1973），日本 11 岁和 14 岁的儿童平均成绩最高且个体间差异最小。20 世纪 80 年代中期所进行的第二次科学调查发现，日本 14 岁学生的平均成绩仍然高居第二名且校际间差异最小（IEA1988）。正如人们所料，日本高年级的成绩差距更大，但该证据确实证实了外界频繁的观察结果，即与许多国家相比，日本在义务教育阶段的确达到了相对平等的教育结果（Ichikawa 1989）[1]。

日本在学校教育方面之所以取得相对平等的成就，是因为一系列相当具体的社会因素和教育因素共同作用的结果，其中一些因素可以追溯到现代化早期，但大多数因素显然是战后现象。

在日本社会，学习一直受到很高的尊重，部分是因为儒家传统重视学习，部分是因为除学校以外，其他公共社交机构相对贫乏。在前工业化的德川时期，教育在日本极为普遍；学校既是学习儒家学说的地方，也是孩子受教育和社交的场所，因此集两种功能于一体，而在西方这两种功能则是由学校和教堂分担（Dore 1997，1982；Passim 1965）。1868 年明治维新后的经济和社会现代化更进一步突出了教育。在明治改革者们所策划的由国家主导的一致的国家建构过程中，学校成了意识形态统一和现代化的基本工具。同时，学校被要求生产对日本新兴的工业化进程至关重要的知识和技能。和后来所有的后发国家一样，日本的经济发展尤其依赖教育，因为经济发展依赖的正是向他国学习的能力（Dore 1997）。因此，自 1872 年开始，公共教育系统已被看作实现公民形成和人力资本形成这两个国家目标的关键机构（Green 1997，1999）。仅此一点就可以确保公共教育系统极为强调广泛性和包容性，截至 1910 年以前快速增长的小学全员入学率和相对混合的招生便证实了这一点（Dore 1997；Passim 1965）。然而，与阶级形成相关的其他历史社会因素也共同促进了日本对教育平等的重视。

现代化实际上消灭了日本社会旧的精英阶层，而在像德国和英国这样的国家，现代化却没有做到这一点。战后的日本变成了社会阶层分化较小的发达社会之一：尽管日本在性别上和经济部门呈垂直分工，但日本劳动力市场上的收入分配差距小于其他任何发达国家（尽管目前这一差距在不断扩大）（Perkin 1996）。因此，在历史上，国家建构、旧的精英阶层和社会流动的非教育渠道的缺失，以及经济和文化的相对同质性，这些因素结合在一起，造就了一个有利于教育平等的环境。

　　然而，只有在二战后的这段时期，才出现了有利于平等的具有特定机构特征的教育制度。其中最重要的是创建了 6－3－3 小学、初中和高中公共教育制度。该制度最初是战后由日本占领国美国所提出的，随后为渴望迎接新的民主教育的日本国民所欣然接受。该制度被设想为一个完全综合性的教育制度，而且因此而得到了颇具影响力的教师工会 Nikkyoso 的大力支持。然而，这个制度从未在顶端得到完全实现，因为二战后的需求不断增长，在此压力下，高中教育迅速变为了选拔式教育和专门化教育。不过，公立小学和公立初中仍然是非选拔式的，并且是以社区为基础的，从而为所有阶层的孩子提供了相对平等的受教育机会。

　　其他制度因素在促进平等教育机会方面也很重要。集中控制已被用来均衡不同学校之间的资金，正如不同学校之间实行频繁的教师和校长轮动，以确保人力资源配置在其他关键地区的连贯。义务教育阶段实行混合能力编班和自动升级强化了每个年龄组群儿童学校体验和标准的一致性(Ichikawa 1989)。这种一致性通过集中调控课程、评估方法和教材得到了进一步强化，所有这些都由教育部严格规定，方法是为每个年级制定详细的学习课程，并且教师会严格执行这些要求。

　　最后一点但却同样重要的是，有一种源于日本主流观点的强大的均衡力量，认为成就在很大程度上源于努力而不是天赋(Takeuchi 1991)。这一观点在公立学校教师中广泛流行(White 1987)，而且似乎也对孩子产生了影响。Susan Holloway(1988)研究了学龄儿童的能力和努力的概念，对其研究进行综述，就会发现日本儿童比美国儿童更倾向于把成功和失败归因于自己努力的程度而非能力的大小。传统上，日本儿童不仅被鼓励要相信只要自己足够努力就一定能做好，而且也被鼓励在这个过程中要互相帮助，所以小组任务中完成快的通常会帮助完成慢的，而小组任务是按小组表现，而非按照个人的表现进行评估(White 1987)。

　　尽管除了已经关注到的韩国的 PISA 数据外，关于中国台湾和韩国的结果平等的英文数据较少，但如果韩国和中国台湾在教育平等方面显示出类似日本的特征，这一点也不令人感到惊讶。韩国和中国台湾都经历了长期的日本占领，在此期间，它们的学校制度也大都按照日本模式进行了重建。韩国独立和中国台湾回归中国版图之后，其学校改革深受美国模式之影响，恰如 20 世纪 50 年代中期的日本。此外，它们，尤其是韩国，其教育改革以日本为榜样(Brown, Green 和 Lauder 2001)。东亚四小龙的另

128

外两个,即新加坡和中国香港地区,则更多地受英国殖民遗产的影响,在教育模式上与英国而非与日本更为相近。因此,它们所设计的结果平等的结构与韩国和中国台湾的模式不同是不足为奇的。日本、韩国和中国台湾在小学、初中和高中阶段都遵循美国模式,实行 6 - 3 - 3 体制。它们也在公立初中阶段采用了一种不按能力分班的学区综合学校制度,尽管在日本和韩国还存在一个分层更多的私立夜间应试教育学校(日本的这种学校名叫 Juku)。这些共有的特征无疑在某种程度上解释了为什么日本、韩国和中国台湾均存在高水平的教育平等性(尽管在中国台湾,只在高中教育阶段近似普遍化),但也有其他一些此处不能探讨的重要的社会和文化特征,它们可能有助于解释这种明显的教育渊源。

无论如何,这三个东亚国家和地区似乎在历史和教育体制的结构上具有很多共性,足以证明它们某种程度上代表了东亚的主流模式,而且这个模式对教育平等非常有利,尽管新加坡和中国香港地区的模式不可避免地与这三个国家和地区有所分离。这些国家和地区目前的改革有可能正在损害这一模式(Green 1997),但在 2000 年 PISA 首次调查所涵盖的年份内,这些国家和地区还尚未在改革方面走得过远,研究数据中所展现出来的平等效果也没有被逐步削弱。

北欧模式

在某些方面,北欧国家提供了一个甚至更有说服力的、有利于平等结果的义务教育区域性模式。所有北欧国家,包括丹麦、芬兰、挪威、瑞典和冰岛,都具有相同的基本制度结构。这包括在小学—初中一贯制、非选拔性的综合学校中的混合能力班中实行九年或十年制义务教育。和东亚地区相反,北欧国家选拔性的私立教育部分均相对较弱,譬如,丹麦 89% 的儿童在公立学校就读。这里的"私立"学校和斯堪的纳维亚其他地方一样,在很大程度上由国家资助(丹麦是 80%—85%),因此也在很大程度上由国家所控制(Wiborg 2004a,2004b)。在大多数北欧国家,中学是有区别的(瑞典是个例外,它拥有综合性的学术/职业文科中学),但在所有这些国家中,高中教育的入学率接近百分之百。丹麦和瑞典引入了择校,但择校在中等教育中的特点是有限的,因为大多数儿童是在其最初入学的小学和中学就读的,因此,择校的影响主要局限在主要的城市地区。增加私立学校数量的措施在北欧所有国家中均未有显著扩大(OECD 1994;Green,Wolf 和 Leney 1999)。

所有北欧国家都拥有一种非常平等的教育结构,各种形式的选拔都延迟到高中阶段进行。我们拥有数据的所有北欧国家,它们在教育结果方面也都类似,不平等水平相对较低,这不可能仅是一个巧合。其他社会因素也会有助于形成这一共同的区域现象,但很有可能它们是通过教育而产生影响的。

为什么这个非常典型的共同区域模式会出现在北欧国家?19 世纪存在很多先决条件,有助于线性教育阶梯早期的引进。与之相对的是平行教育制度,该制度流行于其他一些欧洲国家,如英国、法国和德国,一直持续到了 20 世纪中叶。斯堪的纳维亚国家享有共同的路德宗教遗产,这有利于识字的普及。此外,这些国家也较早(19 世纪早期)引入了国家对教育的监管,因此为后来的系统改革奠定了基础(Skovgaard-Petersen 1976;Sjöstrand 1965;Dokka 1967)。然而,欧洲的其他一些国家,如德国各州,共享主流的新教传统。它们也发展出了早期的国家教育制度,但与斯堪的纳维亚国家相比,它们在打破其为不同群体所实行的小学和中学精英平行教育制度方面却慢得多。

斯堪的纳维亚国家有三个明显的优势。首先,当国家教育制度最初发展时,隶属于政治制度,由于悠久的历史传统,政治制度已经发展成了大众民主的重要组成成分(Boli 1989)。其次,斯堪的纳维亚国家的社会阶级制度特别有利于民粹主义政治,因为它们将相对较弱的土地所有者和资产阶级与强大的独立农民阶层联系在了一起,这些独立农民能够和工业区新兴的较小的工人阶级形成联盟(Anderson 1994;Isling 1984;Esping-Andersen 1985)。最后,这些地区大多是农业社会,人口相对分散,为实行共同教育提供了现实意义。

这些因素结合在一起,使统一的单一教育阶梯早期能够在丹麦、挪威和瑞典得到发展。土地所有者和资产阶级人数的相对较少的弱点以及由此而导致的政治上的弱点,意味着传统拉丁学校中的社会代表性与其他国家相比较少倾向上层社会,从而使这些学校更易与小学进行合并。此外,为拉丁学校游说的上层阶级在政治上相对弱势,这意味着他们比其他国家的上层阶级更难保卫自己的精英地位。因此,强大的独

130

立农民的利益是推动自由党在 19 世纪后几十年中逐步将初中课堂从精英拉丁学校转移到新兴中学的主要力量,这些新兴中学当时提供单一的教育阶梯,学生可以直接从小学升入高中。这种状况首先在挪威(1869 年)出现,稍后在丹麦(1903 年)和瑞典(1905 年)出现。丹麦和瑞典与挪威不同,后者均拥有两院制议会,允许土地所有者出于自己的利益在上议院将改革阻碍了一段时间[2]。

改革的第二波主要浪潮发生在这些国家的社会民主政府之中,主要始于第二次世界大战之后。正如 Esping-Andersen(1985)认为,20 世纪 30 年代以来,社会民主党一直在北欧国家拥有极大的影响力。这部分是由于其强大的组织机构,部分是由于其能够在产业工人阶层、小农和部分中产阶层之间构建政治联盟。这些社会民主党派往往与自由党形成同盟,在 20 世纪中叶的几十年中推行了特别激进的学校制度综合化。1936 年,挪威取消了中学,逐步将其与小学融合,到 1969 年创建了一个九年一贯制的综合学校。丹麦在 1958 年取消了中学,并在 1975 年完成了向九年制综合学校制度的转变。经过 20 世纪 50 年代的广泛实验,瑞典于 1962 年引进了九年制综合学校制度,并于 1969 年后开始整合高中。这三个国家都逐步消除了按能力分班和为学生设置所有科目,因此它们的综合学校现在几乎完全是混合能力教育。

北欧的义务教育模式与东亚模式具有一个关键的共同特色,即两个模式均拥有有利于平等的混合能力综合学校。但此外,北欧模式还将小学和初中教育融入一所学校进行。这可能会更有利于减少不平等,因为它消除了初中入学阶段的择校现象,除非在转校这种特殊情况下(学生所在的家庭通常会搬家)。此外,与东亚模式不同,北欧模式还拥有几乎无所不包的国家部门,因此这一模式几乎被普及到了整个义务教育阶段。斯堪的纳维亚国家,或更为宽泛地称为北欧国家(非斯堪的纳维亚的北欧国家与其他国家具有相似的结构特征,尽管我们在这里没有进行展示)采用了一种特别激进的综合学校教育形式,这可能在一定程度上解释了为什么它们在 IALS 和 PISA 研究中具有相对平等的结果。

根据我们的教育结果数据,平等制度较差的国家包括德语国家、部分英语国家和地中海国家。我们如何能够解释这些国家在降低教育不平等方面相对较差的表现呢?

日耳曼地区的模式

"日耳曼"模式或许是开始讨论的最佳点,因为该模式中的国家都具有非常相似的教育制度结构,而且在这些国家中,15 岁学生中的教育不平等水平均相当之高。

奥地利、比利时、德国、卢森堡、瑞士(德语区域),可以说还有荷兰,是西欧唯一保留选拔式中学制度的国家。这主要是基于德国模式,该模式在儿童 11 或 12 岁时根据能力不同将其分配到不同类型的学校就读。的确,孩子父母在小学结束时的择校介绍中的确可以选择让孩子去哪所学校,但经过一段时间后,如果学生的表现不符合所选学校的学业标准,就会被重新分配到其他学校就读,所以这种体制可以根据学生能力有效地将学生分配到不同类型的学校。在德国,每种类型学校的比例随着时间的推移而发生变化,但 20 世纪 80 年代末,联邦德国 25% 的 14 岁学生在低水平的普通中学(5—9/10 年级)就读,而 55% 就读于学术性学校或更以职业为导向的高中、文理中学(5—13 年级)和实科中学(5—10 年级或 7—10 年级)(Leschinsky 和 Mayer 1999;第 24 页)。在一些国家,还有一些名义上的综合学校与选拔制度共存,但在 1997/8 年度,统一后的联邦德国只有 9% 的 7 年级儿童入读这些学校。新成立的德国抛弃了原德意志民主共和国的综合教育模式(与综合理工中学),采用了联邦德国传统的选拔性体制,尽管在一些情况下将低水平的普通中学并入了一个单一的学校(例如在萨克森、图林根和萨克森安哈尔特)(Pritchard 1999)。因此,德国可以说在除柏林外的所有州均保留了选拔性体制,而在柏林目前的确是综合学校占据主导地位。上面提到的其他国家都有类似的体制,尽管瑞士只在德语区实行此种体制。

为什么在所有西欧国家中,只有德国以及其他在地理上和文化上与之接近的国家保留了选拔制度?尽管在 20 世纪 70 年代德国曾做过多次尝试,试图改革这种制度,但这种情况一直以来是教育研究者感到有些神秘的地方。当然,大多数相关国家的改革努力受到了联邦制度的束缚,换言之,在联邦制下,各区域牢牢控制本区域的学校教育,所以全国范围内的改革很难推行。然而,在德国之外的其他国家,对区域教育的控制要弱得多,所以这似乎并没有提供一个令人满意的答案。比较逻辑表明,考察这些国家所共有的那些独特的社会特征才能找到原因。

德国、奥地利、比利时、瑞士和荷兰都保留了强大的学徒制度和选拔式学校制度。这两个各具特色的制度似乎相互关联而且两者的原因部分重叠。传统上,学徒制为最不受欢迎的学校(指德国的普通中学)的毕业生们提供了可以接受的发展路线和就业机会,而没有强大学徒制的国家通常无法为毕业生提供这些(Green,Wolf 和 Leney 1999)。这可以解释为什么取消低地位学校的压力,尤其是来自把孩子托付给学校的中产阶级父母的压力,在这些国家还没有达到像其他国家那样的程度,在其他国家中,政府被迫做出让步,承认在小学最后阶段按能力选拔是不为社会所接受的。因此,我们需要确认,是什么共同条件使得这些国家既保留了选拔式学校制度又保留了强大的学徒制度。

无疑,这种情况的形成,有各种因素在起作用。首先,仍然实行选拔式制度的大多数国家都受到德国语言和文化的影响,尤其是受到了与德国民族文化公民模式相关的文化特殊论和差异主义的影响(Brubaker 1992;McLean 1990)。可以说,这鼓励了不同形式的学校教育。但与此同时,诸如奥地利、德国和瑞士这样的新社团主义国家保留了强大的手工传统,工会化程度高,社会伙伴关系明显稳健,这使技术工人的特权地位在整个劳动力中得到广泛普及,从而巩固了"生产能力平等"的概念(Streeck 1997),并有利于收入平等。技术工人在职业上相对平等,这使把年轻人进行分类教育,从而引导他们进入不同职业的学校体制具有了合法性,但每个教育类别都保留了自己的身份、地位和社会价值(OSA 1994;Streeck 1997;Brown 1997)。在其他国家,因为更具普遍主义的文化传统、更为弱小的手工传统,以及体力劳动者和初级白领更为低下的职业地位,选拔性组织的这种合法性不具可持续性,因此会进行综合化改革。

强大的学徒制度能够生存下来,还有赖于劳动力市场组织更为具体的特征以及与社会伙伴关系相关的规则。德国以及较小程度上的其他国家拥有强大的职业劳动力市场和一定程度的劳动力市场调节,使公司可以提供学徒培训,而不用承担过高的成本,这也使公司间的流动成为可能(Marsden 和 Ryan 1985)。关于技术性工作的部门薪酬协议降低了挖走已受训员工的风险,因此也增加了雇主投资培训的动力(CEDEFOP 1987;Brown,Green 和 Lauder 2001)[3]。在中央政府监管的强有力框架内,劳动力市场关系中的社会伙伴关系已被证明对强大的学徒制的生存不可或缺,不具备这些的国家都没有保留住学徒制,尽管很多国家,如英国,曾经做过这方面的尝试。

在德语区,这些共同的区域特征无疑为选拔性中等教育体制和与之相关联的学徒制提供了大部分解释。PISA 研究中 15 岁人群中的结果差异巨大,选拔性教育体制肯定是重要原因。然而,令人感到费解的是,学徒制度可能会被看作是使导致不平等产生的学校制度合法化的原因,但它或许后来又造成了自己影响的减弱。根据 PISA 调查,德国是 15 岁人群中结果最不平等的国家之一,但根据 IALS 调查,它也是成人和技术最平等的国家之一。通过学徒制早日普及高中教育可能会对减少群体内差异产生的影响。然而,在双重体制内,也有可能那些学业欠佳的年轻人在普通中学所接受的三到四年的继续教育,尤其是在职业学校所学的数学和德语课程,大大提高了他们的基本技能,从而使德国成年人的技能差异不如原来那么大[4]。

地中海国家

尽管法国和地中海国家均拥有拿破仑留下的遗产,即中央集权和百科全书式课程(McLean 1990),但它们的教育制度显然多种多样,不能被视为同一模式。因此,地中海国家 PISA 不平等的测量结果相当多样化就不足为奇了。然而,在大多数情况下,它们的确似乎占据了可能与某些常见的学校制度特征相关的中间位置。

过去四十年来,地中海各国在初中阶段均采用了综合教育制度——尽管有些地中海国家,如希腊和西班牙,相对而言只是在最近才在初中阶段采用了综合教育制度。此外,所有这些国家都在高中阶段有了制度上的差异[5]。在初中阶段,地中海各国的特征是采用留级制度,即远远落后于班级平均标准的学生将被迫留级一年。通常而言,之所以采取留级制度,是因为与按能力对学生分级不同,留级制度强化了所有学生都必须达到相同标准的概念,允许学差生花费更多的时间来达到这一标准。留级制度是否具有潜在的教育结果均衡作用,抑或只是简单地给孩子们贴上失败的标签,这一点备受争议。然而,另外一个事实是:大多数地中海国家保留了开设核心科目领域课程这种形式。

比如,在法国,自 1978 年哈比改革以来,按能力分级被逐步正式取消。然而,校长

135

仍然有足够自由权根据学生的能力组织班级。据研究,约有 40％的学校在这样做,以使课堂更加同质,更容易教学。Duru-Bellat 和 Mingat(1999)的研究表明,在法国,学差生在混合能力班级中的收获要大于该班中学优生的损失。尽管学优生在混合班级中相对而言没有什么损失,但中产阶级的父母更有可能会推动按学生能力进行分级。除了持续分级之外,法国和其他一些南欧国家也引进了一些温和的择校政策。在法国,择校受到严格控制,审查家长择校的地区委员会一旦发现这种择校行为会损害整体的学校招生,必会拒绝批准这些择校,因为从某个特定学校退学会损害学校的质量(OECD 1994;Green,Wolf 和 Leney 1999)。然而,Trancart(1993,为 Duru-Bellat 和 Mingat 所引用 1999,第 99 页)的研究确实表明,即便是这种有限的择校也已经扩大了学校之间在入学和平均成绩水平上的差距。

136　　地中海国家没有一个单一的综合学校教育模式,人们也不会期望它们在结果平等水平方面表现为一个群体。然而,这些国家的综合教育模式内部分化严重,通过留级和核心科目领域课程的开设,人们期望它们能达到中等水平的平等,而且平等水平要远低于东亚和北欧。事实上,就 PISA 数据来看,大多数地中海国家的平等水平都下降了。

主要讲英语的国家的制度

讲英语的国家的制度同样非常多样化,即便是按照最宽泛的标准也很难将其归为一个单一模式。然而,这些不平等结果更为突出的国家,即美国、英国和新西兰,它们的制度存在明显的相似性。这些国家在名义上都实行综合化学校制度,但它们的学校教育综合化在某些方面还极不完整,而且现在由于分流教育、核心领域课程设置、择校和多样化政策而正被大大削弱(Whitty,Power 和 Halpin 1998)。美国持续存在大量私立学校,各州甚至各学区之间在课程、学校结构及财力水平方面差异巨大,这些通常严重破坏了其综合学校教育的平等(Carnoy 1993;Winkler 1993)。美国不仅从来没有一个全国性的综合课程,也从来没有一个全国性的综合学校结构。

英国可以说也是如此,该国的四个组成部分实行四种截然不同的教育制度。总体而言,苏格兰的教育结构更为一致,但英格兰和威尔士从来没有一个单一的全国性综合教育模式。10/65号通告要求地方教育局发展综合教育制度,但根据1988年以前典型的自愿性教育立法模式,地方教育局可自由选择不同的模式,而且他们也的的确确是这样做的,他们大多数选择的是将中学(11—16岁)和一贯制综合中学(11—18岁)结合一体的综合性学校。这就使拥有六年级的学校和没有六年级的学校之间产生了巨大的不平等,因为第六学级成为了优质教育的主要特征。那些保留了部分文法学校的地区又产生了其他分化。可以说,直到1988年,英格兰和威尔士才完成了综合改革,当时出现了第一个全国性课程,而且单一的初中教育考试——普通中等教育证书考试——开始实行。然而,和美国一样,当时英格兰和威尔士(较小程度上也包括苏格兰)将市场竞争模式引入到了教育系统,这个新的举措将以新的方式削弱学校系统综合化的性质。

137

在新西兰、英国和美国,学校多元化和择校政策已经严重削弱了综合化的非选拔性原则,尽管在英国它们产生了多样化的效果,譬如,苏格兰和英格兰的不同制度就产生了不同效果。现在,在这些国家,许多综合性学校都依法或违法地选择入学新生,而且国家政策也积极鼓励扩大学校之间的差异化。据估计,在英格兰和威尔士,仅有40%的儿童进入到了真正的非选拔性学校(Benn和Chitty 2004)。新西兰的学校也同样如此(Lauder, Hughes和Watson 1999)。考虑到这些国家学校教育综合化最初就不完整,以及随后在教育中引进准市场对综合教育的破坏,因此,虽然这些国家的教育制度在名义上是综合化的,但在PISA研究中却显示出了高度的教育结果不平等,在IALS研究中显示出了广泛的成人技能分布,也就不足为奇了。

结语

在这里,我们并未试图就哪些是平衡各国教育机会的重要因素进行严格的统计测试,尽管这样做也没有什么问题。然而,比较逻辑表明,那些教育结果平等的国家的教育制度具有一些相关的共同特征,而不具备这些特征的国家则教育结果不平等,我们可能据此可以确定关键机制。这种方法所存在的问题始终是:可能有许多特征在"正面"案例中存在,而在"反面"案例中则缺失,包括我们没有观察到的一些特征(Ragin 1981)。然而,在上面的分析中,我们可以看到一些与之不同的情况。

经济平等(收入差异低)为最佳解释变量,这一说法可能是合理的。当然,上述样本中具有较高教育平等水平的国家同样是收入不平等水平较低的国家(见第六章),这可能为更大的教育平等提供了部分解释。然而,这种相关性并不总是成立。例如,德国是欧洲收入最平等的国家之一(Perkin 1996),但在学校教育层面却并非如此。如果我们承认大多数情况下存在联系——并且研究一再表明,各国的收入分配和技能分配高度相关(Nickell 和 Layard 1998, Green, Preston 和 Sabates 2001)——那么这并不排除教育的影响,因为收入的影响至少部分可能通过教育结构而产生,并受到教育结构的协调。收入极不平等的国家可能会产生割裂的教育制度,因为购买力更强的人会进行游说,获得购买更好学校教育的机会,如进入私立学校或选择更好的学校。

同样,我们可能会认为,具有高度社会凝聚力的国家更有可能产生教育平等。由于社会团结是社会民主政府,尤其是斯堪的纳维亚半岛的中心主题,这个看法与北欧国家的教育结果相吻合。也可以说与日本很吻合,日本的传统文化高度重视群体或集体,以家元(类似家庭)作为基本组织原则(Perkin 1996)。然而,这个看法并不太适用于诸如韩国这样的国家,韩国的民主制度最近才刚刚成熟,而且自去殖民化以来长期存在激烈的阶级冲突。此外,如果在某些案例中,社会凝聚力和社会团结是一个解释因素的话,那么这无疑是通过教育而实现的。研究再一次表明,正如我们在第一章所展示的那样,各国的社会凝聚力综合水平和教育平等水平存在很高的相关性。团结性的意识形态很可能是实现平等主义教育改革的一个必要前提。

就教育制度的各个因素而言,更为平等的国家都拥有与激进的综合教育相关联的典型的结构和过程,包括非选拔性学校、混合能力班级、后期学科专业化和均衡各校资源的措施,而这些是那些平等程度较低的国家所没有的。这些特征毫无疑问应该有助于降低教育不平等。大约三十年前,伟大的法国社会学家 Raymond Boudon 在其著名的关于学校教育中的社会再现的"定位理论"中就对此给出了最有说服力的解释(Boudon 1974)。

不同社会群体所取得的教育成就不平等,部分是因为不同社会背景的孩子所获得的学习优势不平等。这是 Bourdieu 和文化资本理论的标准观点(Bourdieu 1980)。来自受教育程度较高和文化资本较高家庭的孩子已经获得了更多的文化"习性"以及学校制度所要求的语言规范。这些孩子可能更为自信,具有更大的抱负,而且可以得到父母的帮助,了解如何在学校制度中更好地生存发展。但学校结构也会产生影响。

　　来自不太富裕家庭的孩子不但拥有较少能使他们易于取得成就的家庭优势,而且他们更可能在教育方面做出一些选择,使自己不太可能取得成就。他们在社会结构中所处的位置影响他们做出选择的逻辑(理性的和非理性的),而且与具有相似能力的中产阶级家庭的孩子相比,他们的选择更可能体现了较小的学术抱负。在追求非学术的道路上,中产阶级家庭的孩子比工人阶级家庭的孩子失去的可能更多,这会导致其阶层下滑,而工人阶级家庭的孩子选择非学术道路更大的可能则是保持原来的阶层。不管认知能力如何,家庭背景不太好的孩子在选择长期的学术道路时将会面临更大的定位风险,不仅是因为他们害怕失败,而且还因为他们担心成功可能需要付出高昂的成本。这些成本可能包括推迟赚钱和负债上升,而归根到底则是文化错位所导致的情绪紧张,因为学术上的成功会改变他们最初的阶层。例如,在对法国 1990 年初中阶段末期分流情况的分析中,Duru-Bellat 和 Mingat 很好地阐释了这种情况。他们调查了学生过渡到不同类型公立中学的情况,调查结果显示,尽管在向上或向下分层过渡中出现的阶层差异有 25％可归因于能力的不同,但另外 25％则来自父母与子女所做出的与学业成就无关的选择(Duru-Bellat 和 Mingat 1999)。

　　就这些由定位选择所引发的社会阶层影响而言,教育制度并非处于中立地位。正如 Boudon(1974)正确地指出的那样,提供更多、更早"分支点"的教育制度为社会阶层差异提供了更多的机会,这些机会通过学生早期的教育职业选择而彰显,并会影响他们后来所取得的成就。在本研究中,东亚国家和北欧国家表现出了较低的不平等水平,这些国家均拥有将所有分支点的意义都最小化的教育制度。这些国家限制择校(北欧国家在初中阶段除了转学者外根本不存在择校)、尽量减少班级间的差异、在义务教育结束之前根本没有任何单独可供选择的轨道。分支愈少,不平等程度愈小。

　　在当今时代,限制教育选择绝对不是非常流行。然而,研究似乎仍然表明,这是降低不平等最有效的方法。PISA 为此提供了迄今为止最为有力的证据。随着多年来的反复调查,通过在不同时间所进行的更为严格的测试,这些调查结果可能会导致对教育不平等综合化所产生的影响的一次重要的学术性再评估,给予其倡导者的主张更多的信任。如果研究最终的确得出这个结论的话，那么在综合制度在很多国家中正被系统废除的时刻，这极具讽刺意味。但这并非是第一次具有后见之明的智慧。正如黑格尔曾说：密涅瓦的猫头鹰，要等到黄昏到来时才会起飞。（译者注：密涅瓦是古罗马神话中的智慧女神——雅典娜。所以，栖落在她身上的猫头鹰成了智慧和理性的象征。黑格尔用"密涅瓦的猫头鹰在黄昏中起飞"来比喻哲学思考。在黑格尔看来，哲学的思辨之光就像密涅瓦的猫头鹰一样，它不是在晨曦中迎旭日而飞，也不是在午后的蓝天白云间自由地飞翔，而只是在黄昏降临的时候才悄然起飞。这个比喻喻指通过反思才能认识事物的本质。）

第六章

终身学习的模式及"知识社会"：
通过教育增强竞争力、提升社会凝聚力

　　在有关政策的辩论中，终身学习常被看作国家经济竞争力增强、社会凝聚力提高的关键所在。譬如，欧盟委员会为教育与培训树立了各项目标，这些目标被认为是里斯本整体战略的核心，该战略旨在建立"具有竞争力和基于知识的经济……提供更多更好的工作机会，进一步增强社会凝聚力"（Fontaine 2000）。然而，实现具有竞争力的知识经济和动态的知识经济，即具有高度社会凝聚力的知识社会的可能性有多大呢？如果有可能的话，那么哪些形式的终身学习最有可能推动这一目标的实现，应该与其他经济和社会领域的哪些政策相结合来实现这一目标？本章通过分析不同国家和地区知识经济的模式、欧洲的知识社会以及终身学习为每种模式所做出的贡献来对上述问题进行审视。

知识经济的各种模式及知识社会

　　关于知识经济的各种争论通常围绕两种模式展开，这两种模式被看作是全球化世界中具有竞争力的经济体所采取的两种主要模式。在政策讨论中，其中一种被简称为"新改革"模式或"盎格鲁-撒克逊"模式，代表者为美国及其他一些说英语的国家；另一种被简称为"社会市场"模式，代表者为北欧诸国，尤其是德国[1]。国际上关于政治经济与技能的比较文献常常展示的是一种类似的二元论，但采用不同地区的模式来代表基本的二律背反（有关于此的综述，参见 Lloyd 和 Payne 2004）。Hutton（1995）对比了英美资本主义的"股东"模式和据说以德国、日本和其他一些北欧国家为代表的"利益相关者"模式。Albert（1993）对比了英美资本主义的自由市场模式（包括该模式的雇佣和解雇文化、收购及公司作为"商品"的特点）与德国、奥地利和瑞士的"莱茵河模式"的资本主义。在实行"莱茵河模式"的这些国家中，公司被看作"社区"，而社会伙伴关系则调解了股东的权力。最近，Dore（2000）对比了美国及其他盎格鲁-撒克逊经济体的"股票市场"资本主义与他所谓的德国和日本的"福利"或"关系"资本主义。在每种模式中，又进行了一系列相似的对比，尽管所采用的例证为不同的国家。

142

据说,遵循股东/股票市场模式的经济体优先考虑市场机制,把投资者的权利放在第一位;遵循利益相关者/福利模式的经济体对企业和社会中的股东和其他利益相关者的权利进行平衡,它们通过管理或利用利益集团对协调一致的社会伙伴团体之间或其他团体之间进行调解,从而缓和市场效果。有人认为,股东模式通过灵活的劳动力市场、低程度的管理、高就业率、长工作时间以及社会低消费等手段来提高创新,增加竞争力。据说,上述手段提高了生产力、推动了经济的快速增长,但代价是公共服务更为贫乏、不平等现象更为突出、社会凝聚力低下。在利益相关者模式或福利模式中,社会消费较高,对劳动力市场和其他各种市场的管理更多,这往往会增强社会服务、提高社会平等水平、提升社会凝聚力。然而,管理增强、社会成本高昂及就业率较低可能会降低总体的生产力水平和增长速度。利益相关者模式通常被等同于"核心"欧洲的社会市场经济体,有时被看作有助于"社会欧洲"独特本性的形成。

这些有关竞争力的模式中的每一种都与不同的技能形成策略相关联(Brown,Green 和 Lauder 2001;Crouch, Finegold 和 Sato 1999)。自由主义的盎格鲁-撒克逊模式比较典型,它与创造两极化技能分布的技能形成制度相关联,将拥有高技能的精英雇员与数量庞大的低品质、低技能的雇员连接为一体。据说,拥有这种两极化技能人员的劳动力市场能够满足使用不同竞争策略的部门和公司的需求:拥有高技能的精英雇员为知识密集型、高技能产业提供服务,这些产业在质量和创新方面进行竞争,从而为企业产生高附加值;拥有低技能的雇员为另外一些部门和公司服务,这些部门和公司的竞争力体现在价格上,而非质量上,它们依靠的是这些低技能雇员所提供的灵活的、低成本的劳动力。相比之下,欧洲的社会市场模式与那些产生高技能的技能形成策略相关,这些高技能分布于所有劳动者之中。据说,社会市场经济体(譬如德国)的主要竞争力在于其制造业多样化、高质量的生产能力,为国际市场生产各式各样质量上乘、价格高昂的产品(Streeck 1997)。据说这些部门不仅依靠高技能的精英雇员,而且依靠普遍具有中等技能的所有其他雇员。

与一些政治经济学家所提供的相当二元化的经济模式相一致,政策制定者常常将这两种经济竞争力模式之间的关系看作一系列的"交易",在互不相容的各种利益之间不得不进行权衡:创造工作机会、降低失业率与收入不平等和工作质量不高之间的权衡;长时间工作、高收入与多闲暇、高生活质量之间的权衡;创新及经济活力与标准规范体系及环境之间的权衡。

因此,有人认为,以人均 GDP 计算的国民收入的高低有赖于劳动生产率的高低、工作时间的长短以及就业率的高低。根据美国的模式,可以通过灵活的劳动力市场来获得高就业率,但高就业率降低了受雇人员的工作保护及工作质量,而且可能会增加工资不平等。工作时间长能够提升平均收入,但会减少闲暇时间,从而会产生 Robert Reich(2001)所说的美国高技能精英的矛盾。这些精英雇员收入丰厚,但却没有时间花钱享受。管理程度低可能会增加创新的机会,刺激经济活力,但也可能降低产品和服务的标准,对环境产生威胁。

一方面,采用市场经济模式的各个经济体可能会通过高技能及高资本投资获得高水平的劳动生产率,也可能会通过加强管理来提高工作质量、树立更高的产品和服务标准,并更好地保护环境,还可能造成工薪阶层收入更大的不平等。另一方面,规范劳动力市场则可能会降低就业增长及就业率,从而减少国民收入,在工薪阶层和无业人士之间创造更大的不平等。在英国践行的所谓的"第三条道路"的政治,把灵活的劳动力市场与针对"社会包容"所制定的各项政策结合一体,力图解决这一难题。在这条道路上,公正被等同于有机会参与劳动力市场。但批评者指出,以经济术语来说,"社会包容"并不一定会增加平等,因为它没有解决工资低下的问题。按照这种思路,经济竞争力与社会凝聚力之间似乎仍然存在矛盾。

然而,对西方经济体最近趋势的研究表明,需要对各种将经济竞争力与社会凝聚力对立起来的二元经济模式重新进行思考,可能还存在一些能把经济竞争力与社会凝聚力这两者结合在一起的知识社会的经济模式。这些模式近年来最具代表性的便是北欧诸国,荷兰在某些方面亦是如此。从我们下文将要阐述的大部分指标来看,这些国家无论在整体生产力还是在社会成果方面均表现突出。

De Mooij 和 Tang(2003)最近的研究说明了这些国家是如何达到这个目标的。在详细分析了构成各种主要经济体生产力的不同因素后,两位作者证实,在某种程度上,竞争力与社会凝聚力之间在不同的劳动力市场政策所产生的效果上的确存在一种"交易"。由于通过高就业率来提高整体生产力,诸如美国和英国这样的国家的确往往收入更为不平等。同时,诸如法国等几个不平等率较低的国家就业率也较低,这拉低了这些国家整体的生产力,以法国为例,尽管这些国家拥有非常高的每小时劳动生产力。

144

传统上，人们认为这种情况是因为不同的劳动力市场机制产生了不同的效果。灵活的劳动力市场往往使雇主可以更为经济地雇佣新的劳动力，从而使工作机会增多，就业率提升。但要达到这个效果，只能降低对工人的保护、吸引不太合格的员工从事低工资的工作，前者扩大了工资差别，后者增加了工资不平等。

然而，正如 De Mooij 和 Tang 的研究显示的那样，一些劳动力市场的规范机制似乎逃离了这种交易。在他们所做的跨国统计数据分析中，他们发现，在统计数据上，救济金持续期、工会密度及就业保护对参与度具有显著的负面影响，但同时会增加收入平等。这与经典的"交易"观点不谋而合。然而，一些劳动力市场政策及机构似乎逃脱了交易这一规律。以覆盖率来衡量的强大的工会可能会倾向于在增加就业的同时降低不平等，但集中化的工会组织会协同一致跨部门间地谈判，这常常会降低失业率，推动工资平等。另外，各种积极的劳动力市场政策还包括协助寻找工作以及对失业人员进行培训，这些政策在提高就业率、降低失业率的同时还减少了收入不平等。当然，集中化的工会谈判以及各项积极的劳动力市场政策一直以来是很多北欧国家的显著特征，这些国家拥有高生产力、高就业率及低水平的收入不平等。

这些证据还显示，终身学习的体制可能扮演了一定的角色。如第五章所述，北欧诸国无论是年轻人（在 PISA 调查中）还是成年人（在 IALS 调查中），他们的总体素养和技能水平均较高，而且与其他地区的国家相比，北欧诸国的技能分布也更为平等。北欧国家各个经济部门劳动生产力水平较高——这与这些国家技能分布广泛不无关系——构成了整体生产力成果的一个重要因素。同时，成人学习盛行，尤其是对失业人员以及那些由于实行了积极的劳动力市场政策而有可能被裁员的人员的培训，提升了就业率，而就业率的提升又推动了整体生产力的上升。无疑，收入相对平等部分归因于劳动力市场机制，包括最低工资法及协同和集中化的工资谈判机制。然而，考虑到跨国研究中技能平等与收入平等之间具有极强的相关性（Checchi 2001；Green 和 Preston 2001a；Nickell 和 Layard 1998），教育可能也在其中起了相当大的作用。北欧诸国相对平等的技能分布有助于维持相对低水平的收入不平等，其中一个重要原因是虽然参与率提高会让一些不太合格的人员进入劳动力市场，但与大多数人相比，这些人还算合格，因此也就缓解了低工资的压力，而低工资则会加大收入差距。

如果 De Mooij 和 Tang 所提供的分析是正确的，那么我们需要修正常规的政治经济模式,涵盖三种而非两种发达西方世界的知识经济类型。这包括美国和其他一些讲英语的国家所实行的新自由主义模式或市场模式、De Mooij 和 Tang 所谓的"核心欧洲"国家所实行的社会市场模式(即他们所抽样的奥地利、比利时、法国、德国、卢森堡公国和荷兰),以及北欧诸国所实行的社会民主模式。新自由主义模式和社会市场模式这两个传统对手之间的差异正如文献中所描述的那样依然存在。然而,要对社会市场模式和社会民主模式进行更进一步的区分,区分的基础是采用后一种模式通常会提高就业率,因此也常常会提高生产力,但同时也会提高平等程度及社会凝聚力。对一些主要的社会指标和经济指标进行审视,会发现这种融合了三种知识类型的模式似乎确实存在。

146

我们可以通过审视整体生产力或人均 GDP 的各种要素来审视这三种模式之间的区别以及它们所代表的各个国家,这包括劳动生产率(每小时的产出)、就业率及平均工作时间。De Mooij 和 Tang(2003)对照美国,依据上述量度对欧洲诸国与美国的差距进行了调查。他们的分析显示,虽然美国在人均 GDP 上领先于除卢森堡公国之外的所有欧洲国家,但不同国家 GDP 之间的差异非常大,反映了生产力不同要素优缺点的不同结合方式。在图 6.1 中,我们采用了一个相似的方法,但凡有可能,则包括了欧洲各国 2003 年的数据。

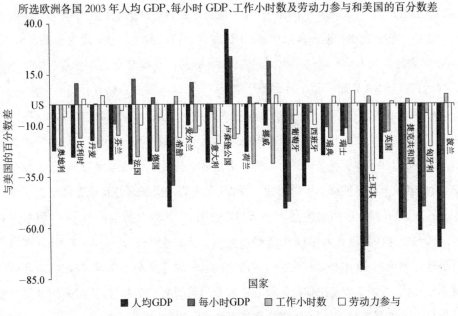

图 6.1 人均 GDP 构成要素

图 6.1 显示，2003 年，欧洲有很多国家的劳动生产率高于美国，包括奥地利、比利时、丹麦、法国、德国、爱尔兰、卢森堡公国、荷兰和挪威。然而，欧洲所有国家，包括那些具有较高劳动生产率的国家，均在人均 GDP 方面落后于美国（2003 年的一个例外是卢森堡公国）。落后的原因因国家不同而相异。

与美国人均 GDP 差距较大的国家位于中欧或南欧，包括希腊、葡萄牙、西班牙、捷克共和国。这些国家与美国的差距在 35 到 60 个百分点之间。再往下则是土耳其、匈牙利和波兰，与美国的差距超过了 60 个百分点。劳动生产率低是造成这些差距的主要原因，但除捷克共和国和葡萄牙之外，其他国家落后于美国的原因都是多元化的，而这两个国家则主要是因为就业率很低。

然而，在其他欧洲国家，劳动生产率低并不一定是其落后于美国的主要原因。奥地利、比利时、丹麦、法国、德国、爱尔兰、卢森堡公国、荷兰和挪威的劳动生产率均高于美国，但除卢森堡公国外，它们都在人均 GDP 方面落后于美国，差距在 28.4%（法国）到 9.6%（爱尔兰）之间。这些国家，以及那些劳动生产率与美国相当接近的国家，之所以在总体财富方面落后于美国，原因多种多样。在除捷克共和国、希腊、波兰、葡萄牙和西班牙以外的所有欧盟国家中，平均工作时间均低于美国 10% 以上。捷克共和国、希腊和波兰的平均工作时间高于美国，葡萄牙和西班牙的平均工作时间比美国低10% 之内。在所选取的欧洲国家中，除了比利时、丹麦、荷兰、瑞典、瑞士及英国外，有14 个国家的劳动力参与率低于美国。因此，与美国在总体财富上存在差距的原因是多样的，而且因国家而异。

欧洲核心国家在广义上包括所有位于西部欧洲大陆（非北欧）的国家。这些国家中除了所谓的"需要强化的国家"西班牙、葡萄牙和希腊外，其他国家的劳动生产率均高于美国，但除了卢森堡公国外都在财富上落后于美国，原因是就业率较低、工作时间短，或两者兼具。这些国家可以归为两类，最主要的一类是那些就业率低于美国就业率 5% 以上的国家，包括奥地利（-5.5%）、法国（-10%）、德国（-5.9%）和意大利（-18%）。这些国家的人均 GDP 落后于美国 22%（奥地利）到 28%（法国）。次要的一类包括两个国家（比利时和荷兰），这两个国家的就业率高于美国，但在财富方面仍落后于美国，主要原因是工作时间短。正如我们将要看到的那样，这两个国家尽管在地理位置上隶属于"欧洲核心"，但它们却更像北欧诸国。

英国和爱尔兰是两个说英语的国家，它们在某些方面与其说是与欧洲核心国家一致，倒不如说与美国一致。譬如，它们的工作时间与美国接近，拿英国来说，其就业率也高于美国。然而，这两个国家总体而言又有所不同。爱尔兰的人均 GDP 远高于英国和欧洲核心国家，因为其劳动生产率非常高，比美国还要高 10％以上。英国的人均 GDP 较低，大约与德国、意大利和法国相近，位于欧洲核心国家的后列，因为其劳动生产率落后于美国 13％，而且更落后于大多数的欧洲核心国家。

北欧诸国(丹麦、芬兰、挪威、瑞典)与其他群体不同。它们的就业率均高于大多数欧洲核心国家，且除芬兰外就业率都高于美国。然而，除瑞典外，它们与欧洲核心国家一样，工作时间都远少于说英语的国家。总体而言，北欧诸国结合了欧洲核心国家高劳动生产率(除瑞典外，其他三国的劳动生产率均高于英国和美国)和说英语的国家高就业率的长处。结果，北欧诸国在人均 GDP 方面的总体表现强于欧洲核心国家或英国。丹麦、挪威及瑞典的人均 GDP 均高于英国，丹麦和挪威均远高于任何一个欧洲核心国家。

显然，基于这个分析的区域归类并不完美。卢森堡公国无法归入任何一组，爱尔兰由于劳动生产率和就业率高，所以总体而言比英国更像欧洲核心国家。荷兰，甚至比利时的就业率和劳动生产率相对较高，在某种程度上比欧洲核心国家更接近北欧诸国。因此，谈北欧诸国这个群体时要加上荷兰，谈欧洲这个群体时要加上爱尔兰，卢森堡公国独立成为一个群体，英国只是与其他一些非欧洲但说英语的国家形成一个群体。然而，显而易见的是，就生产力的各个因素而言，可以在欧洲大陆的西北部确定两种主要的、独特的竞争力模式，而非通常认为的一种单一模式。

此外，根据世界经济论坛在其发布的《全球竞争力报告》(2004 年世界经济论坛)中所采用的竞争力和创新性的标准来判断，北欧斯堪的纳维亚诸国的经济也比北欧其他地方的经济更为突出。在 WEF 所抽样的具有各种指标量度的 100 个国家中有 25 个领先国家。从表 6.1 我们可以看出，美国在总体排名中位于榜首，在商业竞争力方面排名第二，在创新能力方面排名第一，在因特网使用方面排名第五。其他领先的说英语的国家表现相当不好：英国(6,3,18)、加拿大(12,12,10)、澳大利亚(11,15,14)。在所有指标上，欧洲核心国家总体而言大幅落后于美国：奥地利(17,16,17)、比利时(15,17,23)、德国(5,5,15)、法国(10,10,25)。北欧地区紧跟在美国之后，在大多数指标上表现特别好。挪威的表现与其他北欧国家相比差强人意，但芬兰、瑞典及丹麦在

商业竞争力方面的排名分别为第一、第三和第四，在创新能力方面的排名分别为第二、
第七和第八，在因特网使用方面的排名分别为第七、第二和第十一。

表 6.1　WEF 经济竞争力排名

国家或地区	商业竞争力	创新能力	因特网使用
芬兰	1	2	7
美国	2	1	5
瑞典	3	7	2
丹麦	4	8	11
德国	5	5	15
英国	6	3	18
瑞士	7	9	24
新加坡	8	6	4
荷兰	9	11	6
法国	10	10	25
澳大利亚	11	15	14
加拿大	12	12	10
日本	13	4	12
冰岛	14	18	1
比利时	15	17	23
中国台湾	16	13	20
奥地利	17	16	17
新西兰	18	23	9
中国香港	19	25	13
以色列	20	14	27
爱尔兰	21	19	29
挪威	22	22	8
韩国	23		
意大利	24	21	28
西班牙	25	24	33

此外,经济合作与发展组织(OECD)关于研发投资的数据也显示,北欧诸国独立于欧洲其他国家。图 6.2 绘制出了 20 世纪 80 年代到 90 年代之间研发方面商业投资的变化,与多要素生产率(MFP)的变化形成对比。正如 OECD 的分析所显示的那样,这两个量度具有显著相关性,尽管一些国家,譬如美国,在没有大量增加投资的情况下已经显著改善了其 MFP。关于这一分布还有一点非常有趣,那就是四个北欧国家(丹麦、挪威、芬兰和瑞典)均位于象限的右上角。在 MFP 增长这个量度上,共抽样了 17 个发达国家,其中有 7 个国家名列前茅,而这四个北欧国家均在这 7 个国家之列。另外,在研发投资增长这个量度上,名列前茅的有 4 个国家,包括丹麦、芬兰和瑞典。

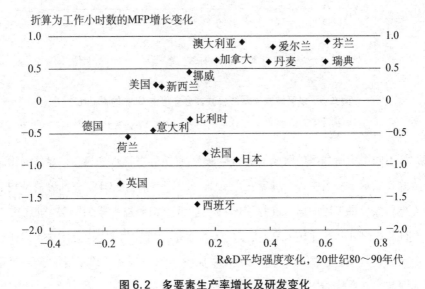

图 6.2 多要素生产率增长及研发变化

来源：图 111.2，OECD(2001)第 43 页《真正的新经济》。巴黎：OECD。

各种社会指标也显示出了显著的区域聚类。图 6.3 和 6.4 将各个国家分为四组。第一组为说英语的(或盎格鲁-撒克逊)国家,包括美国、英国、爱尔兰,关于爱尔兰有数据说明。第二组为北欧(或斯堪的纳维亚)国家,包括丹麦、芬兰、挪威、瑞典。第三组为南欧国家,包括希腊、意大利、葡萄牙、西班牙。第四组为"欧洲核心国家",包括奥地利、比利时、法国、德国、卢森堡公国、荷兰、瑞士,或具有这些国家任何一个特征的欧洲

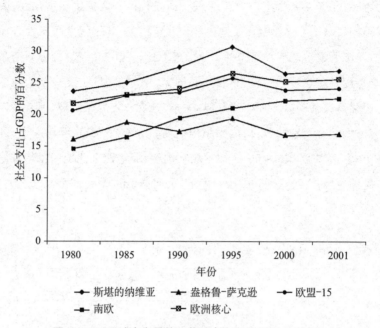

图 6.3 以区域来衡量的公共社会支出占 GDP 的百分比

来源：OECD(2004)，社会支出数据库(SOCX, www. oecd. org/els/social/expenditure)。

国家。从不同图中所显示的每个社会指标来看，每组的平均水平均存在显著变化。

图 6.3 显示了每组中各个国家在 1980 至 2001 年间作为 GDP 一部分的平均公共社会支出总额。说英语的国家在这个指标上显示出相对扁平化的趋势，而且从 1990 年起，它们以占 GDP 的比例来算，支出的平均水平最低。南欧国家自 1980 年开始平均支出水平较其他各组更低，但后来增长率加快，到 20 世纪 80 年代末已经超过了说英语的国家。欧洲核心国家相对其 GDP 而言，平均支出水平日益上升，这些国家的 GDP 从一开始就高于南欧国家和说英语的国家的平均水平，到了参照期末仍然如此。相对于 GDP 而言平均支出水平最高的是北欧诸国。1980 年开始时北欧诸国的平均支出水平高于其他任何一组，而且在 20 世纪 90 年代中期增长更为迅速。此后，其支出水平虽急剧下降，但平均而言，仍高于其他任何一组。三个北欧群组的区域边界与 Esping-Andersen 在《福利资本主义的三个世界》(1990)中所使用的类型极度相似。在此研究中，Esping-Andersen 区分了三类国家：自由主义的盎格鲁-撒克逊国家、北欧的

新社团主义基督教民主国家、社会民主北欧国家。当然,社会支出的相对水平是每一群组的特点,这也与 Esping-Andersen 最早对每个模式所导致的普遍福利主义水平的分析相一致。

收入不平等展现出了同样的区域变化类型。正如图 6.4 所示,以标准基尼系数来衡量,每个国家群体在收入不平等程度上存在显著差异。说英语的国家群体平均收入

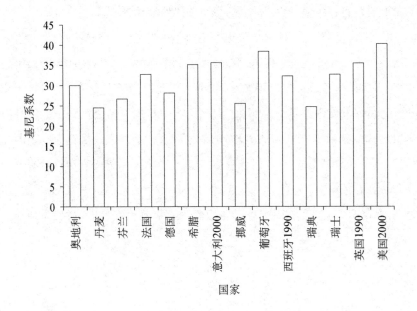

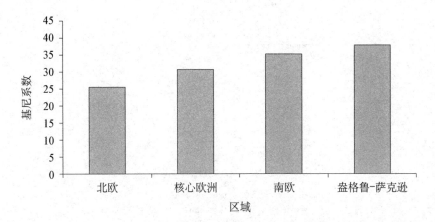

图 6.4　按国家和区域分类的收入不平等

不平等程度最高，南欧群体次之。与上述两个国家群体相比，欧洲核心国家则更为平
153 等。但四个北欧国家的收入不平等程度最低，而且与其他群组差距悬殊。每个群组的
国家就标准基尼系数而言聚集相对紧密：北欧国家的基尼系数在 24.7 至 26.9 之间，
欧洲核心国家在 28.3 至 33.1 之间，南欧国家在 32.5 至 38.5 之间，说英语的国家在
36 至 40.8 之间。尽管欧洲核心国家与南欧国家之间以及南欧国家和说英语的国家
之间在顶部和底部存在重叠，但总体而言，各个群体均相对清晰。

　　图 6.5 按照收入不平等和社会凝聚力的组合量度这两个主轴对各个国家进行了
分类。衡量收入不平等状况是根据世界银行所发布的《世界发展报告》(2005) 中的基
尼系数，上面各表即使用该系数。衡量社会凝聚力的是第一章中所讨论的一个组合因
素，该组合因素将《世界价值观调查》中关于对他人、对机构及对公民合作信任的数据
和国际刑警对暴力犯罪(以反比方式处理)的数据融合在了一起。尽管受到德国和挪
威两国的护卫，图 6.5 仍然显示，以组合量度来衡量，收入不平等程度和社会凝聚力程
154 度之间存在清晰的相关性。根据这一量度，收入不平等程度较高的国家，如美国、英国
和葡萄牙，社会凝聚力程度均较低。北欧国家收入不平等程度最低，在社会凝聚力方

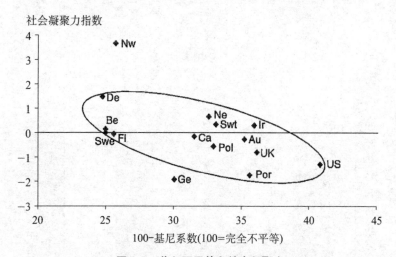

图 6.5　收入不平等和社会凝聚力

来源：A. Green，J. Preston 和 R. Sabates(2003)《教育、平等和社会凝聚力：一种基
于比较的分析》，Wider Benefits of Learning Centre Report 7. London：Institute of
Education.

面的表现也出类拔萃，其中丹麦和挪威两国的社会凝聚力水平位于各国之首。不管以这两种量度的哪一种来衡量，欧洲核心国家的社会凝聚力在某种程度上而言均位于其他两组之间，但德国在社会凝聚力指标上的得分尤低。

上述关于经济和社会特点的不同数据的确似乎暗示，存在一种区域聚类的模式，模式中的每组国家在大多数指标上都具有很大的相似性，同时在每个量度的平均值上也与其他群组存在显著的差异。各个国家的分组无疑可以根据在不同量度上的差距进行调整，但总体而言，该模式表明，把这些国家分为四个区域/文化小组是有一定道理的。这四个小组分别为：北欧国家组、欧洲核心国家组、南欧国家组及说英语的国家组。尽管考虑到只有美国和英国在很多量度上非常接近，但最后一组命名为盎格鲁-美国组可能会更好一些。大体而言，这些模式的确支持比较政治经济学模式所力图捕获的各种特征在广义上的区别，而选取来代表这些模式的国家也的确大致支持此处所采用的区域聚类。对跨国数据的分析也强烈支持这个观点，即我们应该将北欧诸国作为一个与欧洲核心国家不同的独立的一个小组来看待。北欧诸国与欧洲核心国家是有所区别的：它们的就业率以及相对于 GDP 的社会支出更高、收入不平等程度更低、社会凝聚力更强。从大多数指标来看，荷兰在某种程度上位于这两个组群之间。

终身学习体系与知识经济/社会模式

终身学习体系可如上述经济体系和社会体系一样按照区域/组群进行归类。传统上，比较分析人员把西欧的各种教育体系归为四个区域群体，包括法国和地中海国家；德国、说德语的国家，以及毗邻德国的其他国家；北欧诸国及说英语的国家（McLean 1990）。这种归类方式并非在每个方面都一目了然，而且传统上将各种教育体系归入不同的群组在某些方面也有别于对经济和社会模式进行归类的方式。譬如，法国的教育与其他地中海国家的教育具有更多的共性，而与欧洲核心国家的教育区别较大，其中一个重要原因是历史上拿破仑一世对法国教育的规划对诸如希腊和意大利这样的南欧国家产生了重大影响，而且法国对这些国家的影响迄今仍然存在。瑞士的法语区

155

实行的是法国的教育体系,而在德语区则实行的是德国的教育体系,所以不能将该国单独归入某个群组。此外,与其他一些群组相比,南欧国家各种教育体系的内部多样性也很大,这使这种归类的结果也相对多样化。然而,不同区域的教育体系都有相当多的共性,也与其他群组有相当多的差异,所以这种活动才有意义(Green、Wolf 和 Leney 1999)。以下区域/社会特性基于从三个维度对国家教育体系的分析:制度结构、治理及规范模式,以及知识和课程传统。

法国和地中海国家是最难界定的一组,但它们仍有许多共性特点。法国和地中海国家的教育体系是整个欧洲教育体系中最为集中化的一个,尤其是希腊和葡萄牙。此外,在法国、西班牙和意大利,由于一些权力移交到了地方政府,所以集中化控制才部分得到了削弱;但同时,由于中央权力"分散"到了国家教育部的区域部门,权力移交的效果又被抵消了(Lauglo 1995;Lauglo 和 McLean 1995)(参见图6.6)。通常,中央政府雇佣教师,然后把教师派往各个学校,中央政府检查教师的工作,并为教师支付工资,虽然在有些情况下,中央政府是通过其地区机构做这些事情的。在这些国家的教育体系中,课后教育及培训也非常集中化,尽管它们通常利用基于社会伙伴的各种组织来征收和分配培训税款,但具有代表性的是,它们会在国家法律中为培训的雇佣和被雇佣双方制定各自的权利和各自应担负的责任(Green, Hodgson 和 Sakamoto 2000)。就制度结构而言,南欧国家组中的所有国家(不包括马耳他)都拥有综合性的小学及初中(初中可以复读),通常在校本项目中保留了大部分后义务教育或专门性职业高中,学徒体系几无保留。南欧国家教育的知识传统通常遵循法国百科式教育的观点(McLean 1990),无论是在学术轨道还是职业轨道上,都开设大量科目,一直持续到中学教育结束(Green 1998)。考试系统和文凭发放主要由国家控制,采用"组合"奖,要求学生在一系列的科目中取得良好的成绩(如法国的"高中毕业会考"以及意大利的"成熟考试")。考试倾向于结合普遍知识和职业知识,包括课程的共同部分及身份对等等。

说德语的国家以及地理位置上与德国毗邻的国家,其教育体系与欧洲其他国家的教育体系很容易分别。对学校体系的规范和控制通常以区域为基础(譬如德国的Länder),欧洲中部国家所起的作用小于南欧国家。后义务教育及培训主要通过学徒体系来实现,而学徒体系是通过一种书面协议形式的社会伙伴关系进行组织的。这些

```
┌────────────────────────────────────────────────────────────┐
│     国家 --------------------------------------- 公民社会      │
│                                                                │
│          国家      国家主导的SP    协议化的SP         自愿合作伙伴 │
│  市场                                                          │
│                                                                │
│                                                                │
│  集中式    卢森堡                                              │
│           希腊                                                 │
│           葡萄牙                                               │
│                法国         奥地利                            │
│  区域化    意大利          德国                               │
│              西班牙        比利时                             │
│                                                                │
│                                                                │
│  地方化                    瑞典    芬兰                       │
│                           挪威    丹麦                        │
│                                                                │
│                                                                │
│  机构化                              荷兰    英国             │
└────────────────────────────────────────────────────────────┘
```

图 6.6 规范模式

来源：Green, Hodgson 和 Sakamoto(2000)。

国家的制度结构均非常明晰,均拥有经过精心选择的中学教育,开设有适合各种不同能力的各式学校,虽然也容许一些综合性的中学和一些各国的 Länder 共存。此外,本组中的大多数国家和国家中的各个地区(奥地利、德国、说德语的瑞士、荷兰)也拥有强大的学徒体系,从学校教育到工作,形成了占据统治地位的教育途径。高等教育体系也分为了一般意义上的大学和技术型大学(Teichler 1993)。在这些国家中,学校知识的传统倾向于更为专业化、更有差异性,可以说遵循了该地区文化上更为特殊的传统。考试体系并未十分整合,与南欧国家相比更具专业性,尤为重要的一点是职业学历中体现出了高度的专业化。

说英语的国家(包括英国、美国和爱尔兰)不易分类,因为在英美国家存在相当大的(次民族)区域差异:在美国各州之间以及英国的英格兰、苏格兰、威尔士及北爱尔兰之间存在鲜明的差别,每个区域都有自己的体系。然而,各个体系之间都存在足够的共性,可以进行大致归类。从历史上来看,这些国家都存在高度分散的教育体系,赋予了地方政府、学校及教师相当大的自治权利(Green 1990)。近年来,这种情况在英国已经发生了变化,以前分配给地方教育部门的权力现在收回到了中央政府手中或进一步下放到了学校。然而,英美两国在针对学校高度自治方面的条款上具有共性,将预算与教师的聘用和解聘权均下放到了学校。两国在增加学校多样性和学校选择方面所采取的措施也具有共性,这是将竞争性准市场引入公共教育部门的一部分。在形式上,英国、美国、爱尔兰这三个国家均在其国家部门中设立了综合性中小学,但择校和学校多样化的各项政策正在越来越腐蚀这些学校的非选拔性特性——尽管以英国为例,英格兰的这种情况可以说比苏格兰更为严重。中学的特点是高度的教育分流,尤其是在义务教育结束之后,孩子们可以选择去类型多样的高中接受通识教育或职业教育。从课程上来看,这些国家有史以来一直鼓励学习上的高度专业化及个性化,而且目前仍然比世界其他国家更早地进行专业化教学。在英国,最典型的是英格兰,这意味着高中考试制度在很大程度上处于未整合状态,尽管人们进行新的尝试,试图创建各种学分架构,在这种架构下,针对每门选修科目,年轻人均可参加多种考试。

北欧国家在教育传统方面存在一些差异,但它们无疑代表了这个群体中最具同质性的部分。在这些国家中,各州管理学校教育的主要是地方部门,但整个管理是在一个强有力的政府框架下进行的,而政府框架执行的是"目标导航"的政策。后义务教育及培训不仅需要高度的公共资助,而且需要在工作本位学习方面强大的社会伙伴传统(Rubenson,待发表)。正如我们在第五章中所看到的那样,北欧国家义务教育体系中最具特色的是其各式各样的体制结构,这些结构的共同点是,所有街区综合学校的小学和初中在整个义务教育阶段实行混合能力教学。瑞典和其他地方均实行有限的择校制度,但与非北欧国家相比,北欧国家的私立学校极少,学校的多样化也很低。在这些国家盛行百科知识的传统和广域课程,尽管近年来更倾向于个性化和定制型教育。这种情况在南欧国家中则很少见。

或许最明显的是,常常受到国家资助的成人教育在北欧国家比在其他任何地区都更为流行(OECD 2003)。Kjell Rubenson 在《北欧成人教育模式》一书中发表了一篇论文(Rubenson,待发表),指出北欧国家成人教育的传统历史悠久,形式多样,包括民众高等学校及学习圈,它们的产生与历史上的各种社会运动紧密相关,而且由于当前的社会伙伴和社会民主国家而得到了大大加强。最近在挪威、瑞典和芬兰进行的一些主要改革,包括 1995 年瑞典所推出的投资 20 亿欧元的成人教育方案和 1999 年挪威所推出的挪威能力改革方案（后者的局限性，还可参见 Payne 2005），为那些没有完成中学教育的成人提供了大量学习机会，让他们能够获得中学程度的资格。同时，这也强化了北欧国家在成人教育中均进行通识教育和职业教育的观点。Rubenson 所关注的北欧诸国共有的其他特点包括国家对成人教育和培训的高额补贴（该补贴通常特别针对失业人员及资质水平低下者）以及雇主对员工培训的高额投入。关于雇主对培训的高额投入，下面这个事实可以佐证：在 IALS 调查中，上一年接受过成人培训学习的员工中有 73％得到过其雇主的资助（OECD 2000，第 2 页）。与学校教育一样，北欧国家成人教育的分布也相当平衡。尽管一些群体获益多于其他群体，但 Rubenson 的分析显示，相对于 IALS 所调查的其他国家，北欧诸国成人教育的参与分布更为平衡，其中一个重要的原因是大量资格较低和 55 岁以上的成人参与了学习。

159

终身学习体系对不同区域知识经济/社会的影响

这些因区域而异的终身学习体系与我们在不同区域所确认的知识经济/知识社会的不同形式如何进行衔接呢？我们可以从这些体系所产生的技能开始进行探讨。

关于技能形成和经济竞争力的一个传统观点是（Crouch，Finegold 和 Sato 1999；Brown，Green 和 Lauder 2001）：不同的技能形成体系倾向于遵循不同国家经济体和其不同部门对技能的不同要求，或很好地服务于这些经济体和部门的需求，或复制其各种状态（Finegold 和 Soskice 1988）。英美两国的技能形成体系据说会产生极为极化的高技能/低技能劳动力，一方面包括大量高技能精英人才，他们可以服务于高附加值生产和服务的知识密集型、高技能部门，如设计、媒体、医药、IT、航空与国防工程等；另一方面也包括大量低技能的劳动力，通过提供低廉和灵活的劳力，满足那些在成本与效率方面具有竞争力的部门（Keep 1998）。

其他部门，如银行部门和化学部门，似乎对员工技能的要求高度极化，因此也可以说这种技能形成体系很好地满足了它们的需求（Brown，Green 和 Lauder 2001）。在典型的二元对比中，研究发现，诸如德国和其他欧洲核心国家这样的国家，在进行经济竞争时主要通过制造业中高度多样化的优质产品取胜（Streeck 1997），这要求工作技能的分布更为均衡，尤其要求存在大量高技能的工艺人员和技术人员。这些国家的技能形成体系总体而言达到了这个目标，因为在这些国家中，大部分劳动力（大致超过了三分之二）拥有中级水平的技能，高技能的精英劳动力和低技能的劳动力数量均相对较小（Brown，Green 和 Lauder 2001）。

然而，在本书所提出的更具差异性的知识经济/社会三脚模式中，技能形成和社会经济模式如何进行衔接呢？推动、支持这些不同模式特点的区域终身学习体系具有什么样的机制和特点呢？

此处有三个方面与我们相关：第一，每个体系中高技能员工的总体比例；第二，技能在所有劳动力中的分布状况；第三，成人从事学习的程度。这些教育输出特点中的每个特点均与我们已经区分出来的不同的知识经济/社会模式相关。产出大量高技能员工的终身学习体系将会推动高技能、高劳动生产率经济体的产生。产出技能分布相对均衡的终身学习体系将会推动收入更为平等的高技能经济的产生。具有强大的成人学习文化的终身学习体系有可能会支持高就业率，因为这些体系与旨在完成这一目标的积极的劳动力市场政策相关联。

让我们首先看看整体技能水平，IALS 的数据似乎暗示，不同国家经济体中高技能工作的比例大致与知识经济/社会的三种区域模式所预测的结果一致。图 6.7 显示了 1994 年至 1998 年间进行 IALS 调查时高技能工作工人的比例。丹麦、芬兰、挪威、瑞典都在调查之列，在它们所形成的国家群体中，高技能工作所占的平均比例最高。欧洲核心国家的代表是奥地利、德国、荷兰和瑞士，这些国家平均而言高技能工作所占的比例较低。此处，主要的说英语的国家包括澳大利亚、加拿大、新西兰、英国和美国，这些国家中高技能工作的占比最低。因此，上述区域分布与知识经济/社会的三脚模式相一致，该模式对说英语的国家的高技能精英员工、高生产率的欧洲核心国家中整体较高的技能程度，以及更为平等的北欧诸国较高的技能水平进行了预测。

对 IALS 数据进行的 OECD 分析显示，在以国家来衡量的平均识字水平和经济竞争力最主要的量度人均 GDP 之间存在显著相关（OECD 2000，第 80 页）。此外，总计文化水平与从事高技能工作工人的比例之间也存在跨国相关性，这里的高技能工作包括立法者、高级官员和经理人、专业人员及助理专业人员。就取得成就的程度而言，

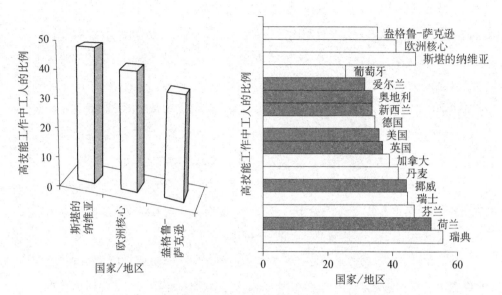

图 6.7　按国家和区域划分的高技能工作中工人的比例

IALS还显示，至少在北欧国家和说英语的国家中存在非常清晰的区域类型，这些国家属于唯一的区域/文化群体，具有代表性，可以做出判断。正如图 6.8 所示，北欧国家在文化水平和计算水平上的平均得分在这 22 个国家中均为最高。

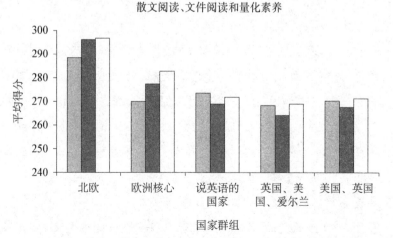

图 6.8　按照区域分类的平均素养得分

就散文阅读素养而言,丹麦、芬兰、挪威和瑞典的平均得分排名分别为第一名、第二名、第三名和第八名。就文件阅读素养而言,这四个国家的平均得分为各国最高(瑞典第一名,挪威第二名,丹麦第三名,芬兰第四名)。此外,这四国的量化素养排名也最高(瑞典第一名,丹麦第二名,挪威第四名,芬兰第七名)。相比而言,除加拿大外,其他说英语的国家在所有量度上的排名均位于后半段。散文阅读素养上的排名为:新西兰第七名、澳大利亚第九名、美国第十名、英国第十三名、爱尔兰第十四名;文件阅读素养上的排名为:澳大利亚第十一名、新西兰第十四名、美国第十五名、英国第十六名、爱尔兰第十七名;量化素养上的排名为:澳大利亚第十二名、美国第十三名、新西兰第十五名、英国第十七名、爱尔兰第十八名。德国和荷兰在所有量度上的得分排名均位于上半段的中间,瑞士的排名为所有排名的中段。

图 6.8 显示了以群体来衡量时各个国家的平均得分。北欧诸国在散文阅读素养、文件阅读素养和量化素养上的平均得分均最高。欧洲核心国家在文件阅读素养和量化素养方面的平均得分均高于说英语的国家,但在散文阅读素养方面则低于后者。美国/英国/爱尔兰这个群体的表现与美国/英国这个群体相似。与样本中的其他国家群体相比,这两个群体在所有量度上的平均得分均较低。

再来看看教育平等问题和技能分布,正如我们在第五章所看到的那样,关于这些不同区域在技能分布和教育平等方面存在的差异,我们现在可以从 IALS 和 PISA 这两项调查中得到强有力的证据。

在 IAIS 调查中,不同区域读写成绩散布度的差异非常显著。就成绩的第五至第九十五百分位之间的范围而言,在读、写、计算能力这三个量度上,所有北欧国家都属于 OECD 所归的一类,即成绩散布度"一贯较小"的国家。加拿大、英国及美国则属于成绩散布度"一贯较大"的国家,澳大利亚和新西兰的成绩散布度"一贯适中或一直处于变化之中"。然而,在德语区域的各个国家却无法归入某个区域模式。德国及荷兰被归入成绩散布度"一贯较小"的国家,但瑞士和比利时则被归入成绩散布度"一贯适中或一直处于变化之中"的国家(OECD 2000,第 14 页)。

图 6.9 显示了采用标准差后,各个国家群体之间在这三个量度上成绩散布度的差异。可以看出,北欧诸国在这三个量度上以及综合三者的量度上的平均散布度均为最低。说英语的各个国家散布度高于北欧诸国,但与欧洲核心国家相似。然而,英国和

美国的成绩散布度却在整体上高于说英语的国家,而且被认为远远高于其他组群的国家。

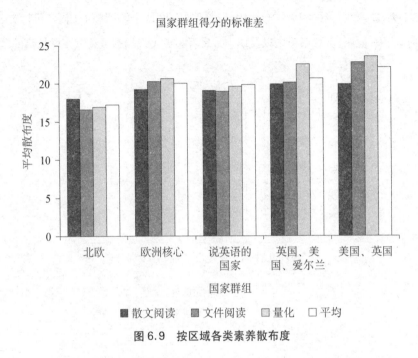

国家群组得分的标准差

图6.9 按区域各类素养散布度

163

相对于北欧诸国较低程度的结果不平等,说英语的国家结果不平等较高,这也反映在社会经济变化率这个量度上,该变化率显示了父母教育对个人结果所产生的影响。OECD将各个国家按照其16—25岁人口文件阅读素养成绩变化的陡度进行了归类。在澳大利亚、加拿大、爱尔兰、新西兰、英国和美国,成绩变化的陡度相似,父母平均受过8年学校教育的年轻人与父母平均受过12年学校教育的年轻人之间,成绩变化陡度的平均差距为30个百分点(OECD 2000,第30页)。相比之下,北欧四国的成绩变化陡度均很小。对此,OECD的解释为:"[北欧诸国]这些结果具有巨大的同质性,这显示出北欧国家的教育和社会方法中存在一定程度的共性。"(第32页)

正如我们在第五章中所读到的,在PISA对15岁青年所做的调查数据中可以发现,在教育不平等这个量度上存在类似的国家聚类。图6.10显示了就每个区域或国家聚类的平均值而言每种技能及整体技能的成绩散布度(按照标准差计算)。亚洲国家组(包括日本和韩国)在整体技能上平均散布度最低,而且差距很大。接下来是北欧国家组(包括丹麦、芬兰、冰岛、挪威和瑞典),然后是南欧国家组(包括意大利、希腊、西班牙和葡萄牙)。所有以英语为母语(或部分以英语为母语)的国家构成一组(包括澳大利亚、加拿大、新西兰、美国和英国),该组的成绩散布度低于欧洲核心国家(包括奥地利、比利时、法国、德国、卢森堡公国以及瑞士),后者与英美组均为成绩散布度最高的国家。

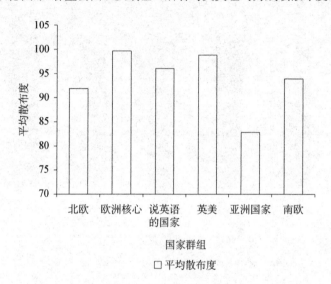

□ 平均散布度

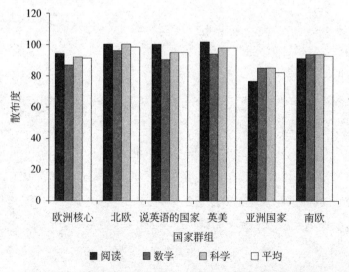

■阅读　■数学　科学　□平均

图 6.10　按照国家组群分类的阅读、数学、科学成绩散布度

　　上面的模式显示，就教育平等而言，存在区域上的密切关系。北欧诸国形成了一个相当良好的国家组，该组总体而言不管是在青年人还是成年人中，技能上的不平等程度都相当低。说英语的国家除了爱尔兰和加拿大外构成另外一个国家组，该组不管是在青年人还是成年人中，技能上的不平等程度都非常高。德国、比利时和瑞士是抽样国家中欧洲核心国家的代表，这些国家技能上的不平等程度也相当高，尽管德国在成人技能方面较其在 15 岁年轻人的技能方面更为平等，这可能是因为进入学徒体系的年轻人降低了对低技能的影响。伦敦政治经济学院 Blanden、Gregg 和 Machin（2005）最近的研究结果也支持这一不平等的区域模式。他们采用可比较的纵向数据对 20 世纪 50 年代和 70 年代所出生的一组人进行了研究，发现英美两国的代际流动远低于加拿大和北欧国家，而德国显然是位于这两组之间的某个位置（尽管抽样国家的数量支持这一关于德国的发现）。他们还发现，社会传承效果的力量，尤其是家庭收入和高度的教育参与及受教育程度之间的联系，是解释英国低流动性文化的核心所在。

165

　　区域终身学习模式又一次显示出与区域知识经济/社会之间存在密切的联系。收入不平等程度最低的小组，即北欧诸国，与教育平等程度最低的小组是完全一样的。同样，教育不平等程度较高的小组（说英语的国家组，或许不应该包括加拿大和爱尔兰在内，因为这两个国家的排名比较模糊）与收入不平等程度较高的小组也是完全一样的。

　　区域终身学习模式和知识经济/社会模式最后一点关联与成人学习的分布相关。有一种观点认为，北欧国家知识社会模式的独特性是这种模式在取得高就业率的同时造成了低程度的收入平等。根据 Mooij 和 Tang（2003）的分析，之所以出现这种现象，部分是因为积极劳动力市场政策盛行，这些政策不同于其他形式的劳动力市场干预，它们推动了就业，但却未降低工资不平等。图 6.11 关于成人参与学习的数据似乎支持这种解释。当然，此处所测量的成人学习有多种形式。所有形式可能都有助于提高

166

就业率，因为它们缓解了大龄员工技能过时的趋势，因此也降低了这些员工失业的机会。然而，这里有一些成人学习有可能是以具有针对性的措施的形式出现的，针对的是已经失业的员工或即将失业的员工，这些措施往往以积极劳动力市场政策为名。图6.11中值得注意的是，北欧国家成人学习的参与率，不管是总参与率还是平均参与率，

均为最高。根据我们前面提到过的 Rubenson 所提供的证据，在这些把高就业率和低收入平等结合在一起的国家中，成人学习的途径也更为平等。说英语的国家（不包括爱尔兰）总体上拥有高就业率，但也拥有更低水平的收入平等。在成人学习总体参与率和平均参与率这两个方面，这些国家均位于北欧国家和欧洲核心国家之间。与说英语的国家相比，欧洲核心国家的平均参与率最低。这些国家收入更为平等，但就业率极低。

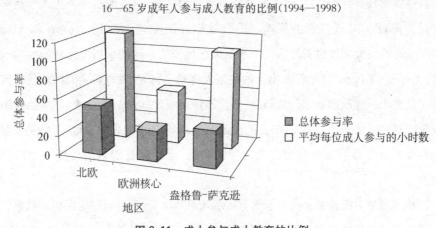

16—65 岁成年人参与成人教育的比例(1994—1998)

图 6.11　成人参与成人教育的比例

哪些过程有助于每种模式中的经济和社会效果？

此处提出的这个模式显示，关于终身学习在不同类型知识经济/社会发展中的作用，有很多假说。根据这些假说的特点，我们将其归为三类，分别为自由主义盎格鲁-撒克逊类型、新社团核心欧洲类型，以及社会民主的北欧国家类型。

首先，这种知识经济/社会是以其整体生产力和社会结果的特性来界定的，而这两者的近侧决定因素则是多方面的，包括劳动生产率、就业率、工资平等、技能分布以及社会化。自由主义盎格鲁-撒克逊型的知识经济倾向于将中度的劳动生产率与高就业率及高度的收入平等结合一体，旨在在经济层面产生中度到高度的整体生产率，在社会层面产生中度的社会支出和较低的社会凝聚力。新社团核心欧洲类型的知识经济将高劳动生产率与较低的就业率和较低的工资平等结合一体，旨在在经济层面产生中度到高度的整体生产率，在社会层面产生更高的社会支出及社会凝聚力。社会民主的北欧国家类型将高生产劳动率与高就业率及相对的工资平等结合一体，旨在在经济层面产生高度的整体生产率，在社会层面产生高社会支出率与高社会凝聚力。

其次，造成上述不同类型知识经济的近因多种多样，而终身学习与其他各个因素（如福利制度的影响、劳动力市场的管理）等相结合，在每种近因的产生中扮演了核心作用。在对因果链的直线表征（图 6.12—直箭头）中，各种终身学习系统产生了不同的技能分布类型以及有差别的各种社会化形式，它们或直接或间接地影响着就业率、生产力、收入分布及社会凝聚力。此处，我们还忽略了社会化的过程以及身份认同，并将注意力集中在了分布效果，而社会化的过程以及身份认同无疑是决定不同社会凝聚力机制过程中的一部分。终身学习的结果有三个方面似乎对每个因果链都非常关键：对劳动力市场的整体技能输出、这些技能的分布、成人学习的参与率。我们已经确认了不同的终身学习结果可能影响知识经济模式的三种方式，尽管这三种方式不能完全分开进行考虑。

167

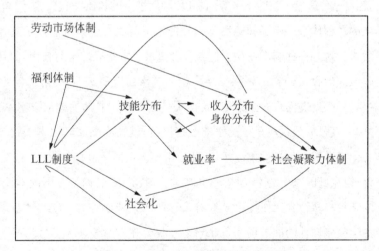

图 6.12　影响社会凝聚力的各种途径

第一，很显然，随着技能转化为生产结果，在资本投资和其他生产要素的帮助下，将高平均技能水平引入劳动力市场的终身学习体系可能会有助于提高整体劳动生产率。第二,终身学习体系在将技能传递到劳动力市场时,在技能分布上产生了不同程度的不平等。这些不同的技能分布与不同形式的劳动力市场规范共同影响员工的收入水平和身份的不平等,后者又与福利制度对家庭总收入分配的再分配效果一道,最终影响社会凝聚力水平。第三,终身学习体系将会对就业率产生影响,而就业率既会影响整体生产率,也会影响社会凝聚力。尤其是具有高度成人参与学习的终身学习体系,特别是通过积极劳动力市场政策参与的终身学习体系,将会提高就业率,而就业率则是一种通过"社会包容"来增强社会凝聚力的手段,尽管这不是一个完全的手段。

那么每个模式中产生这种显著效果的终身学习体系具有何种结构和过程呢?

正如我们已经看到的那样,自由主义盎格鲁-撒克逊模式中的终身学习体系倾向于在精英员工与低技能员工之间存在高度技能极化现象的劳动力市场上产生中度的总技能水平。这些结果可能会分别有助于形成中度的劳动生产率平均水平、高度的收入不平等以及较低水平的社会凝聚力。由于在拥有高技能的精英员工与拥有较低技能、较不合格的员工之间进行了平衡(假设在没有稀释根端的情况下,提高总体平均技能水平有一个上限),所以中度的总技能水平是技能极化的产物。因此,在这些体系中,这个问题自己分解成了技能不平等问题以及"后进生的长尾"问题。为什么盎格鲁-撒克逊模式的各种体系产生了如此高度的技能不平等呢?答案可能在于其福利制度所产生的后果。这些福利制度往往为低收入者提供非常落后的学前教育,而且很少对那些没有收入或低收入的家庭提供支持。正如多次研究所表明,低收入家庭的孩子(在遵循盎格鲁-撒克逊模式的国家中,低收入家庭可能大多都是单亲家庭)更可能学习成绩不好,尤其是如果这些孩子的学前教育不足,就会降低家庭中本来就较低的人力资本和文化资本所产生的效果。然而,此处学校体系似乎也有影响。

盎格鲁-撒克逊国家中的学校体系,尤其是英国、美国、新西兰三国的学校体系,均以其高度的学校多样性和选拔性以及拥有多种调节系统而著名。这些调节系统基于可能会增加学校多样性的准市场竞争和当地学校管理。由于在大多数情况下学校的多样性似乎意味着学校标准的多样性,所以这些体系尽管在名义上是综合性的,但却可能产生高度的校际间学习成绩差异(参见 OECD 2002)。如果其他条件都相同,校际间的学习成绩差异可能令结果在整体上更为不平等。只要择校与支付能力相关,或与职业和收入相联系的文化资本捐赠相关,那么这些体系就可能会提高社会背景决定学业成绩的程度，因此也会降低社会流动性，增加教育领域的社会不平等。正如我们已经看到的那样，这可能会对收入不平等产生负面影响，最终也对社会凝聚力产生负面影响。

另一方面，盎格鲁-撒克逊国家中的终身学习体系倾向于为成人学习提供相当良好的机遇，这一点从相对较高的成人参与率便可看出。尽管有证据显示，这样的机遇与教育的初级阶段紧密相关——因此它事实上加剧了源自学校体系的不平等（Brown，Green 和 Lauder 2001；EC 1999，2002）——但高企的成人学习率的存在，即使分布不平衡（这种不平衡的状况尤其出现在那些与积极的劳动力市场政策相关联的地方），也有可能通过使遭到排斥的工人重新获得就业而提升就业率。高就业率会减少那些被社会所排斥的人的数量，因此可能对社会凝聚力具有积极影响。然而，就盎格鲁-撒克逊国家而言，效果可能是有限的，因为居高不下的工资不平等，即使是在接近完全就业的条件下，可能对社会凝聚力仍是有害的。

欧洲核心国家的终身学习体系似乎有所不同。它们产生了高度的总技能水平（如果不比各个盎格鲁-撒克逊国家总技能水平更高的话），而这将对劳动生产率产生积极的影响。此外，欧洲核心国家的终身学习体系似乎产生了相当狭窄的技能分布，至少在成年员工中如此，这对创造较高的收入平等是有益的，而较高的收入平等则有助于社会凝聚力的提升。然而，这听上去似乎有点矛盾，因为这些国家的义务教育体系所产生的结果往往非常不平等。关于这个问题有很多种解释，义务教育的确产生了非常不平等的结果（不包括法国），因为除法国之外，这个小组里所有国家都拥有选拔性的、有差异的学校体系，这些学校体系在本质上而言会产生多种结果。然而，15 岁青年人的结果的不平等并没有在整体成人人口中得到反映。这可能有两个原因。一是相对于其他国家群组，这一群组中的很多国家合格率变化极慢，因此在成人人口中技能水平群组内部的差异较小。二是除了法国之外的所有这些国家都拥有强大的学徒体系，该体系为其大部分参与的年轻人提供了三年额外的通识（及职业）教育。这可能会对降低在 15 岁青年人群中所观测到的读写和计算技能水平的变化所产生的实质性影响，尽管这个假设可能还需要在 18 岁和 19 岁的青年人群中进一步进行验证。上述两个体系的净影响在于成人技能的不平等程度，这种不平等高于北欧国家，但与盎格鲁-撒克逊国家相比却相当低。这种情况与各种形式降低工资不平等的劳动力市场调节

（即存在于大部分国家的下列形式的不同组合：最低工资、部门公司谈判、设定职业工资率、共同决定体制等）相结合，降低了整体工资的不平等，增强了社会凝聚力。

然而，在欧洲核心国家中出现了另外一个过程，可能对整体的平等和社会凝聚力没有太大的益处。这就是劳动力市场调节，它以执业许可证成文法以及高技能职业工资和从业资格部门协议的形式出现，对整体收入平等及工资平等的益处产生了负面影响。首先，强有力的劳动力市场调节增加了雇主创造新工作的成本，因此可能会导致较高程度的失业。其次，由于劳动力市场上的部门协议将大部分工作定义成了高技能工作，所以，为了强化从事这些工作的资格准入要求，它们制造了巨大的障碍，阻碍不符合资格者受到雇佣。虽然学徒制度总体而言为参与其中的人提供了相当平稳的过渡，让他们有资格从事这些工作，但对那些不能进入该制度的人，以及那些未能获得能够帮助他们找到工作的通识教育资格的人而言，获得雇佣的前景非常黯淡。通常，这些国家中不符合高技能工作资格最低要求（ISCED 三级水平）的公民比例与盎格鲁-撒克逊国家相比相当低（Brown，Green 和 Lauder 2001）。另一方面，由于在寻找工作时存在巨大障碍，处于三级水平的人或许都更为贫困。欧洲核心国家拥有高度的劳动力市场调节以及高度轨道化的终身学习体系，因此就社会包容和社会平等而言，创造了类似"副牧师的鸡蛋"（指好坏夹杂的东西）这样的情形。他们取得了相对高度的工资平等，但代价是加深了就业者和失业者之间的鸿沟，而良好的福利制度仅仅只是部分缩小了这个鸿沟。这可能部分解释了为什么在很多情况下社会凝聚力水平并非像有些人认为的那样高，这些人认为，工资平等程度相对较高，则社会凝聚力水平较高。

最后，北欧国家似乎提供了一套相当不同的关系。它们在劳动力中创造了高度的总技能水平和技能的窄度分布，这将有助于形成高水平的劳动生产率，而且同时有助于降低工资不平等。成人学习的高参与率将会提升就业率，后者与高生产率一起，产生了高度的总体生产力水平。高就业率、低度的收入不平等以及福利制度中强大的再分配效果，将会降低总体不平等，支撑社会凝聚力。

终身学习体系通过两种方式对经济和社会领域的有益结果做出贡献。第一，它在15 岁的年轻人群体和成人群体中创造了相对平等的技能水平，部分可能是因为Esping-Andersen 福利效应。劳动保护及调节政策降低了那些孩子在统计数据上更有可能成绩不良的低收入家庭的出现率。此外，各州所提供的普遍的学前教育也提供了一种早期的社会化，这是对教育志向不高和因家庭中人力和文化资本较低所产生的令人沮丧的效果的一种补偿(Esping-Andersen 2003)。结果就降低了与社会阶级相关联（在盎格鲁-撒克逊国家中尤其是与低收入的单亲家庭背景相关联）的成绩不良，因此也提高了教育结果的总体质量。然而，很有可能教育体系也产生了效果。北欧国家（其实亚洲也是如此）的平等主义教育体系中值得注意的是，这些国家在其国有部门均拥有完整的综合性及非选拔性学校体系，在全国范围内提供混合能力教学，而且（至少在北欧地区如此）拥有非常小的精英教育私有部门。以北欧国家为例，其平等主义教育的结构通常是与基于街区的学校入学制度混合在一起的(OECD 1994)。由于小学教育和初中低年级的教育在所有学校中是连为一体的，所以除了搬家之外，不存在初中低年级阶段的择校问题。考虑到北欧国家较低水平的收入不平等通常意味着其街区人口极低的社会阶级差异，那些基于街区录取生源的学校，有可能意味着学校之间社会差异也极低，这样，正如我们在第五章所看到的那样(OECD 2002)，学校之间学生表现的差异也较低。

172

　　终身教育体系另外一个值得关注的效果似乎来自北欧国家高水平的成人学习参与度，以及其相对均衡的成人学习参与分布状况。这种情况部分与这些国家所实施的积极的劳动力市场措施相关，这些措施鼓励失业者与即将失业者通过学习为自己充电，这可能会对就业率，最终也会对社会凝聚力产生积极的影响。此外，这种情况也与国家资助的通识成人教育（尤其是北欧独特的民众高中）相当流行相关，这种成人教育可能会有助于提高成年人的就业能力，但同时，以民众学校为例，它也可以提升社区精神、增加政治意识和社会凝聚力(Boucher 1982；Rubenson 2002)。这里很重要的一点是关注北欧国家的终身学习体系是如何与劳动力市场制度进行积极互动的，这种互动不仅通过积极的劳动力市场政策进行，而且通过结合劳动力市场相对的灵活性和就业保护进行。这种结合，以丹麦为例，常被称作"弹性安全"(Lundvall 2005)。

　　整体而言，平等主义的学校体系以及普遍的成人学习机会似乎通过（劳动力市场上的）社会包容、社会化及收入均等化使得终身学习的潜在效果达到了最大化。

相反的效果

截至目前,本书在讨论中假定有一种单向的因果链,它将终身学习体系与不同的经济和社会成果链接于一体。当然,这是一种简单化了的看法。对横断面数据所进行的相关性分析显示,在代表这个因果链的各个环节的不同变量之间存在联系,此外,对时间序列数据所进行的临时分析显示,这种关联可能是因果联系。理论推导与比较逻辑也显示出这是一种因果联系。但是,迄今为止,我们还没有清晰的证据能够证明这种因果关系的指向。这种因果关系很有可能是在很多变量之间进行双向运动(如图 6.12 中的弯曲箭头所示)。

在意识形态和政治层面,社会凝聚力很有可能会在终身学习体系为其助力的同时,也对终身学习产生影响。终身学习体系是政策选择的结果,而政策选择又受到政治和意识形态的影响。正如 20 世纪 60 年代后对综合学校教育的争论(Benn 和 Chitty 2004)和目前对择校和多样性问题的争论一样,对平等产生影响的体系设计问题一直以来,而且现在还存在争议,这也是一个高度政治性的问题。诸如北欧地区的那些国家都取得了高度自由的综合体系,这是它们在基于特别具有凝聚力的社会结构的强大社会自由意识形态和社会民主意识形态的强大影响下,经过多年的政治争论而取得的结果(Wiborg 2005)。在这种情况下,不难看到,"社会凝聚力"其实是政治动员的条件之一,这种政治动员首先容许采纳偏好教育平等的政策。因此,可以将这种因果性看作双向的因果性。

就终身学习体系和收入平等之间的关系而言,很有可能收入不平等会产生教育结果不平等,同时,教育结果不平等也会影响收入不平等。在那些社会结构更为不平等的国家中,教育体系可能更为不平等。高收入的精英阶层易于游说当权者,让孩子就读于精英私立学校或淘汰率高的州立学校,这样,他们的优势就可以传递到下一代,而这些又将会增加教育结果的不平等。收入不平等可能会增加社会群体在居住空间上的隔离,引起学校之间生源的更大差异,即使在实行基于街区的招生政策的体系中也是如此,而这最终将会导致不同学校学生学业成绩更大的差异(Ball 2003)。家庭之间高度不平等的收入禀赋也有可能与父母在教育抱负和"文化资本"上的差异相关,这将会限制学生教育途径的选择，因而在教育效果上产生社会不平等（Boudon 1974；Bourdieu 1986）。

运用落后时间序列分析法，Daniele Checchi（2001）已经对 97 个国家之间的倒易关系进行了分析。我们拥有这 97 个国家 1960 年至 1995 年间关于教育不平等和收入不平等的数据。他的发现显示，教育不平等和收入不平等之间具有相关性，但这种相关性因地区而异，且呈非线性。对与我们最为相关的 OECD 国家而言，在这段时间内，总体趋势是教育不平等状况日益上升，1975 年后收入不平等也在上升。按照 Checchi 的分析，因果关系是双向的，尽管结果是滞后的："当前的收入不平等影响了未来的教育不平等，而根据人力资本理论，后者将会决定未来的收入不平等。"（第 45 页）

174

结论

这里所进行的分析揭示了一种三重知识经济和知识社会类型，该类型要求对传统上分析经济竞争力和社会凝聚力的二元方法进行修正。在此，我们并未只着眼于新自由主义知识经济模式和社会市场知识经济模式之间的区别，通过对各项政策以及各政策特点之间的零和交易进行典型的政策推演，我们应该假定在欧洲至少存在三种知识经济/社会。另外，北欧国家的模式事实上与欧洲核心国家的社会市场模式相当不同，与欧洲核心国家的模式及新自由主义模式相比，它能够将经济竞争力和社会凝聚力的优点更好地结合在一起。在这个意义上，北欧国家比其他两个国家群组更为接近里斯本目标，而且在关于欧洲未来的政策辩论中应受到更多的关注。

如果情况如此，那么这对终身学习的政策具有重要的影响。欧洲人在辩论中正确地认为，要增加欧洲的竞争力，就要提高就业率（KOK 2004）。他们还承认，维持社会凝聚力不仅要求通过就业实现社会包容，还要求具有合理的收入平等水平，尽管他们对这一点并未特别强调。正如北欧国家的例子所显示的那样，在达到上述两个目标时，终身学习能够起到关键作用。然而，提升教育平等与提升整体水平一样重要，只有承认了这一点，终身学习的关键作用才能体现出来，而这在目前还不尽如人意。

第七章
结语：对未来研究的展望

与大多数学术研究一样，本书中所做的分析仍是暂时的、不完整的。我们在研究之始做了一些我们认为具有重要政策意义的全新假设，并从理论及我们所进行的实证测试中为这些假设找到了大量的支撑。然而，若要确定社会凝聚力的多个因果关系、理解教育影响社会凝聚力效果的机制和过程，还需要进行更多的研究。本书中的分析涉及很多相互关联的部分。

社会凝聚力的定义

首先，我们力图理解在快速全球化之际，社会凝聚力在现代发达社会中的意义。为此，我们审视了社会凝聚力的各种理论，并调查了不同国家在社会凝聚力不同指标上的数据模式。从某种意义上而言，我们所得到的第一个结论是不确定的，这令人感到沮丧。我们无法界定某个单一形式的社会凝聚力，也无法为这样一个界定找到足够的实证量度。事实上，在不同的时空中似乎存在多种类型的社会凝聚力，我们将其称作不同的社会凝聚力机制。只有进行更为深入的历史调查，才能充分说明我们界定这些不同形式社会凝聚力的方式。然而，我们可以通过分析不同国家量度模式的差异来厘清这些不同社会凝聚力形式的共核成分，并用此来审视社会凝聚力的不同理论。

我们从目前占据统治地位的各种社会资本理论开始，审视了这些理论在多大程度上可以被用来研究整个社会的凝聚力。我们发现，社会资本理论家们使用一组特征将个体社会资本界定为一种连贯的特征群，但当考虑到整个社会时，这些特征并没有多少意义。社会资本理论认为，个人与他人交往越多，则更倾向于容忍、更信任他人和制度、更致力于福利事业、更倾向于参与政治。由这类人所组成的社会群体和社会团体比由其他人所组成的群体和团体合作更为有效。诸如 Putnam 这样的领军理论家认为，这个过程的关键在于经常性参加各种有助于构建信任和互利的交往活动。

该理论可以从社区拓展到整个社会，它与 Tocqueville 及其他人所提出的自由主义理论中的民主概念极为相似，根据自由主义理论，健康的民主来源于充满活力的

176

公民结社及公民社会。然而,在社会层面对该理论所进行的实证测验并不能证实关于其不同组成成分之间关系的一些核心主张。正如我们在第一章和第三章中所展示的那样,总体而言,社会资本不同组成成分的标准量度在不同国家中并不是共变的。尤其是,容忍度与交往活动在不同国家中并未显示出与信任度和犯罪相关,如此一来,一些国家可能会和美国一样拥有非常活跃的公民结社以及低水平的信任度,而另外一些国家,如北欧国家,则拥有高水平的信任度,但公民结社程度却处于中级或低级。

正如我们在第一章中所建议的那样,这里的实证问题在于结社是一个粗糙的量化量度,无法充分区分那些推进信任度和容忍度的结社和那些起相反作用的结社。结果,社会资本理论显示,信任和结社可能会在组内环境中彼此相配,但结社并不一定会导致跨社区及跨群组的和谐和团结。正如我们在第一章所讨论的那样,社会资本并不一定能从社区层面上升到整个社会的层面,因此,它并不能成为概念化社会凝聚力的一种恰当方式。

这种不同层面之间、社区和社会之间不对应的问题显示,在民主的自由主义理论和社会凝聚力的研究方面还存在更深层次的困难。充满活力的结社生活以及强大的公民社会并不一定能够确保社会的高凝聚力。总体而言,国家和个人家庭之间具有密集的结社网络的强大公民社会可能是一件好事,大部分民主国家需要开发这些网络,以便使工作更有成效。然而,公民结社可以有多种形式,其中很多形式可能并不会促进具有凝聚力的社会关系。例如,有人会想到那些具有高度不平等、深层阶级和种族分裂的国家,在这些国家中,很多团体会揭竿而起,或为某个群体争取更大的平等,或为压制其他群体,种族主义组织便是一例。不管这些种族主义组织的成因是正义的还是压迫性的,它们的结社形式代表的是冲突,而非凝聚力。高水平的结社可能显示的是斗争,这种斗争随着时间的流逝会创造出更具凝聚力的社会;但在历时分析中,这样的结社很难等同于凝聚力。同样,也有很多结社形式仅仅代表了某个特定群体的自身利益,因此一般而言很难产生凝聚力。正如 Fukuyama(1999)所认为的那样,Putnam 在美国等国家中所度量的很多结社活动可能均属于上述结社活动。更宽泛一点来说,可以认为,随着社会变得愈来愈个性化,随着身份愈来愈集中于生活方式、地区和族群的特殊性,结社活动会通过缩小活动目标(如 Fukuyama 所言,在道德上更为细微)和收紧会员身份来反映这种变化，因此对社会总体的凝聚力贡献甚微。

尽管自由主义的各种理论一直强调公民结社是社会融合的主要源泉，但是它们所缺乏的是对社会中国家和主要机构所扮演角色的分析。这显然是因为它们（至少在美国是如此）在意识形态上是完全反国家主义的。另一方面，社会民主理论自 Durkheim 起一直更为理解国家和主要社会机构在强化社会凝聚力方面的重要性。现代社会民主理论通常不仅强调福利机构，而且强调雇主和员工组织之间的整体社会伙伴关系。这个看待问题的角度为区分促进凝聚力的结社活动和增加社会分裂的结社活动提供了一种思路，而这个问题则一直困扰着 Putnam。社会伙伴关系的各种社会民主理论基于对有组织的利益集团调停重要性的认识之上，这些利益集团协调各方利益、调解社会冲突。这个过程的关键在于存在包容性的利益集团组织。从积极的角度来看待这些组织，我们可以看到一种方式，该方式能够区分产生凝聚力和不产生凝聚力的各种结社形式。这些具有包容性会员资格的组织协调各种差异巨大的利益关系，与其他组织进行协商，以找到各方都感到满意的解决方案，这可被看作是结社与社会凝聚力之间积极关联的基础，而社会资本理论家们也正是忽略了这一点。

当然，理解这样的过程需要更多的量化分析，不能过多依赖粗糙的量化量度。本书仅仅只是此类工作的一个开始，因此也只是探讨了社会凝聚力的制度基础。然而，我们所做出的分析不仅显示出这是一个重要的视角，而且为如何开始界定和区分不同形式的社会凝聚力提供了其他线索。

我们的跨国数据分析显示，至少有一种形式的社会凝聚力具有一些核心特质。虽然结社和容忍度的量度显示，它们与社会凝聚力的其他量度没有协方差，但至少有四个量度似乎的确具有相关性。对他人的信任、对机构的信任、公民合作及（反方向的）犯罪之间均具有相关性。我们认为，这四个量度形成了一套连贯的特征，而在很多人看来，这些特征就是社会凝聚力的核心所在。这里，信任似乎是其中最为稳健、最可泛化的因素之一，尤其是因为在不同国家中信任变化的模式是如此之一致、各个国家在这个量度上的变化是如此之巨大、信任在统计数据上与如此多的其他因素相关，而理论显示，这些因素均为社会凝聚力（特别是经济增长）所产生的效果。此外，对机构的信任成为核心量度之一这个事实与社会民主理论对机构重要性的强调是一致的，我们也赞同社会民主理论的这一观点。这样一来，我们的确似乎拥有了一套可能可以开始

178

对社会凝聚力进行界定的特征以及一套衡量这些特征的指标。然而，此时却出现了其他一些问题。

很多人会把容忍度看作具有凝聚力的社会的一个关键组成成分。然而，在一些（道德和文化容忍度等）传统的量度上，容忍度在不同国家中并不与我们所提到的其他"核心"量度产生共变。此处有一个简单的解决方案，那就是认为容忍度在事实上是一个独特的现象，尽管有一些共同的认知，它与社会凝聚力并不存在关联。自由民族主义者们所青睐的一个观点可能会是，信任实际上是民族同质性的一个产品，我们认为，由此可以推知，它并不一定就意味着具有容忍度。如果珍惜信任的社会认为它们只有在具有同质文化的基础上才能信任别人，那么我们无法期望这样的社会能容忍其他文化。然而，我们在第四章所做的实证测试却大大削弱了这一推理过程。在不同国家中，民族文化同质化与信任之间似乎并无关联，同样，民族多样化和爱国主义水平之间似乎也无关联。此外，爱国主义和容忍度之间也没有高度的相关性。多样化的社会可能也会具有爱国主义，展现出高度的信任；同样，同质社会也可能会缺乏信任或爱国主义自豪感。

因此，我们对社会凝聚力的定义就沦为了一个自相矛盾且开放式的定义了。看起来似乎有一些可以辨别的核心特征，它们形成了社会凝聚力的主要组成成分——信任、合作、低犯罪率。此外，还有诸如容忍度之类的一些其他要素，它们可能也构成了社会凝聚力，但却在某种程度上与上述核心特征关系紧张，或至少不完全和谐。这让我们得出了一个结论，即我们不应该把社会凝聚力看作一个单一的、一元的特征，而应该看到有不同形式的社会凝聚力，它们将不同形态中的不同构成成分结合在了一起。从统计数据分析的角度来看，这种情况相当不令人满意，但却可能更接近于历史现实。我们通常认为，联系紧密的国家，如北欧诸国，都是社会凝聚力最强的国家，然而，我们应该认识到还有其他可能性的存在。譬如，我们可以认为，有一些多样化并且联系相当松散的社会，它们缺乏高度的信任，也不太遵纪守法，但它们对其他文化和生活方式具有一定程度的容忍力，这种容忍力代表了这些社会中存在的社会凝聚力的模式和程度，尽管这种凝聚力自由放任，与所谓的社会连带关系还有一些差距。当然，这些例子需要区别对待。因此，由于认识到了每种社会凝聚力制度都有构成要素的不同配置以及这些配置将会高度背景化，所以目前似乎需要针对不同的社会凝聚力制度做出更多的定性分析和历史分析。就统计数据分析而言，如果没有更好的理论指导，那么目前能做的至多就是继续辨别每个不同独立指标与不同国家和地区中不同相关背景变量之间的关系。

教育、平等和社会凝聚力

本研究的主要目的是确认教育如何影响社会凝聚力的不同方面。本书开始时所提出的模式假定教育可能会通过两种方式对社会凝聚力产生影响：第一，教育通过技能分布，进而通过收入、机会以及成年人口地位的分布对社会凝聚力产生间接影响；第二，教育通过价值观和身份的形成使学生社会化，从而对社会凝聚力产生影响。

对于第一条途径，即分布模式，我们相关的发现看上去相当清晰。正如在第一章和第二章中所展示的那样，尽管在不同国家中，教育总水平和社会凝聚力的各个指标之间并不存在明显的相关性，但在教育平等、收入平等，以及大量社会凝聚力结果这些量度上存在很强、很显著的相关性，这些凝聚力结果包括一般信任和制度信任、犯罪、公民自由及政治自由。教育更为平等的国家通常收入更为平等，而且在一系列社会凝聚力量度上级别较高。此外，教育平等似乎与独立于收入分布的社会凝聚力结果存在正相关关系。我们对横断面数据和时间序列数据均作了分析，对后者的分析大大强化了初期的证据，虽然分析所展示的关系为非线性关系。因此，我们可以有信心地说，除了以"第三类原因"（我们迄今尚未发现）所进行的解释外，技能分布方式和社会凝聚力水平之间似乎存在某种因果关系。然而，我们仍然不清楚因果关系的方向或教育产生影响的确切机制是什么。而如果对这些解释没有进行详尽的阐述，我们的观点仍然是不完整的。

我们只能基于关联理论的外推法对这些机制进行思考。教育不平等通过很多不同路径对社会凝聚力产生影响似乎合情合理。教育体系不平等可能会导致整个社会出现更大的社会和经济不平等（也有可能整个社会会沦为不平等的产品），而且由于这种情况会导致社会冲突，所以我们有可能会认为，在这种情况下教育对社会凝聚力是有害的。只要教育不平等可能加剧不同群体之间身份和文化的差距，那么这种有害的

180

影响可能就会独立于收入不平等而产生，而这也有可能成为冲突的源泉。采用一个更为文化主义的方法来解释的话，我们可以说，即使教育不平等在没有增加冲突的情况下导致了更大的社会分化，它也可能会增加个人与群体之间的文化距离，因为它使交流、合作和信任变得更加困难。另一种更为社会心理学形式的解释可能是，教育不平等以及由于教育不平等而产生的收入及身份不平等令个人产生了身份焦虑和竞争压力，从而阻碍了信任和合作。

181 Wilkinson（1996）认为，不同国家在公众健康水平上的大多数差异可以用收入不平等而非平均财富来解释。另外，不平等通过由其所产生的压力水平对公众健康产生影响，而众所周知，这种压力水平导致了疾病和事故。类似的观点也可以被合理地运用于社会凝聚力（尤其是因为信任和身体健康似乎存在关联）。

  我们的研究强有力地显示，教育不平等与社会凝聚力结果是相关的。然而，在我们明确阐述这一问题之前还需要做更多的研究。有三个领域尤其需要探索。首先，需要对可能影响教育公平和社会凝聚力的不同背景变量所扮演的角色进行比我们目前的调查更为全面的调查。这些可能代表了"第三类原因"，可以证明我们关于不平等的假设的合理性，加深我们对必要条件的理解。通过横断面相关性分析尤其可能发现变量之间的相关性，而这些变量事实上是其他原因所导致的结果。为了排除这种结果，有必要在能找到数据的情况下进行更多的时间序列分析。其次，因为变量之间关系的因果性方向仍不清楚，我们需要采用时间序列分析，把诸如时滞分析等其他统计技术应用其中。再次，需要对这些过程和机制进行更为全面的审视，这可能会解释我们所发现的教育平等和社会凝聚力之间的关系。可以进行定性分析，包括对在校学生以及毕业生进行访谈，以调查学习者内化不平等意义的各种方式以及学生自己对教育成就和社会层级的看法。此类研究将会帮助我们理解不同背景（教育背景及后续一生中职业发展的各个阶段）下对不平等的体验是如何对与社会凝聚力相关的价值观和身份产生影响的。还可进行更多的统计建模，尤其是与合理的中介变量相关的统计建模。一系列国家中均存在基于心理测试及其他健康指标的压力水平数据。可与其他变量一起对这些数据进行分析。

教育与社会化

　　根据我们的初步假设，教育可能影响社会凝聚力的另外一个主要途径是包括价值观和身份形成在内的社会化过程。制约我们对其他个体和群体看法和与他们进行互动的，最终是我们的价值观和身份，这两者决定我们和谁交往、如何合作以及信任什么人。在某种意义上而言，身份最为关键，因为我们所接受和采用的身份决定了我们的情感和意识形态边界，因此也决定了我们信任和合作的核心和范围。甚至在身份理论问世之前，教育社会学从一开始便已经将社会化看作了教育的关键功能之一，并且一直持有这个观点，认为即使在学校教育与其他社会化的机构之间存在更多竞争的社会中也是如此。可以说，对教育社会化的实证性研究更多地基于教育参与者的意图，而非基于对学生价值观形成的观察。这可能是一个弱点，但教育的确对价值观产生影响这个假设在理论上仍然存在。

　　在本书的第三章和第四章，我们试图分析这个与社会凝聚力问题相关的过程的各个方面。考虑到数据相对不足以及这些问题的复杂性，我们此处的研究结果与本书其他地方的研究结果一样，不可避免地也是暂时性的。在国家层面上，容忍度作为一个多面性的变量以及高度情景化的变量出现，并且随着时间的变化而快速变化。关于教育不平等影响容忍度这一点，我们找到了很少的证据，尽管看似合理的理论论证显示教育不平等可能会影响容忍度。但是在很多国家中，却有证据（尤其是来自教育和种族主义研究的证据）表明，教育水平能够影响与容忍度相关的态度和行为。然而，正如在个人层面上观测到的数据所显示的那样，这种影响具有高度的场合约定性，就影响的强度以及机制而言，国与国不同，各个社会群体之间亦不同。在各个国家中，教育总水平与容忍度之间的关系还远不清楚，这可能是因为容忍度受到其他国家环境的强大影响，包括移民水平及类型以及围绕这两者的主流政治话语。

　　关于不同类型的教育对价值观和身份所产生的影响，我们的研究结果同样也很复杂，而且具有高度的区域属性。在对 IEA 研究的总体数据进行跨国分析时，我们发现，在学生接受了有效的多元化、国际主义、爱国主义和选举教育的国家，学生的容忍度也较高，但容忍度与信任度却没有任何关系。然而，对个人层面数据的分析显示，在

182

教育经历和态度性结果之间的关系上区域性差异非常大。譬如,在南欧国家,对爱国主义价值观的有效教育与对其他种族具有较高的容忍度相关,但在欧洲西北部则与对其他种族具有较低的容忍度相关。

从上述情况中得到的一个结论是,一些术语的含义在不同国家中很难有概念上的对等。爱国主义这个术语可能在南欧、中欧、东欧国家中的意义与在西北欧洲国家的意义有所不同,所以爱国主义和其他变量之间的任何联想均很难解释。解决这个问题的一个方法是尽可能使用更为客观的变量量度。迄今为止,除了采用在公民教育中所花费的时间这个粗糙的量度之外,在关于教育体系的不同特征对态度的影响这个问题上,我们几乎没有做什么。我们建议未来针对这个问题进行进一步的研究,尤其是针对学校中种族混合对态度形成的影响这个问题。各国的决策者们目前正在做出重要的政策性决策:即针对不同的宗教和语言群体是要进行无种族差别的教育还是要增加学校的多样性。他们的决策往往基于毫无事实依据的一些主张,即上述两种方法均对社区关系有利。现在该是我们为这些领域提供一些证据,帮助他们更好地进行决策的时候了。

教育制度与不平等

我们的研究一直集中在教育的分布效果之上,因为对很多社会结果而言,教育的分布通常似乎比人口的平均受教育程度更为重要。因此,我们尽力去理解教育制度的哪些特征与增加或降低教育平等相关。我们此处的研究得益于两点,第一,得益于IALS 和 PISA 的研究,正是由于这两项研究,我们才有可能得到那些关于教育不平等的数据,这些数据的质量和涵盖范围都得到了极大的改善和提高;第二,得益于学者们对这些数据高质量的分析。我们的研究结果基于对制度和结果的逻辑比较分析,采用了定性数据和描述性的统计,支持 OECD 和其他人的研究结果,他们采用了更具分析性的统计学方法,来分析不同国家之间和同一国家内部的各种关系。

早期的研究不能明确确定不同国家中学校组织对教育平等水平的影响,我们的分析,由于得益于改善了的结果分布数据,为学校体系对平等的影响提供了强有力的证据。不管选择哪一个平等的量度，我们均发现，基于地区模式和文化模式的国家集群始终如一，在大多数情况下，地区模式和文化模式与教育组织的类型是一致的。用最简单的话来说，拥有最发达的非选拔性或综合性学校教育的国家通常也是能达到教育效果最平等的国家（不管是在 15 岁的青年人中还是在成人中进行测量，结果均是如此），而且，这些国家通常还是社会背景对获得成就影响最小的国家。相反，招生最具选拔性、需要择校、拥有轨道制度和课程差异的国家通常在教育效果和社会传承方面均最不平等。当然，有人可能会提出反对，认为其他国家特征可能要对这些跨国的相关性负责。我们不排除不同的国家福利体系可能会起重要的作用这种可能性，然而，教育体系产生影响的证据依然非常强大。

　　未来几年，PISA 和其他项目所做的各种调查将会产生更多关于教育效果的数据，这将会为我们提供时间序列数据，使我们能够对教育体系和技能分布之间的因果关系进行更具稳健性的测试。然而，目前调查这些体系在不同国家的效果还有不少工作要做。可以开发更多体系特征的量化指标，衡量学校体系中的选择及差异化程度，进一步了解增加教育不平等的关键机制。此外，还可以从国家（譬如瑞士和德国）内部不同地区的对比研究中获得很多信息，因为不同地区的教育组织形式各异。在保持某些国家层面因素不变的情况下，对次国家区域的比较研究可为分析体系效果提供极为有利的条件。

政策意义

　　本研究的结果如果正确的话，那么对教育政策显然具有重要意义。多数国家的政策制定者对社会凝聚力问题以及教育在推动社会凝聚力方面的作用愈来愈关注。在关于提升本地区教育有效性的政策争论中，有三个主导性议题。第一，很多国家，尤其是那些拥有多种语言和多种信仰的人口的国家，它们关心的是学校将要采用的教学政策涉及何种信仰和语言，以及是否应该采用一元的国家体系或应采用基于不同语言和宗教的学校体系。19 世纪 60 年代和 70 年代，欧洲和亚洲的趋势总体而言是倾向于采用更为一元化的体系，建立世俗的或具有多种宗教信仰的学校，采用单语或少量的双

184

语教学。这种趋势目前似乎正在被扭转,不仅在东欧和南欧新成立的民族国家中如此,而且在诸如英国这样的西欧国家中也是如此,英国正在快速增加宗教学校的数量。第二,很多国家正在执行新的公民教育政策或正在通过各种方式改变其整体课程,目的是强化公民个人所选择的价值观及身份。第三,很多国家正致力于增加总体技能水平,尤其是那些被认为与"积极公民"相关的技能。

就语言或宗教而言,我们的研究结果对有关学校组织的政策并没有直接影响。总体上,我们发现,学校在录取学生时所实行的社会和教育上的差异化对待无益于社会凝聚力。通过类比,这个发现还可以被扩展到对宗教和语言的差异化对待。然而,关于这种差异化是否会影响到态度,我们缺乏直接的证据支持。就价值观教育而言,我们的研究的确显示,学校对价值观会产生影响,而且社会化仍然是学校的一个重要功能。然而,具体是什么效果导致了不同学校所采取的特定价值观和身份,对研究者而言仍然极为模糊不清,而且似乎因区域而异。可以肯定的是,根据我们所得到的证据,任何认为教育中的爱国主义成分越多,凝聚力便会越高的假设似乎都是不正确的,尽管更多关注多元主义和国际主义的学习的确好像对提升容忍度会有积极作用。

本研究最重要的政策意义与教育平等的各个问题相关。很多国家的政策制定者目前更多关注的不是教育分布和平等的问题,而是如何提高其离校生和成年人在国家层面上的平均成就水平的问题。这种趋势在过去 25 年中日趋强化,一方面是因为国际和国内有制定目标的文化,国家之间要进行比赛和排名;另一方面是因为各个国家沉迷于通过提升技能水平来增强经济竞争力。相形之下,平等问题在很多国家中都不能被提上议事日程,尤其是因为那个受到广泛认可,但却毫无理由的观点,即认为卓越和平等是无法兼容的。PISA 的研究最终消除了这个观点,因为研究非常清楚地显示,很多具有最高成就水平的国家同时也是具有相对平等结果的国家。因此,目前正是重新考虑这一不该被边缘化,却已被边缘化了的问题的最佳时机了。

本研究所传递的最主要信息是教育平等非常重要。正如我们在第六章中所揭示的那样,对经济竞争力而言,教育平等可能比我们一般所认为的更为重要。最为肯定的是,它对社会凝聚力至关重要。事实上,似乎有可能的是,与一个国家国民整体的受教育程度相比，教育对社会凝聚力的影响与教育分布的情况更为相关。此外，教育平等极易受到政策干预的影响。那些教育更为平等的国家，那些根据我们的调查数据正在因此而获益的国家，就是那些相信平等的优点，并对自己的教育体系进行设计，以强化教育平等的国家。

附录： 本书所采用的数据集

在我们的数据分析中，我们采用了大量不同来源的国际数据。如有可能，我们在分析中尽可能使用少量的数据集来提取数据（我们判断，这样会有助于分析的内部一致性），有时，这可能意味着在不同的分析之间会用到略微不同的统计数据。例如，第二章中关于基尼系数的数据来自 ACLP 数据集和世界银行的数据，前者用于分析"政治"指标，后者用于分析犯罪指标（因为犯罪数据集不包括收入不平等的量度）。凡是通过合并数据集或提取数据的方式创造出的新数据源，我们均给出了完整的数据集。其他情况下，我们提供了参考出处，读者借此可以找到完整的数据集。

第一章

由于没有哪个数据集能够单独满足研究所要求的国际比较类型，所以我们构建了一个联合数据集，所用数据来自《世界价值观调查》（WVS)/《国际成人读写能力调查》（IALS）、世界银行、国际刑警统计数据，以及《国际犯罪受害人调查》（ICVS）。所有采用数据的年限为 1990—2000 年，核心数据集包括了 15 个国家：澳大利亚、比利时、英国、加拿大、丹麦、芬兰、爱尔兰、荷兰、挪威、波兰、葡萄牙、瑞典、瑞士、美国和德国。

社会凝聚力的各个量度取自能在 WVS 中找到的最近的国家调查。大多数情况下，所用数据来自 1995—1997 年的调查，尽管在这些年的数据无法得到时，也代而使用了 1990 年的调查数据。

普遍信任是通过每个国家中抽样的个人比例进行测量，受测者同意在问到下列问题时，大多数人是可以信任的：

"总体而言，你会说大部分人能够被信任还是你与别人打交道时要极为谨慎？"

（WVS 问题 V27）

社团身份是通过每个国家中抽样的个人的社团身份的平均数量进行测量，不包括体育社团的会员身份（WVS 问题 V28 及 V30－V36）。

对政府的信任是通过每个国家中抽样的个人的比例进行测量，受测者同意或非常同意对自己的议会有信心（WVS 问题 V144）。

公民合作测量的是在公共交通上的票据作弊情况和税务作弊情况，通过调查每个国家中认为这种行为是完全不正当的个体受测人的比例来测量（WVS 问题 V193 及 V194）。

教育不平等的量度取自 IALS 的二手数据，具体方法是用完成了高等教育的个人的平均散文得分除以只完成了高中教育的个人的平均散文得分。为了计算这些得分，我们使用了最新的 IALS 调查数据（IALS，2000）。各国在这个指标上的统计数据在第一章中进行了详述。

收入不平等和人均 GNP 这两个量度取自最新的世界银行统计数据（世界银行 2001，第 282—283 页）。

犯罪量度取自 1996 年国际刑警的统计数据（国际刑事警察组织 1996）。所采用的犯罪量度为每 10 000 人中的杀人、抢劫和暴力盗窃数量之和。

容忍度的量度取自 WVS 的 V57 问题，测量每个国家中不介意有移民作为邻居的应答者的比例。

社区安全感量度取自 ICVS（国际翻译受害者调查）20 世纪 90 年代中期的调查数据，或尽可能新的数据，根据应答者一个人天黑之后在本地区单独行走是否具有安全感来测量每个国家的平均得分（非常安全 = 1，非常不安全 = 4）。由于没有获得德国和挪威的数据，所以在涉及这一变量进行分析时，不包括这些国家。

除了我们的主要数据集外，我们还采用了一个拓展数据集，包括了 38 个国家/地区，大致与 Knack 和 Keefer（1997）所研究的各个市场经济体相对应。数据采集于 1990 和 1995 年 WVS 的调查，运用上述方法，得出普遍信任和公民参与的数据。相应的收入不平等量度取自世界银行的统计数据，但需要注意的是，有五个国家和地区（阿根廷、东德、冰岛、中国台湾、乌克兰）的可靠的基尼系数无法获得。扩展数据集中各个国家和地区的数据如下表所示。

15个国家的社会资本/凝聚力总量

	简称	普遍信任	社团身份	对民主的信任	税务欺诈	公共交通票务欺诈	犯罪	容忍度	社区安全感
挪威	NW	64.80	.61	69.50	47.50	70.20	31.26	81.75	N/A
丹麦	DEN	57.70	.18	42.00	57.30	74.50	47.69	88.95	1.67
瑞典	SW	56.60	.52	44.60	49.30	47.00	85.38	95.34	1.68
荷兰	NL	55.80	.36	51.60	42.90	55.80	121.46	88.64	1.83
加拿大	CAN	50.70	.47	37.90	59.20	61.90	109.21	94.30	1.78
芬兰	FIN	46.90	.32	32.40	57.40	62.60	45.42	85.44	1.77
爱尔兰	IRL	46.80	.23	50.30	48.80	57.50	96.88	93.78	1.99
德国	D	41.80	.54	29.40	40.10	38.60	86.92	95.60	N/A
澳大利亚	AU	39.90	1.06	30.60	62.10	62.80	37.38	95.42	2.25
瑞士	SZ	37.80	.68	43.90	53.70	59.30	34.40	89.99	1.87
美国	US	35.00	1.63	30.30	73.60	66.50	209.85	90.31	1.95
波兰	PO	34.50	.03	34.50	55.20	68.10	71.04	75.89	2.29
比利时	B	30.60	.28	42.80	33.90	57.70	29.84	82.28	1.89
英国	UK	29.10	.20	46.10	53.90	59.40	144.83	88.30	2.10
葡萄牙	POR	20.70	.19	33.50	39.90	53.40	62.57	90.53	2.18

数据来源：世界价值观调查、国际刑警、国际成人读写能力调查。

38个国家/地区的社会资本/凝聚力总量(扩展数据集)

国家/地区	简称	普遍信任	社团身份	基尼系数
阿根廷	ARG	17.1	0.43	N/A
澳大利亚	AU	39.9	1.06	35.2
奥地利	A	28.4	0.21	23.1
比利时	B	30.6	0.28	25
巴西	BRZ	2.8	0.91	60
英国	UK	29.1	0.2	36.1

国家/地区	简称	普遍信任	社团身份	基尼系数
保加利亚	BUL	23.7	0.11	28.3
加拿大	CAN	50.7	0.47	31.5
智利	CHI	21.9	0.68	56.5
丹麦	DEN	57.7	0.18	24.7
东德	EGe	24.9	0.4	N/A
芬兰	FIN	46.9	0.32	25.6
法国	FR	22.8	0.23	32.7
匈牙利	HUN	23.8	0.15	30.8
冰岛	ICE	41.7	0.3	N/A
印度	IND	33	0.53	37.8
爱尔兰	IRL	46.8	0.23	35.9
意大利	I	33.8	0.22	27.3
日本	J	43.4	0.27	24.9
墨西哥	MX	26.4	1.1	53.7
荷兰	NL	55.8	0.36	32.6
挪威	NW	64.8	0.61	25.8
秘鲁	PER	4.9	0.58	46.2
菲律宾	PHI	5.5	0.42	46.2
波兰	PO	34.5	0.03	32.9
葡萄牙	POR	20.7	0.19	35.6
俄罗斯	RUS	23.4	0.14	48.7
南非	SA	17.6	1.15	59.3
韩国	SK	30.3	0.45	31.6
西班牙	E	28.7	0.41	32.5
瑞典	SW	56.6	0.52	25
瑞士	SZ	37.8	0.68	33.1
中国台湾	TAI	40.2	0.36	N/A

续 表

国家/地区	简称	普遍信任	社团身份	基尼系数
乌克兰	UKR	28.8	0.09	N/A
美国	US	35	1.63	40.8
西德	D	41.8	0.54	30
尼日利亚	NI	19.47	0.59	50.6
土耳其	TU	5.49	0.22	41.5

数据来源：世界价值观调查。

第二章

政治结果

国家	年份	教育基尼系数	基尼系数	公民自由	政治自由	社会动荡	国内生产总值
澳大利亚	1960	0.18				1	19 261
澳大利亚	1965	0.20				0	21 246
澳大利亚	1970	0.20	32.34			5	25 218
澳大利亚	1975	0.21	33.99	7	7	0	25 988
澳大利亚	1980	0.20	39.64	7	7	0	27 276
澳大利亚	1985	0.20	37.58	7	7	0	28 960
澳大利亚	1990	0.21	41.72	7	7	0	30 312
比利时	1960	0.26				6	14 310
比利时	1965	0.25				1	17 790
比利时	1970	0.20				0	22 247
比利时	1975	0.26		7	7	0	24 859
比利时	1980	0.28	27.90	7	7	0	27 739
比利时	1985	0.29	26.22	7	7	1	27 325
比利时	1990	0.29		7	7	0	31 730
保加利亚	1985	0.28	23.42	1	1	0	9 662
保加利亚	1990	0.21	24.53	4	5	12	12 817
加拿大	1960	0.22	31.11			0	19 484

续 表

国家	年份	教育基尼系数	基尼系数	公民自由	政治自由	社会动荡	国内生产总值
加拿大	1965	0.24	31.61			1	22 245
加拿大	1970	0.25	32.27			3	24 906
加拿大	1975	0.24	31.62	7	7	1	27 350
加拿大	1980	0.22	31.40	7	7	0	28 725
加拿大	1985	0.17	32.81	7	7	0	31 147
加拿大	1990	0.16	27.56	7	7	5	34 380
丹麦	1960	0.28				0	14 807
丹麦	1965	0.28				1	17 955
丹麦	1970	0.28				0	20 021
丹麦	1975	0.28		7	7	0	20 250
丹麦	1980	0.27	31.00	7	7	0	21 481
丹麦	1985	0.27	32.41	7	7	1	23 861
丹麦	1990	0.26		7	7	0	24 971
芬兰	1960	0.24				0	11 577
芬兰	1965	0.26				0	13 938
芬兰	1970	0.27	27.90			0	16 980
芬兰	1975	0.29	29.26	6	6	0	19 698
芬兰	1980	0.28	30.86	6	6	0	21 788
芬兰	1985	0.29	29.20	6	6	0	23 700
芬兰	1990	0.27		7	7	0	27 350
法国	1960	0.24	49.00			9	13 478
法国	1965	0.27	47.00			0	17 027
法国	1970	0.28	44.00			10	21 598
法国	1975	0.31	43.00	6	7	7	23 818
法国	1980	0.36	34.86	6	7	0	26 810
法国	1985	0.35		6	7	1	27 064
法国	1990	0.35		6	7	3	30 357

国家	年份	教育基尼系数	基尼系数	公民自由	政治自由	社会动荡	国内生产总值
希腊	1960	0.37				0	5 151
希腊	1965	0.37				5	7 721
希腊	1970	0.37				0	10 888
希腊	1975	0.36	34.84	6	6	1	13 532
希腊	1980	0.32	33.54	6	6	1	15 511
希腊	1985	0.32	34.37	6	6	4	16 270
希腊	1990	0.27	35.13	6	7	8	17 717
匈牙利	1975	0.19	22.04	2	2	0	8 803
匈牙利	1980	0.16	21.20	3	2	0	10 241
匈牙利	1985	0.19	22.83	3	3	0	10 827
匈牙利	1990	0.21		6	6	0	10 822
日本	1960	0.29				20	4 998
日本	1965	0.26	34.80			1	7 333
日本	1970	0.28	35.50			3	11 526
日本	1975	0.28	34.40	7	6	2	13 381
日本	1980	0.26	33.40	7	7	1	16 284
日本	1985	0.26	35.90	7	7	0	18 820
日本	1990	0.25	35.00	7	7	1	22 624
荷兰	1960	0.24				0	17 117
荷兰	1965	0.26				0	20 628
荷兰	1970	0.24				2	25 413
荷兰	1975	0.24	28.60	7	7	0	27 421
荷兰	1980	0.25	27.39	7	7	1	29 233
荷兰	1985	0.25	29.10	7	7	0	28 563
荷兰	1990	0.25		7	7	0	31 242
新西兰	1960	0.21				0	21 285
新西兰	1965	0.21				0	23 658

续　表

国家	年份	教育基尼系数	基尼系数	公民自由	政治自由	社会动荡	国内生产总值
新西兰	1970	0.23				2	24 112
新西兰	1975	0.18	30.04	7	7	0	25 970
新西兰	1980	0.16	34.79	7	7	0	24 614
新西兰	1985	0.17	35.82	7	7	0	26 039
新西兰	1990	0.25	40.21	7	7	0	25 413
波兰	1975	0.22		2	2	0	8 642
波兰	1980	0.16	24.87	4	2	0	8 491
波兰	1985	0.19	25.27	3	2	0	8 079
波兰	1990	0.14	26.24	6	6	2	7 467
葡萄牙	1960	0.58				0	4 853
葡萄牙	1965	0.51				2	6 189
葡萄牙	1970	0.50				1	8 423
葡萄牙	1975	0.51	32.28	5	3	17	10 354
葡萄牙	1980	0.42	36.80	6	6	0	11 321
葡萄牙	1985	0.43	36.80	6	7	0	11 343
葡萄牙	1990	0.43	36.76	6	7	0	16 637
罗马尼亚	1965	0.35				0	1 065
罗马尼亚	1970	0.35				0	1 493
罗马尼亚	1975	0.31		2	1	0	2 369
罗马尼亚	1980	0.31		2	1	0	2 861
罗马尼亚	1985	0.30		1	1	0	4 021
西班牙	1960	0.38				0	8 186
西班牙	1965	0.40	25.39			0	12 451
西班牙	1970	0.28	28.48			14	16 557
西班牙	1975	0.35	29.40	3	3	17	20 722
西班牙	1980	0.39	26.79	5	6	2	21 449
西班牙	1985	0.37	25.19	6	7	1	21 169

国家	年份	教育基尼系数	基尼系数	公民自由	政治自由	社会动荡	国内生产总值
西班牙	1990	0.36		7	7	0	26 364
瑞士	1960	0.31				0	20 149
瑞士	1965	0.31				0	23 660
瑞士	1970	0.34				0	27 218
瑞士	1975	0.35		7	7	0	27 074
瑞士	1980	0.23		7	7	1	29 548
瑞士	1985	0.25		7	7	0	29 848
瑞士	1990	0.26		7	7	0	32 812
土耳其	1960	0.68				10	3 194
土耳其	1965	0.66				0	3 765
土耳其	1970	0.64	53.94			5	4 841
土耳其	1975	0.63	49.95	5	6	9	6 416
土耳其	1980	0.59	47.41	3	3	6	6 692
土耳其	1985	0.58	45.00	3	5	0	7 091
土耳其	1990	0.56		4	6	0	8 632
西德	1960	0.31				0	13 919
西德	1965	0.32	29.84			1	17 282
西德	1970	0.32	32.81			2	21 251
西德	1975	0.33	31.19	7	7	0	23 342
西德	1980	0.34	31.07	6	7	2	27 273
西德	1985	0.35		6	7	3	27 252
西德	1990	0.37		6	7	0	29 509
南斯拉夫	1965	0.50	31.34			0	5 320
南斯拉夫	1970	0.48	31.74			0	7 319
南斯拉夫	1975	0.51	33.07	2	2	0	9 704
南斯拉夫	1980	0.47	33.54	3	2	0	12 463
南斯拉夫	1985	0.47	32.40	3	2	0	11 417
南斯拉夫	1990	0.47	31.88	4	3	11	10 007

来源：ACLP/TWF。

犯罪

国家/地区	代码	年份	教育基尼	基尼	谋杀罪	杀人罪	强奸罪
澳大利亚	AUS	1970	0.20	32.02	0.01	0.03	0.03
加拿大	CAN	1960	0.22	32.04	0.01	0.00	0.00
加拿大	CAN	1965	0.24	31.21	0.01	0.00	0.00
加拿大	CAN	1970	0.25	31.86	0.02	0.00	0.00
加拿大	CAN	1975	0.24	31.62	0.02	0.00	0.00
智利	CHL	1970	0.33	45.64	0.00	0.07	0.00
智利	CHL	1975	0.33	46.00	0.00	0.07	0.00
埃及	EGY	1960		42.00	0.10	0.00	0.01
埃及	EGY	1965		40.00	0.24	0.20	0.20
芬兰	FIN	1970	0.27	31.80	0.20	0.20	0.26
法国	FRA	1960	0.24	49.00	0.00	0.00	0.01
法国	FRA	1965	0.27	48.00	0.00	0.00	0.01
法国	FRA	1970	0.28	44.00	0.00	0.00	0.01
法国	FRA	1975	0.31	43.00	0.00	0.00	0.00
中国香港	HKG	1975	0.42	40.35	0.00	0.03	0.01
匈牙利	HUN	1965	0.21	25.93	0.04	0.00	0.04
匈牙利	HUN	1970	0.16	22.91	0.04	0.00	0.05
匈牙利	HUN	1975	0.19	22.80	0.04	0.00	0.06
印度	IND	1960	0.79	34.64	0.03	0.00	0.00
印度	IND	1965	0.77	31.72	0.02	0.00	0.00
印度	IND	1970	0.76	31.06	0.03	0.00	0.00
印度	IND	1975	0.74	30.51	0.03	0.00	0.00
印度尼西亚	IDN	1965	0.73	33.30	0.02	0.00	0.00

国家/地区	代码	年份	教育基尼	基尼	谋杀罪	杀人罪	强奸罪
印度尼西亚	IDN	1970	0.59	31.70	0.02	0.00	0.00
牙买加	JAM	1960	0.35	54.31	0.07	0.00	0.16
日本	JPN	1965	0.26	35.88	0.00	0.03	0.00
日本	JPN	1970	0.28	35.30	0.00	0.02	0.00
墨西哥	MEX	1960	0.56	55.10	0.20	0.34	0.24
墨西哥	MEX	1965	0.57	55.50	0.00	0.15	0.05
墨西哥	MEX	1970	0.51	57.70	0.00	0.13	0.04
墨西哥	MEX	1975	0.50	57.90	0.00	0.11	0.04
荷兰	NLD	1975	0.24	28.60	0.00	0.01	0.01
新西兰	NZL	1975	0.18	30.05	0.00	0.00	0.00
巴基斯坦	PAK	1970	0.85	30.24	0.07	0.00	0.02
巴拿马	PAN	1970	0.47	57.00	0.00	0.11	0.09
新加坡	SGP	1975	0.47	41.00	0.03	0.00	0.03
西班牙	ESP	1965	0.40	31.99	0.00	0.01	0.00
斯里兰卡	LKA	1965	0.44	47.00	0.00	0.06	0.01
斯里兰卡	LKA	1970	0.38	37.71	0.00	0.06	0.01
斯里兰卡	LKA	1975	0.37	35.30	0.00	0.08	0.03
苏丹	SDN	1970	0.87	38.72	0.69	0.67	0.68
泰国	THA	1965	0.48	41.28	0.16	0.00	0.00
泰国	THA	1970	0.42	42.63	0.19	0.00	0.00
泰国	THA	1975	0.43	41.74	0.17	0.00	0.00
特立尼达	TTO	1960	0.36	46.02	0.06	0.08	0.07
特立尼达	TTO	1975	0.34	51.00	0.05	0.08	0.13

续　表

国家/地区	代码	年份	教育基尼	基尼	谋杀罪	杀人罪	强奸罪
突尼斯	TUN	1965	0.89	42.30	0.01	0.00	0.26
土耳其	TUR	1970	0.64	56.00	0.00	0.10	0.00
土耳其	TUR	1975	0.63	51.00	0.00	0.07	0.00

来源：AG/TWF。

第三章

关于 15 个国家的社会资本/凝聚力总量数据，请参见第一章附录。

图 3.3 及 3.4 数据集

国家/地区	缩写	信任	容忍度	团结性
澳大利亚	AUS	10.3	10	3.16
比利时	BEL	9.9	10	3.15
保加利亚	BUL	9.2	9.7	3.08
中国	CHI	10	10.4	3.26
哥伦比亚	COL	9.9	10.8	3.18
塞浦路斯	CYP	10.5	10.9	3.34
捷克	CZE	9.7	10	3.08
丹麦	DEN	11.4	9.6	3.24
英格兰	ENG	10	9.7	3.2
爱沙尼亚	EST	9.7	9.7	3.05
芬兰	FIN	10.1	9.8	3.1
德国	GER	10	9.2	3.03
希腊	GREE	10.4	10.6	3.27
中国香港	HK	10.2	10.5	3.08
匈牙利	HUN	10.1	9.5	3.1

续　表

国家/地区	缩写	信任	容忍度	团结性
意大利	ITA	10.1	9.8	3.17
拉脱维亚	LAT	9.5	9.5	3.03
立陶宛	LITH	9.5	9.6	3.13
挪威	NOR	10.8	10.3	3.11
波兰	POL	9.9	10.6	3.3
葡萄牙	POR	9.6	10.3	3.41
罗马尼亚	ROM	10	10.2	3.26
俄罗斯	RUS	9.4	9.8	2.99
斯洛伐克	SLO	8.6	9.4	
斯洛文尼亚	SLRE	10.3	9.8	3.17
瑞典	SWE	10.2	10.7	3.13
瑞士	SWI	10.7	9.4	3.07
美国	US	10.4	10.3	3.19

来源：IEA 公民调查。

第四章

4A　学生观点

	对下列观点"赞成"和"强烈赞成"的学生比例			
	在学校，我学会了要成为一名热爱国家、忠诚于国家的公民（爱国主义）	在学校，我学会了理解其他拥有不同想法的人（多元主义）	在学校，我学会了关心其他国家发生的事情（国际主义）	在学校，我知道了国家和地区投票选举的重要性（选举）
北欧、西欧				
比利时, 法国	47(1.2)	80(1.8)	71	49(2.5)
丹麦	44(1.1)	72(0.9)	68(1.1)	39(1.3)
英格兰	54(1.3)	90(1.0)	74	41(1.2)
芬兰	55(1.5)	83	67(1.2)	34(1.4)

续　表

	对下列观点"赞成"和"强烈赞成"的学生比例			
	在学校,我学会了要成为一名热爱国家、忠诚于国家的公民（爱国主义）	在学校,我学会了理解其他拥有不同想法的人（多元主义）	在学校,我学会了关心其他国家发生的事情（国际主义）	在学校,我知道了国家和地区投票选举的重要性（选举）
德国	48(1.3)	77(1.0)	74(0.9)	39(1.3)
挪威	55(1.0)	79(1.1)	76(1.0)	48(1.3)
瑞典	42(2.0)	84	76(1.6)	57
瑞士	48(1.7)	83	77(1.1)	44(1.8)
东欧国家				
保加利亚	63	77(1.7)	60(1.5)	42(2.2)
捷克共和国	58(1.1)	74(1.2)	57(1.5)	42(1.6)
爱沙尼亚	48(1.3)	84	71	43(1.5)
匈牙利	69(1.3)	71(1.0)	57(1.2)	52(1.2)
拉脱维亚	52(1.6)	81(1.1)	72	48(1.6)
立陶宛	57(1.2)	79(1.0)	74	43(1.3)
波兰	81(1.1)	79(1.5)	74	70(1.4)
罗马尼亚	88(1.0)	89(0.8)	69(1.2)	78(1.2)
俄罗斯联邦	66	87(0.8)	78(1.2)	64(1.8)
斯诺伐克共和国	79(1.1)	87(0.8)	76(1.0)	68(1.2)
斯诺文尼亚	64	80(1.0)	57(1.0)	35(1.2)
南欧				
塞浦路斯	91(0.7)	88(0.7)	81(0.9)	72(1.1)
希腊	79(1.1)	87(0.9)	68(1.0)	72(1.1)
意大利	61(1.3)	87(0.9)	79(1.1)	54
葡萄牙	84(0.8)	95(0.5)	76(0.9)	48(1.1)
其他国家和地区				
澳大利亚	60(1.0)	88(1.0)	70	55

续　表

	对下列观点"赞成"和"强烈赞成"的学生比例			
	在学校,我学会了要成为一名热爱国家、忠诚于国家的公民(爱国主义)	在学校,我学会了理解其他拥有不同想法的人(多元主义)	在学校,我学会了关心其他国家发生的事情(国际主义)	在学校,我知道了国家和地区投票选举的重要性(选举)
智利	87(0.6)	94(0.4)	77(0.9)	76(1.1)
哥伦比亚	90(0.9)	93(0.6)	78(1.0)	89(0.9)
中国香港	57(1.1)	85	72	71(1.0)
美国	68(1.3)	89(1.1)	75(1.1)	73(1.4)
国际平均成绩	64	84	72	55

注:

标准误差在括号中呈现。如国家/地区平均成绩显著高于或低于国际平均成绩(a<0.01)时,则列出标准误差。

来源:Torney-Purta 等(2001;第 136 页;表 7.1)。附录 4A 为表 7.1 的重组版。

4B　制度信任、民族自豪感、容忍度和政治参与各国平均成绩

	制度信任	民族自豪感	容忍度	政治参与
北欧和西欧				
比利时、法国	9.9	8.4(0.08)	10.0	9.7(0.07)
丹麦	11.4(0.04)	9.8(0.04)	9.6(0.05)	9.5(0.04)
英格兰	10.0	9.4(0.05)	9.7(0.07)	9.7(0.05)
芬兰	10.1	10.5(0.05)	9.8	9.7(0.05)
德国	10.0	9.0(0.06)	9.2(0.07)	9.6(0.04)
挪威	10.8(0.04)	9.9	10.3(0.07)	9.7(0.04)
瑞典	10.2	9.3(0.08)	10.7(0.08)	9.8(0.04)
瑞士	10.7(0.04)	9.2(0.06)	9.4(0.07)	9.7(0.05)
东欧国家				
保加利亚	9.2(0.07)	9.9	9.7(0.10)	10.0
捷克共和国	9.7(0.05)	10.2(0.04)	10.0	9.4(0.04)

续　表

	制度信任	民族自豪感	容忍度	政治参与
爱沙尼亚	9.7(0.04)	9.5(0.04)	9.7(0.04)	9.9
匈牙利	10.1	10.1	9.5(0.05)	9.9(0.04)
拉脱维亚	9.5(0.06)	9.5(0.06)	9.5(0.05)	10.5(0.07)
立陶宛	9.5(0.05)	10.0	9.6(0.03)	9.6(0.05)
波兰	9.9	11.1(0.08)	10.6(0.06)	10.5(0.06)
罗马尼亚	10.0	10.1	10.2	10.5(0.05)
俄罗斯联邦	9.4(0.06)	10.0	9.8	10.0
斯洛伐克共和国	10.3(0.05)	10.5(0.07)	9.8(0.05)	9.8(0.05)
斯洛文尼亚	8.6(0.05)	9.9	9.4(0.05)	10.0
南欧				
塞浦路斯	10.5(0.04)	11.3(0.03)	10.9(0.03)	10.4(0.04)
希腊	10.4(0.05)	11.4(0.05)	10.6(0.05)	9.9
意大利	10.1	9.5(0.04)	9.8(0.05)	9.8(0.05)
葡萄牙	9.6(0.05)	10.7(0.04)	10.3(0.03)	10.4(0.04)
其他国家和地区				
澳大利亚	10.3(0.06)	10.0	10.0	9.8(0.05)
智利	10.0	11.1(0.04)	10.4(0.03)	10.2(0.05)
哥伦比亚	9.9	10.9(0.06)	10.8(0.04)	11.1(0.06)
中国香港	10.2	8.9(0.03)	10.5(0.05)	10.5(0.05)
美国	10.4(0.07)	9.9	10.3(0.06)	10.5(0.05)
国际平均成绩	10	10	10	10

注：
标准误差在括号中呈现。如国家/地区平均成绩显著高于或低于国际平均成绩（a＜0.01）时，则列出标准误差。

来源：Torney-Purta 等．（2001，第 96、101、105、122 页；表 5.1、5.2、5.3、6.1）. 附录 4B 为各原始表的重组和整合版。原始表中的各项值是对组成四个尺度的各项进行 Rasch 定标的结果，现表复制了原始表中的各项值。

第六章

图 6.1 人均 GDP 构成要素

数据由英国资格与课程管理委员会的 Tom May 所提供，读者可向作者索取。

表 6.1WEF 经济竞争力排名

数据来自世界经济论坛(2004)。

图 6.2 多要素生产率增长及研发变化

数据来自 OECD(2001)，《真正的新经济》，巴黎：OECD，图 111.2，第 43 页。

图 6.3 以区域来衡量的公共社会支出占 GDP 的百分比

按 GDP 占比计算的公共社会支出总量

	1980	1985	1990	1995	2000	2001
奥地利	22.5	24.1	24.1	26.6	26.0	26.0
比利时	24.1	26.9	26.9	28.1	26.7	27.2
丹麦	29.1	27.9	29.3	32.4	28.9	29.2
芬兰	18.5	23.0	24.8	31.1	24.5	24.8
法国	21.1	26.6	26.6	29.2	28.3	28.5
德国	23.0	23.6	22.8	27.5	27.2	27.4
希腊	11.5	17.9	20.9	21.4	23.6	24.3
爱尔兰	17.0	22.1	18.6	19.4	13.6	13.8
意大利	18.4	21.3	23.3	23.0	24.1	24.4
卢森堡公国	23.5	23.0	21.9	23.8	20.0	20.8
荷兰	26.9	27.3	27.6	25.6	21.8	21.8
挪威	17.9	19.1	24.7	26.0	23.0	23.9
葡萄牙	10.9	11.1	13.9	18.0	20.5	21.1
西班牙	15.9	18.2	19.5	21.4	19.9	19.6
瑞典	28.8	30.0	30.8	33.0	28.6	28.9
瑞士	14.2	15.1	17.9	23.9	25.4	26.4
英国	17.9	21.1	19.5	23.0	21.7	21.8

续　表

	1980	1985	1990	1995	2000	2001
美国	13.3	13.0	13.4	15.5	14.2	14.8
斯堪的纳维亚	24	25	27	31	26.2	26.7
南欧	15	16	19	21	22.0	22.4
盎格鲁-撒克逊国家	16	19	17	19	16.5	16.8
欧洲核心国家	22	23	24	26	25.1	25.4
经济合作与发展组织国际-30	m	m	m	m	23.2	23.6
欧盟国家-15	20.6	22.9	23.4	25.6	23.7	24.0

来源：OECD(2004)，社会支出数据库(SOCX，www.oecd.org/els/social/expenditure)。

图 6.4 按国家和区域分类的收入不平等

收入不平等

国家	基尼系数	国家	基尼系数
奥地利 1997	30	西班牙 1990	32.5
丹麦 1997	24.7	瑞典 2000	25
芬兰 2000	26.9	瑞士 1992	33.1
法国 1995	32.7	英国 1999	36
德国 2000	28.3	美国 2000	40.8
希腊 1998	35.4	斯堪的纳维亚	25.6
意大利 2000	36	欧洲核心国家	31.025
挪威 2000	25.8	南欧	35.6
葡萄牙 1997	38.5	盎格鲁-撒克逊国家	38.4

来源：《2005 年世界银行发展报告》。

图 6.5 收入不平等和社会凝聚力——参见第一章中的数据
来源：Green，Preston 和 Sabates(2003)。

图 6.6 规范模式
来源：Green，Hodgson 和 Sakamoto(2000)。

图 6.7　按国家和区域划分的高技能工作中工人的比例

国家	从事高技能工作的工人比例(%)	国家	从事高技能工作的工人比例(%)
瑞典	55.7	德国	34.4
荷兰	51.7	新西兰	33.9
芬兰	46.6	奥地利	33.9
瑞士	44.7	爱尔兰	31.5
挪威	44.3	斯洛文尼亚	29.4
丹麦	41.7	波兰	28.7
捷克共和国	40.5	葡萄牙	25.6
加拿大	39.4	智利	16.5
英国	36.9	斯堪的纳维亚	47.1
美国	35.8	欧洲核心国家	41.1
匈牙利	35.3	盎格鲁-撒克逊国家	35.5

来源：OECD,《学习及信息时代》(2000)。

图 6.8　来自 IALS 的按照区域分类的平均素养得分

	散文阅读素养平均成绩	文件阅读素养平均成绩	量化素养平均成绩
北欧诸国	288.3	296.4	296.8
欧洲核心国家	270.5	277.5	282.7
说英语的国家	273.7	269.3	271.7
英国、美国、爱尔兰	268.7	264.8	269
美国、英国	270.2	267.5	271.2

图 6.9　来自 IALS 的按区域各类素养散布度

	散文阅读成绩散布度	文件阅读成绩散布度	量化成绩散布度	综合成绩散布度
北欧诸国	17.9	16.5	16.8	17.1
欧洲核心国家	19.2	20.2	20.8	20.1
说英语的国家	19	18.9	19.6	19.7
英国、美国、爱尔兰	19.8	22.6	22.6	20.8
美国、英国	19.8	23.6	23.6	22.1

图6.10 按照国家组群分类的阅读、数学、科学成绩散布度
成人读写能力调查成绩

	散文阅读素养平均成绩	散文阅读素养散布度	文件阅读素养平均成绩	文件阅读素养散布度	量化素养平均成绩	量化素养散布度	综合散布度
加拿大	278.8	10	279.3	11.7	281	7.8	9.8
德国	275.9	11.2	285.1	17.8	293.3	9	12.6
爱尔兰	265.7	19.8	259.3	14	264.6	20.5	18.1
荷兰	282.7	30	286.9	29.3	287.7	30	29.7
瑞典	301.3	11.9	305.6	11.6	305.9	8.9	10.8
瑞士（FR）	264.8	12.3	274.1	10.6	280.1	15.8	12.9
瑞士（G）	263.3	10.5	269.7	7.8	278.9	9.9	9.4
美国	273.7	10.4	267.5	15.8	275.3	17.2	14.4
澳大利亚	274.2	25.5	273.3	26.6	275.9	28.7	26.9
比利时（FL）	271.8	30	278.2	30	282	30	30
新西兰	275.2	19.1	269.1	15.7	270.7	22.3	19.0
英国	266.7	29.2	267.5	30	267.2	30	29.7
丹麦	275	14.9	293.8	19.5	298.4	19.3	17.9
芬兰	288.6	27.9	289.2	19.7	286.1	21.78	23.12
挪威	288.5	16.9	296.9	15.1	296.8	17.4	16.4
葡萄牙	222.6	18.9	220.4	23.5	231.4	22.5	21.6
瑞士（It）	264.3	21.3	271	25.6	274.4	30	25.6
北欧诸国	288.35	17.9	296.375	16.475	296.8	16.845	17.0
欧洲核心国家	270.4	19.2	277.5	20.1	282.7	20.7	20.1
说英语的国家	273.72	19	269.3	18.9	271.7	19.5	19.6
英国、美国、爱尔兰	268.7	19.8	264.7	19.9	269	22.5	20.7
美国、英国	270.2	19.8	267.5	22.9	271.2	23.6	22.1

图 6.11　成人参与成人教育的比例

	总体参与率	平均小时/每成人
芬兰	56.8	121.2
丹麦	55.7	122.2
瑞典	52.5	
挪威	47.9	114.9
新西兰	47.5	135
英国	43.9	93.5
瑞士	39.7	58.6
美国	39.7	67.4
加拿大	37.7	115.1
荷兰	37.4	90.6
斯洛文尼亚	31.9	67.3
捷克共和国	25.5	42.7
爱尔兰	24.3	115.1
比利时(FL)	21.2	27.4
匈牙利	19.3	36.1
智利	18.9	49.2
葡萄牙	14.2	
波兰	13.9	20.8
北欧诸国	53.2	119.4
欧洲核心国家	32.8	58.9
盎格鲁-撒克逊国家	38.6	105.3

注释及参考文献

第一章　教育与社会凝聚力：让争论回归中心

1. 教育成果分布的国家价值是基于《国际成人读写能力调查》的数据计算出来的，因为这些数据是对技能的直接量度，所以被认为是比人力资本理论家们常用的在校学习年限更好的度量教育的指标。对取样的各国社会态度的量度来自 1990 年和 1995 年的《世界价值观调查》以及（来自国际刑警组织的）国家犯罪统计数据。不同国家收入不平等的基尼系数来自世界银行的统计表。附录解释了本书中的图表如何取自各主要数据集和扩展数据集。

2. 估值采用 SPSS 程序包计算而出。

3. 双尾检定的显著性测试为 $p < 0.05$。

4. 这与 Knack 和 Keefer(1997)基于 WVS 的研究结果相冲突，该研究结果认为，公民合作在国家层面上的总量与社会信任的成绩产生共变。

5. 1976 年和 1986 年的欧洲晴雨表调查对 9 个欧洲国家的受试者进行了调查，询问他们对其他提到的国家的信任度有多大。可靠感的排名顺序在这两年中均一致，瑞士人、丹麦人和荷兰人被认为信任度最高，爱尔兰人、意大利人和俄罗斯人被认为信任度最低，美国人、英国人、法国人的信任度居中(Inglehart 1990，第 399 页)。

第三章　教育、容忍度和社会凝聚力

1. 最近发表的一组被指亵渎穆斯林先知穆罕默德的丹麦漫画引起了纷争，这场纷争可以看作丹麦文化在与外国文化和宗教接触时有时会感到不适的例证。事实上，这些极具煽动性的漫画的发表，以及接下来可以预见到的全球范围内引发义愤时政府反应的迟钝，均说明事件相关者的天真幼稚以及麻木不仁。

第四章　民族语言多样性、公民态度和公民精神教育

1. ELF 是用一种 Herfindahl 集中度公式进行计算的,数据来自一份对少数民族的全球范围内的调查,该调查 1964 年发表于 *Atlas Narodov Mira*(参见 Posner 2004)。

Herfindahl 集中度公式为:$ELF = 1 - \sum_{i=1}^{n} S_i^2$,其中 S_i^2 是组群 $i(i = 1, \cdots n)$ 的一部分。

为了阐明这个公式的运用,我们计算了三个假设例证的 ELF。在案例 A 中,人口被分为两个少数民族,其中一个占人口总量的 75%,另一个占 25%。在案例 B 中,有两个少数民族,各占人口的 50%。在案例 C 中,有三个少数民族,人口依次占 50%、25%、25%。

案例 A(75/25):ELF = 1 - (0.56 + 0.06) = 0.38

案例 B(50/50):ELF = 1 - (0.25 + 0.25) = 0.5

案例 C(50/25/25):ELF = 1 - (0.25 + 0.06 + 0.06) = 0.63

2. Knack 和 Keefer 所建构的公民合作是一个复合变量,由五个变量组成,其中两个变量(税收和交通)本研究正在使用,此外还包括"索取无权索取的政府福利"、"把发现的钱据为己有"以及"无意中损害了停靠车辆却未报警"。

3. 该分析的结果可从作者处获得。

4. 在本回归分析中,人均国民总收入(GNI)的标准系数为 -.17,T 统计量为 -.734,显著性为.473。异质性的标准系数为 -.19,T 统计量为 -.834,显著性为 .415。调整后的 R^2 为 -.04(即:仅有 4% 的方差得到了解释)。(欧洲国家的)N 为 20。

5. 对 1995 年那一波调查进行分析,产生了人均 GNP 和 ELF,其中人均 GNP 的标准系数为.65,显著性为.000;ELF 的标准系数为 -.09,显著性为.45。1990 年的分析所产生的 GNP 和 ELF 的标准系数分别为.58 和 -.13,显著性分别为.000 和.896。1981 年的分析所产生的 GNP 和 ELF 的标准系数分别为.55 和 -.04,显著性分别为 .016和.86。1995 年的分析基于 42 个取样国家,1990 年的分析基于 39 个取样国家,1981 年的分析基于 20 个取样国家。

6. Miller 的观点是:教育应该培养爱国主义。可以预期,这个观点遭到了大量的批评。例如,Brighouse(2003)认为,爱国教育给孩子们强行输入了对国家的忠诚,让孩

子们不能自由选择对自己的归属纽带进行探索。这样,爱国教育就违反了自由选择的原则,而自由选择的原则应该是自由民主国家中唯一许可的教育方针。Brighouse 进一步声称,爱国教育可能在事实上对社会正义有害,因为爱国教育与更能推进社会正义的忠诚和依恋构成竞争。

7. 独立样本 T 检验揭示,在 0.01 的水平上,各区域在公民教育的各方面的平均成绩差异均显著。

8. 该分析的结果可从作者处获得。

第五章 综合学校教育与教育不平等

1. 最新的《第三次国际数学与科学研究》(TIMSS)所提供的证据尚不清晰,需要进行全面分析。

2. 本分析主要来自 Susan Wiborg 的博士论文:《*Uddannelse og social samhφrighed:Udviklingen af enhedsskoler i Skandinavien, Tyskland og England. En komparativ analyse*》S. Wiborg (2004),博士论文,哥本哈根,博仁大学/Forlag。

3. Marsden 和 Ryan(1995)也认为,较大的德国公司比英国公司为技术工人提供了更好的提升前景,尽管这种情况现在正在发生变化(参见 Brown 1997)。

4. 这一点要归功于 LSE 的 Hilary Steedman。

5. 尽管希腊目前正在引入新形式的综合高中。

第六章 终身学习的模式及"知识社会":通过教育增强竞争力、提升社会凝聚力

1. 世界经济论坛(2004)《全球竞争力报告》2003—2004,第 39 页。

参考文献

Abizadeh, A. (2004) 'Historical Truth, National Myths and Liberal Democracy: On the Coherence of Liberal Nationalism', *The Journal of Political Philosophy*, 12(3),291 - 313.

Abramson, P. and Inglehart, R. (1994) 'Education, Security and Postmaterialism: A Comment on Dutch and Taylor's "Postmaterialism and the Economic Condition"' *American Journal of Political Science*, 38(3),797 - 814.

Albert, M. (1993) *Capitalism against Capitalism*. London: Whurr Publishers.

Anderson, P. (1994) *Lineages of the Absolutist State*. London: Verso.

Apple, M. (2001) *Educating the 'Right' Way: Markets, Standards, God and Inequality*. London: Routledge.

Archer, G. and Gartner, R. (1984) *Violence and Crime in Cross-National Perspective*. Michigan: Yale University Press.

Ashton, D. and Green, F. (1996) *Education, Training and the Global Economy*. London: Edward Elgar.

Atkin, C. K. (1981) 'Communication and Political Socialization', in D. Nimmo and K. Sanders (eds), *Handbook of Political Communication*. Beverly Hills, CA: Sage, pp. 299 - 328.

Atlas Narodov Mira (1964) Miklukho-Maklai Ethnological Institute at the Department of Geodesy and Cartography of the State Geological Committee of the Soviet Union, Moscow.

Axelrod, R. (1986) 'An Evolutionary Approach to Norms', *American Political Science Review*, 80,1095 - 1111.

Baert, P. (1998) *Social Theory in the Twentieth Century*. Cambridge: Polity Press.

Ball, S. (2003) *Class Strategies and the Education Market: The Middle Classes and Social Advantage*. London: Routledge Falmer.

Banfield, E. (1958) *The Moral Basis of a Backward Society*. New York: Free Press.

Beck, U. (2000) *What is Globalization?* Cambridge: Polity Press.

Benn, M. and Chitty, C. (2004) *A Tribute to Caroline Benn: Education and Democracy*. London: Continuum.

Blanden, J. , Gregg, P. and Machin, S. (2005) *Intergenerational Mobility in Europe and North America*. London: Sutton Trust.

Blau, F. and Kahn, L. (1996) 'International Differences in Male Wage Inequality: Institutions Versus Market Forces', *Journal of Political Economy*, 194(4),791 – 837.

Blum, A. , Goldstein, H. and Guérein-Pace, F. (2001) 'International Adult Literacy Survey: An Analysis of International Comparisons of Adult Literacy', *Assessment in Education*, 8 (2),225 – 246.

Boli, J. (1989) *New Citizens for a New Society: The Institutional Origins of Mass Schooling in Sweden*. Oxford: Pergamon Press.

Bothenius, A. , Lehman, J. M. and Pescher, J. L. (1983) 'Comparing Educational and Occupational Attainment in Hungary and the Netherlands: A LISERAL Approach', *Bulletin Vakgroep Methoden en Techhnieken*, 53. Groningen: Sociolingisch Instituut.

Boucher, L. (1982) *Tradition and Change in Swedish Education*. Oxford: Pergamon Press.

Boudon, R. (1974) *Education, Opportunity and Social Inequality*. London: Wiley-Interscience.

Bourdieu, P. (1980) 'Le Capital Social: Notes Provisoires', *Actes de La Recherche en Sciences Sociales*, 31,2 – 3.

Bourdieu, P. (1986) 'The Forms of Capital', in J. Richardson (ed.), *Handbook of Theory and Research for the Sociology of Education*. Westport, CT: Greenwood Press.

Bourdieu, P. and Passeron, J. C. (1979) *The Inheritors: French Students and their Relation to Culture*, trans. Richard Nice. Chicago: University of Chicago Press.

Braithwaite, J. and Braithwaite, V. (1980) 'The Effect on Income Inequality and Social Democracy on Homicide', *British Journal of Criminology*, 20(1),45 – 53.

Brehm. J. and Rahn, W. (1997) 'Individual-Level Evidence for the Causes and Consequences of Social Capital', *American Journal of Political Science*, 41(3),999 – 1023.

Brighouse, H. (2003) 'Should We Teach Patriotic History?', in K. McDonough and W. Feinberg (eds), *Education and Citizenship in Liberal-Democratic Societies: Teaching for Cosmopolitan Values and Collective Identities*. Oxford: Oxford University Press.

Brown, A. (1997) 'Becoming Skilled during a Time of Transition: Observations from Europe,' Monograph, Department of Educational Studies, University of Surrey, Guildford.

Brown, G. , Micklewright, J. and Waldmann, R. (2000) 'In Which Countries is Learning Achievement Most Unequal?', Unpublished paper to CEE seminar, June, UNICEF, Florence.

Brown, P. and Lauder, H. (2000) 'Human Capital, Social Capital, and Collective Intelligence', in S. Baron, J. Field and T. Schuller (eds), *Social Capital: Critical Perspectives*. Oxford: Oxford University Press, pp. 226 – 242.

Brown. P. , Green, A. and Lauder, H. (2001) *High Skills: Globalization, Competitiveness and Skills Formation*. Oxford: Oxford University Press.

Brubaker, R. (1992) *Citizenship and Nationhood in France and Germany*. Cambridge, MA: Harvard University Press.

Bynner, J. and Ashford, S. (1994) 'Politics and Participation: Some Antecedents of Young

People's Attitudes to Political System and Political Activity', *European Journal of Social Psychology*, 24,223 – 236.

Canovan. M. (1996) *Nationhood and Political Theory*. Cheltenham: Edward Elgar.

Carnoy, M. (1993) 'School Improvement: Is Privatization the Answer', in J. Hannaway and M. Carnoy (eds), *Decentralization and School Improvement*, San Francisco, CA: Jossey-Bass.

Castells, M. (1997) *The Information Age: Economy, Society and Culture*, Vol. II: *The Power of Identity*. Oxford: Blackwell.

CEDEFOP (1987) *The Role of the Social Partners in Vocational Training and Further Training in the Federal Republic of Germany*. Berlin: CEDEFOP.

Checchi, D. (2001) *Education, Inequality and Income Inequality*, DARP. Discussion Paper No. 52, DARP. London: London School of Economics.

Coffield, F. (2000) 'Introduction', in F. Coffield (ed.), *Differing Visions of the Learning Society*, Vol. 1. Cambridge: The Policy Press.

Coleman, J. (1988) 'Social Capital and the Creation of Human Capital', *American Journal of Sociology*, 94, Supplement, S95 – S120.

Collier, P. (1998) 'The Political Economy of Ethnicity,' Paper for the Annual World Bank Conference on Development Economics, Washington DC, 20 – 21 April.

Coomber, L. and Reeves, J. (1973) *Science Education in Nineteen Countries: An Empirical Study*. New York: Wiley.

Cox, O. (1970) *Class, Caste and Race*. New York: Monthly Review Press.

Crouch, C. , Finegold, D. and Sato, M. (1999) *Are Skills the Answer? The Political Economy of Skill Creation in Advanced Industrial Countries*. Oxford: Oxford University Press.

Cummings, W. K. (1980) *Education and Equality in Japan*. Princeton, NJ: Princeton University Press.

De Mooij, R. and Tang, P (2003) *Four Futures of Europe*. The Hague: Centraal Planbureau.

De Tocqueville, A. (1955) *The Old Regime and the French Revolution*, trans S. Gilbert. Garden City, NY: Doubleday.

De Tocqueville, A. (1966) *Democracy in America*, edited by J. P. Mayer and translated by G. Lawrence. New York: Harper Row.

De Witte, H. (1999) 'Everyday' Racism in Belgium: An Overview of the Research and an Interpretation of Its Link with Education' in L. Hagendoorn and S. Nekuee (eds), *Education and Racism: A Cross-National Inventory of Positive Effects on Education and Racial Tolerance*. Aldershot: Ashgate, pp. 47 – 74.

Department for Education (Scottish Office) (1992) *Teaching and Learning in Japanese Elementary Schools*. London: HMSO.

Deutsch, K. W. (1966) *Nationalism and Social Communication: An Inquiry into the Foundations of Nationalism*. Cambridge, MA: The Massachusetts Institute of Technology.

DiPasquale, D. and Gleaser, E. (1999) 'Incentives and Social Capital: Do Homeowners Make

Better Citizens?', *Journal of Urban Economics*, 45,354 - 384.

Dokka, H. J. (1967) *Fra Allmueskole til Folkeskole*. Bergen: Universitetsforlaget.

Dore, R. (1982) *Education in Tokugawa Japan*. London: Athlone.

Dore, R. (1997) *The Diploma Disease: Education, Qualification and Development*, 2nd edition. London: Institute of Education.

Dore, R. (2000) *Stock Market Capitalism: Welfare Capitalism, Japan and Germany Versus the Anglo-Saxons*. Oxford: Oxford University Press.

Dore, R. and Sako, M. (1989) *How the Japanese Learn to Work*. London: Routledge.

Durkheim, E. (1947) *The Division of Labour in Society*. New York: The Free Press.

Durkheim, E. (1992) *Education et Sociologie*. Paris: Presses Universitaites de France.

Duru-Bellat, M. and Mingat, A. (1999) 'How Do Junior Secondary Schools Operate? Academic Achievement, Graching and Streaming of Students', in A. Leschinsky and K. Mayer (eds), *The Comprehensive School Experiment Revisited: Evidence from Western Europe*. Berlin: Peter Lang.

Duru-Bellat, M. and Suchaut, B. (2004) 'Organisation and Context, Efficiency and Equity of Educational Systems: What PISA Tells Us' Unpublished paper. University of Bourgogne, Dijon.

Easterly, W. and Levine, R. (1997) 'Africa's Growth Tragedy: Policies and Ethnic Divisions', *The Quarterly Journal of Economics*, CXII, 1203 - 1250.

Edwards, B. and Foley, M. (1998) 'Civil Society and Social Capital Beyond Putnam,' *American Behavioural Scientist*, 42(1),124 - 139.

Emler, N. and Frazer, E. (1999) 'Politics: the Education Effect', *Oxford Review of Education*, 25(1 and 2),271 - 272.

Esping-Andersen, G. (1985) *Politics against Markets*. Princeton, NJ: Princeton University Press.

Esping-Andersen, G. (1990) *The Three Worlds of Welfare Capitalism*. Cambridge: Polity.

Esping-Andersen, G. (2003) 'Unequal Opportunities and Social Inheritance', in M. Corak (ed.), *The Dynamics of Intergenerational Income Mobility*. Cambridge: Cambridge University Press.

European Commission (EC) (1999) *Continuing Training in Enterprises: Facts and Figures*. European Training and Youth. Brussels: European Commission.

European Commission (2000) *A Memorandum on Lifelong Learning* at Website: http:// europa. eu. int/comm/education/life/memoen. pfd.

European Commission (2002) *Continuing Vocational Training Survey 2*. Luxembourg: Office for Official Publications of the European Communities.

Featherman, D. L. and Hauser, R. M. (1978) 'Design for a Replicate Study of Social Mobility in the United States', in K. Land and S. Spilerman (eds), *Social Indicator Models*. New York: Russell Sage Foundation.

Fine, B. (2001) *Social Capital Versus Social Theory: Political Economy and Social Science at the Turn of the Millennium*. London: Routledge.

Fine, B. and Green, F. (2000) 'Economics, Social Capital, and the Colonization of the Social Sciences', in S. Baron, J. Field and T. Schuller (eds), *Social Capital: Critical Perspectives*. Oxford: Oxford University Press.

Finegold, D. and Soskice, S. (1988) 'The Failure of Training in Britain: Analysis and Prescription', *Oxford Review of Economic Policy*, 4(3),21 - 53.

Foley, M. and Edwards, B. (1998) 'Beyond de Tocqueville: Civil Society and Social Capital in Comparative Perspective', *American Behavioural Scientist*, 42(1),5 - 20.

Fox, A. (1994) *Work, Power and Trust Relations*. London: Faber and Faber.

Fukuyama, F. (1999) *The Great Disruption: Human Nature and the Reconstruction of Social Order*. London: Profile Books.

Fuller, B. and Robinson, R. (eds) (1992) *The Political Construction of Education*. New York: Praeger.

Garnier, M. and Raffalovich, L. E. (1984) 'The Evolution of Equality of Educational Opportunity in France,' *Sociology of Education*, 57(1),1 - 11.

Gavaert, A. (1993) 'Ethnocentrisme bij Scholieren. Een Onderzoek naar de Geslachtverschillen Inzake de Houding Ten Opzichte van Migranten.' Unpublished report of Psychology Department, Leuven (cited) in L. Hagendoorn and S. Nekuee (eds), *Education and Racism: A Cross-National Inventory of Positive Effects on Education and Racial Tolerance*. Aldershot: Ashgate.

Gellner, E. (1983) *Nations and Nationalism*. Oxford: Blackwell Publishing.

Gillborn, D. (1995) *Racism and Antiracism in Real Schools: Theory, Policy, Practice*. Buckingham: Open University Press.

Gillborn, D. and Youdell, D. (2000) *Rationing Education: Policy, Practice, Reform and Equity*. Buckingham: Open University Press.

Gopinathan, S. (1994) *Educational Development in a Strong-Developmentalist State: The Singapore Experience*. Paper presented at the Australian Association for Research in Education Annual Conference.

Gough, I. (1999) 'Social Welfare Competitiveness: Social Versus System Integration', in I. Gough and G. Olofsson, *Capitalism and Social Cohesion: Essays on Exclusion and Integration*. Basingstoke: Macmillan-now Palgrave Macmillan.

Gough, I. and Olofsson, G. (1999) 'Introduction: New Thinking on Exclusion and Integration' in I. Gough and G. Olofsson (1999) *Capitalism and Social Cohesion: Essays on Exclusion and Integration*. Basingstoke: Macmillan-now Palgrave Macmillan.

Gowricharn, R. (2002) 'Integration and Social Cohesion: the Case of the Netherlands', *Journal of Ethnic and Migration Studies*, 28(2),259 - 273.

Gradstein, M. and Justman, M. (2001) *Education, Social Cohesion and Economic Growth*, CEPR Discussion Paper 2773. London: CEPR.

Gramsci, A. (2001) *Selections from the Prison Notebooks*, edited and translated by Q. Hoare and G. Nowell Smith. London: Electric Book Company.

Granovetter, M. (1978) 'The Strength of Weak Ties', *American Journal of Sociology*, 78 (6), 1360 – 1380.

Green, A. (1990) *Education and State Formation: The Rise of Education Systems in England, France and the USA*. London: Macmillan.

Green, A. (1997) *Education, Globalisation and the Nation State*. Basingstoke: Macmillan-now Palgrave Macmillan.

Green, A. (1998) 'Core Skills, Key Skills and General Culture: In Search of the Common Foundation in Vocational Education', *Evaluation and Research in Education*, 12(1), 23 – 44.

Green, A. (1999) 'East Asian Skills Formation Systems and the Challenge of Globalization', *Journal of Education and Work*, 21(3), 253 – 279.

Green, A. (2000) 'Converging Paths or Ships Passing in the Night? An "English" Critique Japanese School Reform', *Journal of Comparative Education*, 36(4), 417 – 435.

Green, A. (2003) 'The Many Faces of Lifelong Learning: Recent Education Policy Trends in Europe', *Journal of Education Policy*, 17(4) 611 – 626.

Green, A., Hodgson, A. and Sakamoto, A. (2000) 'Financing Vocational Education and Training', in P. Descry and M. Tessaring (eds), *Training in Europe. Second Report on Vocational Training Research in Europe 2000*, Volume 1. Cedefop Reference series. Luxembourg: Office for Official Publications of the European Communities.

Green, A. and Preston, J. (2001a) 'Education and Social Cohesion: Re-centering the Debate', *Peabody Journal of Education*, 76(3 and 4) 247 – 284.

Green, A. and Preston, J. (2001b) 'Finding the Glue that Can Fix the Cracks in our Society', *THES*, 22 June.

Green, A., Preston, J. and Sabates, R. (2003a) 'Education, Equality and Social Cohesion: a Distributional Approach', *Compare*, 33(4), 453 – 470.

Green, A., Preston, J. and Sabates, R. (2003b) *Education, Equity and Social Cohesion: A Distributional Approach*, Wider Benefits of Learning Centre Report 7. London: Institute of Education.

Green, A. and Wiborg, S. (2004) 'Comprehensive Schooling and Educational Inequality: An International Perspective' in C. Chitty (ed.), *A Tribute to Caroline Benn: Education and Democracy*. London: Continuum.

Green, A., Wolf, A. and Leney, T. (1999) *Convergences and Divergences in European Education and Training Systems*. London: Bedford Way Papers, Institute of Education.

Haegel, F. (1999) 'The Effect of Education on the Expression of Negative Views Towards Immigrants in France: the Influence of the Republican Model put to the Test', in L. Hagendoorn and S. Nekuee (eds), *Education and Racism: a Cross-National Inventory of Positive Effects on Education and Racial Tolerance*. Aldershot: Ashgate, pp. 33 – 46.

Hagendoorn, L. (1999) 'Introduction: a Model of the Effects of Education on Prejudice and Racism', in L. Hagendoorn and S. Nekuee (eds), *Education and Racism: A Cross-National*

Inventory of Positive Effects on Education and Racial Tolerance. Aldershot: Ashgate, pp. 1 – 20.

Hahn, C. (1998) *Becoming Political: Comparative Perspectives on Citizenship Education*. Albany, NY: State University of New York Press.

Hall, P. (1999) 'Social Capital in Britain', *British Journal of Politics*, 29,417 – 461.

Hall, S. and du Guy, P. (eds) (1996) *Questions of Cultural Identity*. London: Sage.

Halman, L. (1994) 'Variations in Tolerance Levels in Europe: Evidence from the Eurobarometer and European Values Study', *European Journal on Criminal Policy and Research*, 2 – 3,15 – 38.

Halsey, A. H. , Heath, A. and Ridge, J. M. (1980) *Origins and Destinations*. Oxford: Clarendon Press.

Handl, J. (1986) 'Sex and Class Specific Inequalities in Educational Opportunity in Western Germany, 1950 – 1982', unpublished manuscript.

Hannan, M. (1979) 'The Dynamics of Ethnic Boundaries in Modern States', in M. Hannan and J. Meyer (eds), *National Development and the World System: Educational Economic and Political Change, 1950 – 1970*. Chicago: University of Chicago Press, pp. 253 – 275.

Her Majesty's Inspectorate (HMI) (1991) *Aspects of Upper Secondary and Higher Education in Japan*. London: HMSO.

Hildebrand, B. and Sting, S. (1995) (eds) *Erziehung und Kulturelle Identität*. New York: Waxman.

Hill, M. and Lian Kwen Fee (1995) *The Politics of Nation-Building and Citizenship in Singapore*. London: Routledge.

Hillgate Group (1987) *The Reform of British Education*. London: Hillgate.

Hjerm, M. (2004) 'Defending Liberal Nationalism—At What Cost?', *Journal of Ethnic and Migration Studies*, 30(1),41 – 57.

Hobsbawm, E. J. (1969) *Industry and Empire*. Harmondsworth: Penguin.

Holloway, S. D. (1988) 'Concepts of Ability and Effort in Japan and the United States,' *Review of Educational Research*, 58(3),327 – 345.

Holton, R. and Turner, B. (1986) *Talcott Parsons on Economy and Society*. London: Routledge.

Horsman, M. and Marshall, M. (1994) *After the Nation-State: Citizens, Tribalism and the New World Order*. London: Harper Collins.

Huntington, S. (2004) *Who Are We?: The Challenges to America's National Identity*. New York: Simon and Schuster.

Husen, T. (1998) *International Study of Achievement in Maths: a Comparison of Twelve Countries*, vol. 2. Stockholm: International Association of Evaluation in Educational Achievement.

Hutton, W. (1995) *The State We're In*. London: Jonathan Cape.

Ichikawa, S. (1989) 'Japanese Education in American Eyes: a Response to William K.

Cummings,' *Comparative Education*, 25(3),303 – 307.

Ignatiev, N. (1995) *How the Irish Became White*. New York: Basic Books.

Inglehart, R. (1990) *Culture Shift in Advanced Industrial Society*. Princeton, NJ: Princeton University Press.

Inkeles, A. and Sirowy, L. (1983) 'Convergent and Divergent Trends in National Education Systems', *Social Forces*, 62(2),303 – 333.

International Association of Evaluation of Educational Achievement (IEA) (1988) *Science Achievement in Seventeen Countries*. London: Pergamon Press.

International Criminal Police Organization (Interpol) (1996) *International Crime Statistics, 1996*. Paris: General Secretariat, International Criminal Police Organization.

Isling, Å. (1984) *Kampen för Och Mot en Demokratisk Skola 1*. Stockholm: Sober Förlags AB.

Jasinska-Kania, A. (1999) 'The Impact of Education on Racism in Poland Compared with other European Countries', in L. Hagendoorn and S. Nekuee (eds), *Education and Racism: a Cross-National Inventory of Positive Effects on Education and Racial Tolerance*. Aldershot: Ashgate, pp. 75 – 92.

Jensen, J. (1998) *Mapping Social Cohesion: The State of Canadian Research*. Ottawa: Canadian Policy Research Networks Inc.

Jonsson, J. (1999) 'Dismantling the Class Society through Education Reform? The Success and Failure of Swedish School Politics', in A. Leschinsky, and K. Mayer (eds), *The Comprehensive School Experiment Revisited: Evidence from Western Europe*. Berlin: Peter Lang.

Kaestle, C. F. (1983) *Pillars of the Republic: Common Schools and American Society, 1780 – 1860*. Toronto: Hill and Wang.

Keep, E. (1998) *Was Ratner Right?* Economic Report, 12(3), Employment Policy Institute.

Kennedy, B. , Kawachi, I. and Brainerd, E. (1998) 'The Role of Social Capital in the Russia Mortality Crisis', *World Development*, 26(11),2029 – 2043.

Kerr, D. (1999) *Re-Examining Citizenship Education: The Case of England*. Reading: NFER.

King, J. (1992) *A History of Marxian Economics: Vol II, 1929 – 1990*. Basingstoke: Macmillan-now Palgrave Macmillan.

Knack, S. (2000) *Trust, Associational Life and Economic Performance in the OECD*. Washington, DC: World Bank.

Knack, S. and Keefer, P. (1997) 'Does Social Capital Have an Economic Payoff? A Cross-Country Investigation', *The Quarterly Journal of Economics*, CXII, 1251 – 1288.

Kok Report (2004) *Facing the Challenge: The Lisbon Strategy for Growth and Employment: Report of the High Level Group Chaired by Wim Kok*. Office for Official Publications of the European Communities, Luxembourg.

Kymilicka, W. (1995) *Multicultural Citizenship: A Liberal Theory of Minority Rights*.

Oxford: Oxford University Press.

Kymlicka, W. and Straehle, C. (1999) 'Cosmopolitanism, Nation-States, and Minority Nationalism: A Critical Review of Recent Literature', *European Journal of Philosophy*, 7, 65 - 88.

Laporta, R. , Lopez de Silanes, F. , Shleifer, A. and Vishny, R. (1997) 'Trust in Large Organizations', *American Economic Review*, 87,333 - 338.

Lauder, H. , Hughes, D. and Waston, S. (1999) *Trading in Futures—Why Markets in Education Don't Work*. Milton Keynes: Open University Press.

Lauglo, J. (1995) 'Forms of Decentralisation and the Implications for Education', *Comparative Education*, 21(1),5 - 30.

Lauglo, J. and McLean, M. (1995) *The Control of Education*. London: Kogan Page.

Leschinsky, A. and Mayer, K. (eds) (1999) *The Comprehensive School Movement Revisited: Evidence From Western Europe*. Berlin: Peter hang.

Lisbon European Council (2000) Declaration of the European Council's Lisbon Goal Can be Found at: http://europa. eu. int/comm/empolyment_social/employment_strategy/index_en. ht

Lloyd, C. and Payne, J. (2004) *'Idle Fancy' or 'Concrete Will?' Defining and Realising a High Skills Vision for the UK*. SKOPE Research Paper No. 47. Warwick: SKOPE, University of Warwick.

Lockwood, D. (1964) 'Social Integration and System Integration', in G. K. Zollschan and W. Hirsch (eds), *Explorations in Social Change*. London: Routledge, pp. 244 - 257.

Lockwood, D. (1992) *Solidarity and Schisms: The Problem of Disorder in Durkheimian and Marxist Sociology*. Oxford: Clarendon Press.

Lockwood, D. (1999) 'Civic Integration and Social Cohesion', in I. Gough and G. Olofsson, *Capitalism and Social Cohesion: Essays on Exclusion and Integration*. Basingstoke: Macmillan-now Palgrave Macmillan, pp. 63 - 84.

Lukes, S. (1973) *Emile Durkheim. His Life and Work: A Historical and Critical Study*. Penguin, Harmondsworth.

Lundvall, B. A. (2005) *The Economics of Knowledge and Learning*, unpublished paper presented to GENIE seminar July 2005, Aalborg University, Aalborg.

Mann, M. (1987) 'Ruling Class Strategies and Citizenship', *Sociology*, 21,339 - 354.

Marinetto, M. (2003) 'Who Wants to be an Active Citizen? The Politics and Practice of Community Involvement', *Sociology*, 37(1),103 - 120.

Marsden, D. and Ryan P. (1985) 'Work, Labour Markets and Vocational Preparation: Anglo-German Comparisons of Training in Intermediate Skills,' in L. Bash and A. Green (eds), *World Yearbook of Education: Youth, Education and Work*. London: Kogan Page, pp. 67 - 79.

Marx, K. and Engels, F. (1976) *Theses on Feuerbach*. Peking: Foreign Languages Press.

Marx, K. and Engels, F. (1968) Manifesto of the Communist Party, in *Selected Works*.

London: Lawrence and Wishart.

Masters, W. A. and McMillan, M. S. (1999) 'Ethnolinguistic Diversity, Government and Growth,' Unpublished paper.

Maxwell, J. (1996) *Social Dimensions of Economic Growth*: Eric J. *Hansen Memorial Lecture*, 25 January, University of Alberta.

McGlynn, C., Niens, U., Cairns, E. and Hewstone, M. (2004) 'Moving Out of Conflict: The Contribution of Integrated Schools in Northern Ireland to Identity, Attitudes, Forgiveness and Reconciliation', *Journal of Peace Education*, 1,147 - 163.

McLean, M. (1990) *Britain and a Single Market Europe: Prospects for a Common School Curriculum*. London: Kogan Page.

McMahon, W. (1999) *Education and Development*. Oxford: Oxford University Press.

Messner, S. F. (1982) 'Poverty, Inequality and the Urban Homicide Rate,' *Crimionlogy*, 20, 113 - 114.

Michalski, W., Miller, R. and Stevens, B. (1997) 'Economic Flexibility and Societal Cohesion in the Twenty-First Century: An Overview of Issues and Key Points of Discussion,' in OECD, *Societal Cohesion and the Globalizing Economy: What Does the Future Hold?* Paris: OECD.

Miller, D. (1989) *Market, State and Community: Theoretical Foundations of Market Socialism*. Oxford: Oxford University Press.

Miller, D. (1995) *On Nationality*. Oxford: Clarendon Press.

Moore, M. (2001) 'Normative Justifications for Liberal Nationalism: Justice, Democracy and National Identity', *Nations and Nationalism*, 7, pp. 1 - 20.

Mortensen, N. (1999) 'Mapping System Integration and Social Integration,' in I. Gough and G. Olofsson (eds), *Capitalism and Social Cohesion: Essays on Exclusion and Integration*. Basingstoke: Macmillan-now Palgrave Macmillan, pp. 13 - 37.

Newton, K. (1999) 'Social and Political Trust in Established Democracies,' in P. Norris (ed.), *Critical Citizens*. Oxford University Press.

Newton, K. and Norris, P. (2000) 'Confidence in Public Institutions: Faith, Culture or Performance?,' in Susan J. Pharr and Robert D. Putnam (eds), *Disaffected Democracies: What's Troubling the Trilateral Countries?* Princeton, NJ: Princeton University Press.

Nickell, S. and Layard, R. (1998) *Institutions and Economic Performance*. Discussion Paper. London: London School of Economics.

Nie, N., Junn, J. and Barry, K. (1996) *Education and Democratic Citizenship in America*. Chicago: University of Chicago Press.

Nielsen, F. (1985) 'Toward a Theory of Ethnic Solidarity in Modern Societies', *American Sociological Review*, XLII, 479 - 490.

Niemi, R. G. and Junn, J. (1998) *Civic Education: What Makes Students Learn?* New Haven: Yale University Press.

Norris, P. (2002) *Making Democracies Work: Social Capital and Civic Engagement in 47*

Societies. KSG Faculty Working Group Paper. Boston, MA: Harvard University.

OECD (1994) *School: A Matter of Choice*. Paris: OECD.

OECD (1996) *Lifelong Learning for All*. Paris: OECD.

OECD (1997) *Societal Cohesion and the Globalizing Economy: What Does the Future Mold?* Paris: OECD.

OECD (2000) *Literacy in the Information Age*. Paris: OECD.

OECD (2001a) *Knowledge and Skills for Life: First Results from PISA 2000*. Paris: OECD.

OECD (2001b) *The New Economy: Beyond the Hype*. Paris: OECD.

OECD (2002) *Reading for a Change: Performance and Engagement Across Countries. Results from PISA 2000*. Paris: OECD.

OECD (2003) *Beyond the Rhetoric: Adult Learning Practices and Policies*. Paris: OECD.

Olson, M. (1971) *The Logic of Collective Action*. Cambridge, MA: Harvard University Press.

OSA (1994) *Structures of Vocational Education and Training and the Match Between Education and Work; An International Comparison*. Synthesis Report by J. Gordon, J. P. Lallarde and D. Parkes. Paris: European Institute of Education and Social Policy.

Osler, A. and Starkey, H. (2000) 'Citizenship Education and National Identities in France and England: Inclusive or Inclusive?,' *Oxford Review of Education*, 27(2),287 - 306.

Parsons, T. (1975) 'Some Theoretical Considerations on the Nature and Trends of Change of Ethnicity,' in N. Glazer and D. Moynihan (eds), *Ethnicity: Theory and Experience*. Boston, MA: Harvard University Press.

Parsons, T. (1991) *The Social System*. London: Routledge.

Passim, H. (1965) *Society and Education in Japan*. New York: Teachers' College Press.

Patten, A. (1999) 'The Autonomy Argument for Liberal Nationalism', *Nations and Nationalism*, 5, pp. 1 - 17.

Payne, J. (2005) *What Progress are We Making with Lifelong Learning? A Study of Norwegian Competence Reform*. SKOPE, University of Warwick.

Pearce, N. (2000) 'The Ecological Fallacy Strikes Back', *Journal of Epidemiology and Community Health*, 54,326 - 327.

Peri, P. (1999) 'Education and Prejudice against Immigrants', in L. Hagendoorn and S. Nekuee (eds), *Education and Racism: A Cross-National Inventory of Positive Effects on Education and Racial Tolerance*. Aldershot: Ashgate.

Perkin, H. (1996) *The Third Revolution: Professional Ethics in the Modern World*. London: Routledge.

Pettigrew, T. and Meertens, R. (1995) 'Subtle and Blatant Prejudice in Western Europe', *European Journal of Social Psychology*, 25,57 - 75.

Posner, D. (2004) 'Measuring Ethnic Fractionalization in Africa', *American Journal of Political Science*, 48(4),849 - 863.

Preston, J. (2004) 'Lifelong Learning and Civic Participation: Inclusion, Exclusion and Community' in T. Schuller, J. Preston, C. Hammond, A. Brassett-Grundy and J. Bynner (eds), *The Benefits of Leaning: The Impact of Education on Health, Family Life and Social Capital*. London: Routledge Falmer, pp. 137 – 158.

Preston, J. and Feinstein, L. (2004) *Adult Education and Attitude Change*, Centre for Research on the Wider Benefits of Learning Research Report Number 11, Centre for Research on the Wider Benefits of Learning, Institute of Education, London.

Preston, J. and Green, A. (2001) *Education and Political Engagement: Results from the British Social Attitudes Survey 1986 – 1998*, Paper presented at BERA Conference on 14 September.

Pritchard, R. (1999) *Reconstructing Education: East German Schools and Universities after Unification*. Oxford: Berghahn Books.

Przeworski, A., Alvarez, M., Cheibub, J. and Limongi, F. (2000) *Democracy and Development: Political Institutions and Well-Being in the World, 1950 – 1990*. Cambridge: Cambridge University Press.

Putnam, R. (1993) *Making Democracy Work: Civic Traditions in Modern Italy*. Princeton, NJ: Princeton University Press.

Putnam, R. (1995a) 'Tuning In, Tuning Out: The Strange Disappearance of Social Capital in America (the 1995 Ithiel de Sola Pool Lecture)', *Political Science and Politics*, December, 664 – 683.

Putnam, R. (1995b) 'Bowling Alone: America's Declining Social Capital', *Journal of Democracy*, 6(1),61 – 78.

Putnam, R. (2000) *Bowling Alone: The Collapse and Revival of American Community*. New York: Simon and Schuster.

Raajmakers, Q. (1993) 'Opvattingen over Politek en Maatschappij,' in W. Meeus and H. Hart (eds), *Jongeren in Nederland. Een Nationaal Survey naar Ontwikkeling in de Adolescentie en naar Intergenerationele Overdracht*. Amersfoort: Academische Uitgeverij, pp. 106 – 131.

Ragin, C. (1981) 'Comparative Sociology and the Comparative Method', *International Journal of Comparative Sociology*, 22(1 – 2),102 – 117.

Ramirez, F. and Boli, J. (1987) 'The Political Construction of Mass Schooling: European Origins and Worldwide Institutionalisation', *Sociology of Education*, 60, pp. 2 – 17.

Reich, R. (2001) *The Future of Success*. New York: Alfred A. Knopf.

Roeder, P. G. (2005) 'Ethnolinguistic Fractionalization (ELF) Indices, 1961 and 1985'. Website: http//: weber. ucsd. edu\~proeder\elf. htm (16 February 2001) (consulted 25 January 2005.

Roediger, D. (1991) *The Wages of Whiteness: Race and the Making of the American Working Class*. London: Verso.

Rubenson, K. (2002) *The Nordic Model of Adult Education*. Centre for Higher Education

Research, University of British Columbia, Vancouver.

Said, E. (1978) *Orientalism*. New York: Vintage.

Schuller, T., Baron, S. and Field, J. (2000) 'Social Capital: A Review and Critique' in S. Baron, J. Field and T. Schuller (eds), *Social Capital: Critical Perspectives*. Oxford: Oxford University Press, pp. 226 – 242.

Schwartz, S. (1994) 'The Fallacy of the Ecological Fallacy: The Potential Misuse of a Concept and the Consequences', *American Journal of Public Health*, 84(5),819 – 824.

Shavit, Y. and Blossfeld, H. P. (1983) *Persistent Inequality: Changing Educational Attainment in Thirteen Countries*. Boulder, CO: Westview Press.

Simon, B. (1981) *The Two Nations and the Educational Structure*, 1780 – 1870. London: Lawrence and Wishart.

Sjöstrand, W. (1965) *Pedagogikens Historia 3: 2*. Lund: CWK Gleerups Förlag.

Skowronek, S. (1982) *Building a New American Nation: The Expansion of National Administrative Capacities*, 1877 – 1920. Cambridge: Cambridge University Press.

Skocpol, T. (1996) 'Unravelling from Above', *The American Prospect*, 25,20 – 25.

Skovgaard-Petersen, V. (1976) *Dannelse og Demokratic*. Copenhagen: Gyldendals Paedagogiske bibliotek.

Smelser, N. (1976) *Comparative Methods in the Social Sciences*. Prentice Hall, Englewood Cliffs, NJ.

Smith, A. D. (1995) *Nations and Nationalism in the Global Era*. Cambridge: Polity Press.

Sniderman, P. and Gould, E. (1999) 'Dynamics of Political Values: Education and Issues of Tolerance,' in L. Hagendoorn and S. Nekuee (eds), *Education and Racism: a Cross-National Inventory of Positive Effects on Education and Racial Tolerance*. Aldershot: Ashgate, pp. 137 – 158.

Stolle, D. and Rochen, T. (1998) 'Are All Associations Alike?', *American Behavioural Scientist*, 42(1),47 – 65.

Streeck, W (1989) 'Skills and the Limits of Neo-Liberalism: The Enterprise of the Future as a Place of Learning', *Work, Employment and Society*, 3(1),89 – 104.

Streeck, W. (1997) 'German Capitalism: Does it Exist? Can it Survive?', *New Political Economy*, 2(2),237 – 256.

Takeuchi, T. (1991) 'Myth and Reality in the Japanese Educational Selection System', *Comparative Education*, 27(1),101 – 112.

Tamir, Y. (1993) *Liberal Nationalism*. Princetion, NJ: Princeton University Press.

Teichler, U. (1993) 'Structures of Higher Education Systems in Europe', in C. Gellert (ed.), *Higher Education in Europe*. London: Jessica Kingsley, pp. 23 – 36.

Thomas, V., Wang, Y. and Fan, X. (2000) *Measuring Education Inequality: Gini Coefficients of Education*, World Bank Working Paper. Washington, DC: World Bank.

Tönnies, F. (2001) *Community and Civil Society*, edited and translated by J. Harris. New York: Cambridge University Press.

Torney-Purta, J. (2002) 'Patterns in the Civic Knowledge, Engagement, and Attitudes of European Adolescents: The IEA Civic Education Study', *European Journal of Education*, 37,129 - 141.

Torney-Purta, J. , Lehmann R. , Oswald, H. and Schulz, W. (2001) *Citizenship Education in Twenty-eight Countries: Civic Knowledge and Engagement at Age Fourteen*. Amsterdam: The International Association for the Evaluation of Educational Achievement.

Touraine, A. (2002) *Can We Live Together?* Cambridge: Polity.

UNDP (2002) *Human Development Report 2002: Deepening Democracy in a Fragmented World*. Oxford: Oxford University Press.

UNESCO (1996) *Learning—The Treasure Within: Report of the International Commission on Education for the 21st Century*. Paris: OECD.

Van Kesteren, J. , Mayhew, P. and Nieuwbeerta, P. (2000) *Criminal Victimisation in Seventeen Industrialised Countries: Key-findings from the 2000 International Crime Victims Survey*. The Hague: Ministry of Justice.

Verbeck, G. and Scheepers, P. (1999) 'Education, Attitudes towards Ethnic Minorities and Opposition to Affirmative Action,' in L. Hagendoorn and S. Nekuee (eds), (1999) *Education and Racism: a Cross-National Inventory of Positive Effects on Education and Racial Tolerance*. Aldershot: Ashgate, pp. 163 - 202.

Warde, A. , Tampubolon, G. , Tomlinson, M. , Roy, K. , Longhurst, B. and Savage, M. (2001) 'Tendencies of Social Capital: Dynamics of Associational Membership', BSA Annual Conference, Manchester, April.

Weber, E. (1979) *Peasants into Frenchmen: The Modernization of Rural France, 1870 - 1914*. London: Chatto.

White, M. (1987) *The Japanese Educational Challenge*. London: Macmillan.

Whitty, G. , Power, S. , and Halpin, G. (1998) *Devolution and Choice in Education: The School, the State and the Market*. Buckingham: Open University Press.

Wiborg, S. (2004a) 'Education and Social Integration: a Comparative Study of the Comprehensive School Systems in Scandinavia', *London Review of Education*, 2(2),87 - 93.

Wiborg, S. (2004b) *Uddannelse og Social Samhørighed: Udviklingen af Enhedsskoler i Skandinavien, Tyskland og England. En Komparativ Analyse*, PhD dissertation. DPU/Forlag, Copenhagen.

Wilkinson, R. (1996) *Unhealthy Societies: The Afflictions of Inequality*. London: Routledge.

Williams, R. (1958) *Culture and Society, 1780 - 1950*. Harmondsworth: Penguin.

Winkler, D. (1993) 'Fiscal Decentralization and Accountability: Experience in Four Countries,' in J. Hannaway and M. Carnoy (eds), *Decentralization and School Improvement*. San Francisco, CA: Jossey-Bass.

Winkler, J. (1999) 'Explaining Individual Racial Prejudice in Contemporary Germany', in L. Hagendoorn and S. Nekuee (eds), *Education and Racism: A Cross-National Inventory of*

Positive Effects on Education and Racial Tolerance. Aldershot: Ashgate, pp. 93 – 136.

Woolcock, M. (2000) *Using Social Capital: Getting the Social Relations Right in the Theory and Practise of Economic Development*. Princeton, NJ: Princeton University Press.

World Bank (2001) *World Development Report: Attacking Poverty*. Oxford: Oxford University Press.

World Economic Forum (2004) *The Global Competitiveness Report 2003 – 2004* edited by Porter, M. E., Schwab, K., Sala-i-Martin, X. and Lopez-Carlos, A. Geneva: World Economic Forum.

作者索引

主题索引 *

---

* 请按本书边码检索。——编辑注

图书在版编目(CIP)数据

教育、平等和社会凝聚力：一种基于比较的分析/(英)格林等著；赵刚，庄国欧，姜志芳译.一上海：华东师范大学出版社，2018
(教育公平研究译丛)
ISBN 978-7-5675-7292-8

Ⅰ.①教…　Ⅱ.①格…②赵…③庄…④姜…　Ⅲ.①教育制度-研究-世界
Ⅳ.①G4

中国版本图书馆 CIP 数据核字(2018)第 153369 号

本书由上海文化发展基金会图书出版专项基金资助出版

教育公平研究译丛

教育、平等和社会凝聚力：一种基于比较的分析

著　　者　[英]Andy Green　John Preston　Jan Germen Janmaat
译　　者　赵　刚　庄国欧　姜志芳
策划编辑　彭呈军
审读编辑　蓝先俊
责任校对　王丽平
装帧设计　卢晓红

出版发行　华东师范大学出版社
社　　址　上海市中山北路 3663 号　邮编 200062
网　　址　www.ecnupress.com.cn
电　　话　021-60821666　行政传真 021-62572105
客服电话　021-62865537　门市(邮购)电话 021-62869887
地　　址　上海市中山北路 3663 号华东师范大学校内先锋路口
网　　店　http://hdsdcbs.tmall.com

印刷者　常熟市文化印刷有限公司
开　　本　787×1092　16 开
印　　张　15.75
字　　数　242 千字
版　　次　2018 年 10 月第 1 版
印　　次　2018 年 10 月第 1 次
书　　号　ISBN 978-7-5675-7292-8/G·10843
定　　价　42.00 元

出版人　王　焰

(如发现本版图书有印订质量问题,请寄回本社客服中心调换或电话 021-62865537 联系)